ADAC Reiseführer

München

von Lillian Schacherl
und Josef H. Biller

EIN ADAC BUCH

Inhalt

Auftakt:
München – Weltstädtchen 6

Geschichte, Kunst, Kultur im Überblick 12

Sehenswürdigkeiten

Die Altstadt – im Bannkreis der goldenen Madonna 18

1 Marienplatz 18
2 Neues Rathaus 20
3 Altes Rathaus 20
4 Spielzeugmuseum 20
5 Heiliggeistkirche 21
6 St. Peter 22
7 Rindermarktbrunnen, Löwenturm, Ruffiniblock 24
8 Weinstadl 24
9 Alter Hof 25
10 Hofbräuhaus 25
11 Ehem. Hauptmünzamt (sog. Münzhof) 26
12 Postfiliale München 1 (ehem. Hauptpost) 27
13 Eilles-Hof 28
14 Max-Joseph-Platz 28
15 Nationaltheater 28
16 Residenz 31
17 Residenzmuseum 33
18 Schatzkammer der Residenz 39
19 Cuvilliés-Theater (Altes Residenztheater) 40
20 Staatliche Sammlung Ägyptischer Kunst 43
21 Hofgarten 44
22 Deutsches Theatermuseum 45
23 Feldherrnhalle 46
24 Preysing-Palais 46
25 Theatinerkirche (St. Kajetan) 47
26 Literaturhaus 48
27 Salvatorkirche 50
28 Palais Portia 50
29 Erzbischöfliches Palais 50
30 Palais Neuhaus-Preysing 50
31 Palais Gise 51
32 Palais Montgelas 52
33 Gunetzrhainerhaus 52
34 Dreifaltigkeitskirche 53
35 Wittelsbacher Brunnen 53
36 Künstlerhaus 54
37 Justizpalast 55
38 Karlstor mit Rondellbauten 55
39 Alter Botanischer Garten 56
40 Brunnenbuberl 56
41 Bürgersaal 56
42 Augustinerbräu 57
43 St. Michael 58
44 Deutsches Jagd- und Fischereimuseum (ehem. Augustinerkirche) 59
45 Domkirche zu Unserer Lieben Frau 61
46 Damenstiftskirche (St. Anna und ehem. Damenstift) 63
47 Allerheiligenkirche am Kreuz 63
48 Asamkirche (St. Johann Nepomuk) 63
49 Asamhaus 66
50 Sendlinger Tor 67
51 Alter Südlicher Friedhof 67

Das Nationaltheater gut im Blick!

Summer in the City: Hier am Hofgarteneck

52 Theresienwiese, Ruhmeshalle, Bavaria 68
53 St. Paul 70
54 Münchner Marionettentheater 71
55 Städtisches Hochhaus 71
56 Münchner Stadtmuseum 71
57 Ignaz-Günther-Haus 73
58 Viktualienmarkt 73
59 Isartor 75
60 Valentin-Musäum 75
61 Theater am Gärtnerplatz 75

Maxvorstadt, Ludwigstraße, Englischer Garten – von Rubens-Damen zu Jogging-Knaben **76**

62 Karolinenplatz 76
63 Staatliche Graphische Sammlung 76
64 Königsplatz 77
65 Glyptothek 78
66 Staatliche Antikensammlungen 80
67 St. Bonifaz 80
68 Städtische Galerie im Lenbachhaus 81
69 Paläontologisches Museum 83
70 Alte Pinakothek 84
71 Neue Pinakothek 86
72 Museum Reich der Kristalle 89
73 SiemensForum 89
74 Wittelsbacher Platz 89
75 Odeonsplatz und Ludwigstraße 90
76 Odeon (Bayerisches Staatsministerium des Inneren) 91
77 Leuchtenberg-Palais (Finanzministerium) 91
78 Bazargebäude 92
79 Bayerisches Hauptstaatsarchiv (ehem. Kriegsministerium) 92
80 Bayerische Staatsbibliothek 92
81 St. Ludwig 93
82 Ludwig-Maximilians-Universität 94
83 Siegestor 95
84 Akademie der Bildenden Künste 96
85 Englischer Garten 97
86 Jugendstil-Wohnhaus 99

Die Prinzregentenstraße – Parkavenue unterm Friedensengel **100**

87 Prinz-Carl-Palais 100
88 Haus der Kunst 101
89 Bayerisches Nationalmuseum 102
90 Neue Sammlung 104
91 Archäologische Staatssammlung 105
92 Klosterkirche St. Anna 106
93 Pfarrkirche St. Anna 107
94 Schack-Galerie 107
95 Friedensengel 108
96 Museum Villa Stuck 108
97 Prinzregententheater 110
98 Hildebrandhaus 110
99 St. Georg 111

Rokoko-Zauber in der Residenz

Die Maximilianstraße – Flaniermeile unter politischer Obhut 113

100 Münchner Kammerspiele im Schauspielhaus 113
101 Regierung von Oberbayern 115
102 Staatliches Museum für Völkerkunde 115
103 Max-II.-Denkmal 116
104 Maximilianeum 117
105 St. Lukas 118
106 St. Nikolai am Gasteig 119
107 Gasteig 119
108 Üblacker-Häusl und Kriechbaumhof 120
109 Müllersches Volksbad 121
110 Ludwigsbrücke und Vater-Rhein-Brunnen 121
111 Deutsches Museum 122

Von Nymphenburg bis Blutenburg – eine Lustlandschaft 125

112 Schloss Nymphenburg 125
113 Schlosspark Nymphenburg mit Parkburgen 128
114 Marstallmuseum und Nymphenburger Porzellansammlung 131
115 Botanischer Garten 132
116 Schloss Blutenburg 133
117 St. Wolfgang in Pipping 135

Münchens Norden – die Parks der Olympioniken und des Türkensiegers 136

118 Olympiapark 136
119 Olympiaturm 138
120 Olympisches Dorf 138
121 BMW-Verwaltung und -Museum 138
122 Neues Schloss Schleißheim 139
123 Altes Schloss Schleißheim 143
124 Schloss Lustheim im Schlosspark Schleißheim 143
125 HypoVereinsbank-Verwaltungszentrum 145

Münchens Süden – Dorfkirchen-Charme und Kinderland 146

126 St. Michael in Berg am Laim 146
127 St. Maria in Ramersdorf 148
128 St. Michael in Perlach 149
129 Wallfahrtskirche St. Anna in Harlaching 149
130 Tierpark Hellabrunn 150
131 St. Maria in Thalkirchen 152
132 Asam-Schlössl 153
133 Pfarr- und Wallfahrtskirche Heiligkreuz in Forstenried 153
134 Bavaria Filmtour durch die Bavaria Filmstadt Geiselgasteig 154
135 Burg Grünwald 155

1 Tag in München / 1 Wochenende in München 192

Karten und Pläne
München vordere und hintere Umschlagklappe
St. Peter 22
Residenz 34, 35
St. Michael 58
Domkirche zu Unserer Lieben Frau 61
München Außenbezirke 125
Schloss Nymphenburg 126
Schlosspark Nymphenburg 128
Botanischer Garten 132
Schlosspark Schleißheim 139
Neues Schloss Schleißheim 140
Tierpark Hellabrunn 150
München Übersicht 158
Schnellbahn-Netzplan 182/183

Register 185

Bildnachweis 190

Impressum 191

Sonnenbaden am Flaucher: Der Hit im Sommer

Dies und Das

Moriskentänzer im Stadtmuseum

Die Weißwurst 26
Die Brüder Asam 64
Friedhöfe und Namen 68
Der Blaue Reiter 82
Der modernen Kunst ein eigenes Terrain 86
Die Weiße Rose 96
Schwabings große Zeit 97
Entartete Kunst 102
Der Geist der Kammerspiele 114
Luftgeist Föhn 134
Rarität Barockpark 145
Bayerische Tafelfreuden 165
Biergärten und Bierkeller 166

München aktuell A bis Z

Münchner Biergartenseligkeit

Vor Reiseantritt 157
Allgemeine Informationen 157
Anreise 158
Bank, Post, Telefon 159
Einkaufen 159
Essen und Trinken 163
Feste und Feiern 167
Kultur live 169
Messen und Ausstellungen 171
Museen, Sammlungen und Bibliotheken 172
Nachtleben 175
Sport 177
Stadtbesichtigung 178
Statistik 180
Unterkunft 181
Verkehrsmittel 184

München – Weltstädtchen

Als München – ungefähr in den 60er-Jahren des 20. Jh. – nicht ungern vernahm, es sei »Deutschlands heimliche Hauptstadt«, und als es sich mit froher Selbstgewissheit dann noch eigenhändig zur »Weltstadt mit Herz« beförderte, hatte es schnell für Spott gesorgt. Er kam knüppeldick: »Millionendorf«, »Unheimliche Hauptstadt«, »Weltstadt der Halbseidenen«. Und der Theaterlöwe und Wahlmünchner Fritz Kortner raunzte: »München hat das Gegenteil von Größenwahn. Einen Kleinstadtwahn.«

Der Münchner (zugegeben, es gibt ihn nur sporadisch, dann aber handfest) nimmt solche Schmähreden gelassen als ›Schmarrn‹. Er weiß, dass einiges krumm und kraus gelaufen ist beim Aufstieg der traditionsversponnenen Residenzstadt zur weltoffenen Großstadt München: die Operationen und Transplantationen in ihrem urbanen Körper, von Kritikern als »Zweite Zerstörung nach dem Krieg« beklagt; die ›Boutiquisierung‹ und ›Verbankung‹ der Altstadt; die Überlagerung der kultivierten Lodenmentalität der Ansässigen mit schriller Bussi-Bussi-Neurotik der ›Zugroasten‹; die verbissenen Versuche der Imagepfleger, das viel berufene ›Leuchten‹ der einst innovativen Kunststadt wieder zu entfachen – und was teils voreilige, teils unvermeidliche Zeitknechtschaft sonst noch an Widrigem mit sich bringt, freilich auch an Prosperität, denn München ist heute eine der führenden Wirtschaftsmetropolen Deutschlands.

Natürlich grantelt der Münchner darüber, denn Veränderungen sind ihm von Haus aus unheimlich. Umwölkt gibt er den Spöttern recht. Und fällt ihnen sogleich hart ins Wort. Denn er weiß, dass seine Stadt trotz allem keine beliebige Allerweltsgroßstadt geworden ist. Und weiß es mit Recht.

Das einnehmende ›und‹

Denn wo, bitte, fände man anderwärts in so fürwahr trautem Beieinander festliche, fürstliche Schönheit aus Barockschwung, Rokokoschaum, noblen klassizistischen Konturen und zugleich urbane Modernität (architektonisch allerdings eher scheu als schick)? Wo Biergartenseligkeit unter Kastanien mitten in der Stadt und rundum (abermals maßvoll gebotene) Metropolenturbulenz von Luxus bis Laster? Wo vornehme Auffahrts-

Oben: *Eine Maß unter blühenden Kastanien. Herz und Kehle, was wollt ihr mehr?*

Oben rechts: *In München verliert man nie den Durchblick. Hier der auf die Oper*

Unten: *Freizeitidylle im Grünen – Englischer Garten mit Monopteros*

alleen zu fein mumifizierten Schlössern, sonntags von intellektuellen Gesprächsfetzen durchzogen, und unmittelbar daneben ruppiges Volksgetümmel beim Eisstockschießen? Wo tagsüber heiße Floßfahrtstimmung auf der kalten Isar und abends zart besaitete Musik in Rokokosälen? Wo neben dem größten Volksfest der Welt die einsamsten Wandermöglichkeiten in der Umgebung?

Beileibe nichts fehlt in München, womit Berlin, Wien, Paris, Rom aufwarten: Triumphtore, Siegessäulen, Obelisken und Staus. Nur ist halt hier alles so viel handsamer, so fein übersichtlich, so heimelig umgrenzt. Ein Weltstädtchen eben.

Katzensprünge durch Jahrhunderte

Keine Frage, dass diese Heimeligkeit äußerst besucherschonend wirkt! Die geographische Mitte der Altstadt, der **Marienplatz**, ist zugleich der Kern, aus

dem sie sich entfaltete, und somit von Baudenkmälern dicht umgeben wie von Jahres-, besser Jahrhundertringen. Kaum mehr als Katzensprünge verbinden die architektonischen Höhepunkte der großen Münchner Epochen. Chronologisch gesprungen, empfiehlt sich ein solcher ›Rundgang der Stile‹ zur ersten Orientierung um so mehr, als er mit eleganten Auslagen, schönen Münchnerinnen und einladenden Cafés nur so gespickt ist.

Die ehrwürdige erste Pfarrkirche **St. Peter** aus dem 11. Jh. macht natürlich den Anfang, obzwar von ihrer Romanik nichts blieb; doch ihr Reichtum aus späteren Zeiten entschädigt dafür. Mit **Altem Rathaus** und **Dom** stehen uns Anmut und Kraft der Spätgotik um 1480 vor Augen, mit **St. Michael** eine Glanzleistung der von hier weit ausstrahlenden Renaissance gegen Ende des 16. Jh. Barock- und Rokoko-Paläste in der Kardinal-Faulhaber-Straße bereiten auf das strahlende Hochbarock der **Theatinerkirche** um 1688 vor, auf die das **Preysing-Palais** schräg gegenüber 1728 mit Rokokoraffinesse antwortete (unbedingt Treppenhaus begehen!). Die sich hier öffnende, die Altstadt verlassende, monumentale **Ludwigstraße** fordert einen eigenen Gang.

Zurück zur Mitte gewendet, begleitet uns der Renaissancetrakt der **Residenz** zum **Max-Joseph-Platz**, wo der Biedermeierkönig den Bürger im Sessel empfängt. Der feierliche Klassizismus-Akkord des Platzes entstand im ersten Drittel des 19. Jh. Rund 40 Jahre später präsentierte sich die hier beginnende **Maximilianstraße** im englisch-neugotisch orientierten, aber spezifisch münchnerischen ›Maximilianstil‹, indes wir, zum Marienplatz zurückgekehrt, vor der flandrischen Neugotik des **Neuen Rathauses** bereits im 20. Jh. ankommen.

Oben: *Das andere München, Standort der High-Tech-Industrie*

Oben rechts: *Wassily Kandinsky, ›Impressionen III (Konzert)‹, 1911, Städtische Galerie im Lenbachhaus*

Unten: *Rokoko-Unwirklichkeit in der Amalienburg, züngelndes Gold und gespiegelte Räume*

Original-bairisch und feudal-bayerisch

Wer's mal ›original-bairisch‹ haben will, beginne den Tag inmitten der Augen- und Gaumenlust des **Viktualienmarkts** – natürlich nicht ohne eine ›Brotzeit‹ –, schmunzle sich durchs kauzige **Valentin-Musäum**, lege sich am Turm von **St. Peter** die Stadt zu Füßen, speise in einem der Bräuhäuser Im Tal oder in der Neuhauser Straße, sommers natürlich im Biergarten, steige der größten Lady Münchens, der **Bavaria**, zu Kopf, um (mit Glück) auf den allergrößten Superlativ, das Oktoberfest, oder (mit Pech) sehnsüchtig auf dessen verödeten Schauplatz hinabzuspähen, ruhe sich bei einer Kutschen-Rundfahrt durch den **Englischen**

Garten aus und amüsiere sich abends bei waschechtem Volkstheater in der Iberl-Bühne und lasse sich im angegliederten Wirtshaus einen deftigen Schweinebraten mit Knödel servieren.

Wer das Bayerische feudal, weltläufig und multikünstlerisch bevorzugt, ist hier mit Schlössern sattsam versorgt. Zwei verschiedene Führungen durch das **Residenzmuseum** lassen die Brillanz der Münchner Hofkunst vieler Jahrhunderte erstrahlen; ein Abend in der Rokokoschatulle des **Cuvilliés-Theaters** mag die irdische Seligkeit dann komplett machen. Dass das bayerische Rokoko »das schönste der Welt« sei, bekräftigen die Schlösser **Nymphenburg** und **Schleißheim**, die mit ihren Parks und hineingestreuten Schlösslein, mit Porzellan- und Gemäldesammlungen zu Lustwandeleien ohnegleichen laden.

Bayerisches Nationalmuseum und **Münchner Stadtmuseum** sind natürlich Schatzkammern großer bayerischer Kunst oder kulturhistorischer Dokumente.

Weltranglistenplätze

Dass das **Deutsche Museum** auf der Weltrangliste der Technischen Sammlungen obenan steht, gilt unter Kennern als ausgemacht. Supermoderne Novitäten wie ein Großleinwandfilmtheater und ein Zeiss-Planetarium werden ihm wohl auch künftig diesen Platz halten können. Technikfreaks rühmen darüber hinaus das **BMW-Museum** und das **Siemens-Forum**.

Unter den Kunstmuseen genießt die **Alte Pinakothek** durch Rang und Fülle ihrer Alten Meister Weltgeltung. So verrückt Sammler auf ›Münchner Schule‹ sind, so beliebt ist die **Neue Pinakothek**, die das 19. Jh. immens reich mit heimatlichen Malern belegt. Das **Lenbachhaus** hingegen ist polyglotte Wallfahrer zur Wiege der Moderne seit langem gewohnt und die **Glyptothek** als Hort handverlesener Kenner seit langem bekannt. So kann König Ludwigs schönes »isar-athenisches« Museumsviertel in der Maxvorstadt, das in Kürze modernen Zuwachs durch die **Pinakothek der Moderne** bekommen wird, die Freunde bildender Kunst viele Tage lang auf die Augenweide führen.

Was die Fans der anderen Künste betrifft, so ist Münchens Ruf als vielseitigste deutsche Musikstadt fest gegründet

Oben: *Nymphenburger Schlosspark, die Sonntagslandschaft der Münchner und ihrer Gäste*
Oben links: *Oktoberfest – Hoch- und Tiefpunkte*
Unten: *Leinwandgeflimmer und Starrummel im Juni – Filmfest am Gasteig*

seit jeher; schon länger aber genießt es auch bei den Cineasten durch sein bedeutendes Filmmuseum und internationale Filmfestivals Ansehen. Heute macht es mit seiner kunterbunten Kabarett-Szene Furore und nennt mit dem Kunstpark Ost die größte Partyzone Deutschlands ihr Eigen.

Stadtteil-Geschnupper

Gemessen an der Schwatzsucht, die München wert wäre, muss dieser Begleiter probat und darum knapp bleiben. Wer länger hier bleibt, wird in den Bezirken außerhalb der Innenstadt natürlich auch dort umherbummeln, wo ihn keine hervorhebenswerten Objekte erwarten, einfach um Atmosphäre zu schnuppern.

Schwabing im Norden, dickleibig in die Literatur eingegangen, bleibt trotz des heute dünnblütigen Künstlerlebens (und der unablässigen Klagen darüber) mit seinen Straßencafés, Lokalen, Kleintheatern und kurzweiligen Shoppingmöglichkeiten ein amüsantes, umtriebiges Pflaster. Das einstige ›Glasscherbenviertel‹ **Haidhausen** im Osten macht ihm seit Jahren erfolgreich Konkurrenz als lässiges Quartier der Studenten und Omas, Griechen-, Jazz- und Kabarett-Kneipen. Beide Stadtteile sind lärmfrei gegeneinander abgepolstert durchs vornehme Villenviertel **Bogenhausen**. Vorstadtaura wird in der **Au** bei den ›Dulten‹ rund um die Mariahilfkirche spürbar, die Trödelmarkt mit Volksfest kombinieren. Auf der **Schwanthalerhöhe** kann man mit ein wenig Glück rauschende Türken- und Griechenfeste auf der Straße erleben. **Harlaching** und **Solln** im Süden bilden das Kontrastprogramm: Villen hinter hohen Zäunen. Jedoch alle Stadtteile haben eines gemeinsam: schattige Biergärten, die zur Einkehr einladen.

Der Reiseführer

Dieser Band führt vom Marienplatz, dem Herzen Münchens, zunächst durch die Altstadt und dann in die anderen Stadtviertel. Festgelegte Rundgänge lässt die Konzentration des Sehenswerten nur unter Einbußen zu, darum wurden sie bewusst vermieden. **München aktuell A bis Z** hält praktische Hinweise aller Art sowie Adressen und Öffnungszeiten bereit. Hier sind auch Museen genannt, die aus Platzgründen nicht eigens in den Besichtigungsteil aufgenommen werden konnten, wie etwa das *Museum Mensch und Natur* oder das *Zähler-Museum*. **Übersichtskarten, Grundrisse** und **U- und S-Bahn-Plan** erleichtern die Orientierung, die **Top Tipps** gewähren ein schnelles Auffinden der Highlights. An Kurzbesucher wendet sich die Rubrik **1 Tag in München/1 Wochenende in München**. **Kurzessays** runden den Reiseführer ab.

Geschichte, Kunst, Kultur im Überblick

1158 Gründung Münchens durch den Welfen Heinrich den Löwen.

1175 Anlage der ersten Befestigung.

1214 München wird erstmalig als Stadt bezeichnet.

1240 Aus dem Besitz des Freisinger Bischofs geht München in den des Hauses Wittelsbach über.

Der Gründer Münchens: Heinrich der Löwe (Grabmal im Dom zu Braunschweig, um 1250)

1255 München wird Residenz des Teilherzogtums Bayern-München, neben dem es drei weitere Teilherzogtümer gibt.

1285–1315 Anlage der zweiten Befestigung um die fünffach gewachsene Stadt.

1294–1347 Unter Ludwig IV. dem Bayern – erst Herzog, dann König (ab 1314), schließlich Kaiser (ab 1328) – gewinnt München an Bedeutung.

1324–50 Die Reichskleinodien befinden sich in München, daher Stadtfarben wie Reichsfarben: Schwarz und Gold. München wird unter Ludwig dem Bayern ein geistiges Zentrum Europas.

1340 Ludwig verleiht München das Große Stadtrecht.

1429 Wegen Hussitengefahr Verstärkung der Befestigung durch einen Äußeren Mauerring.

1467–1508 Herzog Albrecht IV. der Weise. Blüte der Spätgotik in München: Jörg von Halsbach (Erbauer der Frauenkirche und des Alten Rathauses), Grasser, Polack.

1505 Wiedervereinigung der Teilherzogtümer Ober- und Niederbayern. München wird Hauptstadt Bayerns.

1516 Bayerisches Reinheitsgebot für Bier: Erstes Lebensmittelgesetz der Neuzeit.

1550–79 Herzog Albrecht V. der Großmütige kämpft gegen die um sich greifende Reformation und fördert die Renaissancekunst.

1579–97 Herzog Wilhelm V. der Fromme. München gilt als Zentrum der Renaissancekultur und Gegenreformation. Erste Blüte des Erzgusses: Gerhard, Krumper, Reichle.

1597–1651 Auch Maximilian I., Herzog und Kurfürst (ab 1623), erhält die Stadt katholisch. Auftakt des Barock in Kunst und Literatur. Weitreichende Bautätigkeit.

1609 Gründung der Katholischen Liga in München.

1619–45 Anlage eines neuzeitlichen Fortifikationsgürtels.

1632 Besetzung der Stadt durch die Schweden (Dreißigjähriger Krieg).

1634 Die Pest reduziert die Bevölkerungsanzahl um über ein Drittel.

1651–79 Kurfürst Ferdinand Maria. Hochbarock unter italienischem Einfluss: Barelli, Zuccalli.

Stadtwappen: Glasfenster, um 1560

Die älteste Ansicht der Stadt aus der 1493 erschienenen Schedelschen Weltchronik

1679–1726 Kurfürst Max II. Emanuel beteiligt sich an europäischer Politik. 1683 sendet er bayerische Truppen zur Befreiung des von den Türken belagerten Wiens aus.

1692–1701 Max Emanuel ist Statthalter in den Niederlanden.

1705–14 München steht unter habsburgischer Administration. Die Bauernerhebung in der Sendlinger ›Mordweihnacht‹ 1705 wird niedergeschlagen.

1706–14 Max Emanuel in Reichsacht. Exil in den Niederlanden und Frankreich. Nach Rückkehr 1715 Aufstieg der Münchner Kunst unter französischem Einfluss zu europäischem Rang: Viscardi, Effner, Brüder Asam.

1726–45 Kurfürst Karl Albrecht. Er regiert von 1742 bis 1745 obendrein als Kaiser Karl VII. Große Zeit der Münchner Rokoko-Hofkunst: Fischer, Straub, Zimmermann, Cuvilliés u. a.

1742–44 Die Österreicher besetzen München im Streit um die Kaiserkrone.

1745–77 Kurfürst Max III. Joseph schließt mit Österreich Frieden. Ausklang des Rokoko: Günther, Bustelli, Cuvilliés u. a.

1759 Gründung der Bayerischen Akademie der Wissenschaften zur Erforschung der Sprache, Landesgeschichte und Naturwissenschaften.

1777–99 Der aus der Pfalz stammende Kurfürst Karl Theodor eint Bayern und Pfalz. Er ist es auch, der ab 1789 den Englischen Garten anlegen lässt.

1799–1825 Kurfürst Max IV. Joseph verbündet sich 1805 mit Napoleon I. und wird 1806 zum König Max I. Joseph gekrönt. Sein Minister Montgelas führt im Inneren Reformen durch.

1803 Im Zuge der Säkularisation werden die Münchner Klöster aufgehoben.

1806 München wird Königliche Haupt- und Residenzstadt Bayerns. Aufschwung der Wissenschaften. Fraunhofer, Reichenbach und Utzschneider begründen die optische Industrie. Alois Senefelder erfindet die Lithographie. München ist Mittelpunkt der romantischen Philosophie durch die Berufung Schellings.

1810 Erstes Oktoberfest aufgrund der Vermählung des bayerischen Kronprinzen Ludwig mit Prinzessin Therese.

1818 Bayern erhält eine Verfassung. München wird Sitz des bayerischen Landtages sowie des neuen Erzbistums München-Freising.

1824 Zweite Blüte des Erzgusses: Stiglmaier, von Miller.

1825–48 König Ludwig I. macht München zur Kunstmetropole. Höhepunkt des Klassizismus und Beginn der Neugotik: Klenze, Gärtner, Cornelius, Overbeck, Rottmann, Thorwaldsen u. a. Es entstehen u. a. die Ludwigstraße, der Königsplatz und die alte Pinakothek.

Kurfürst Max Emanuel (1679–1726)

König Ludwig I. (1825–48)

König Ludwig II. (1864–86)

1826 Die Universität wird von Landshut nach München geholt.

1846 100 000 Einwohner.

1848 März-Unruhen und Lola-Montez-Affäre. Ludwig I. dankt ab.

1848–64 König Max II. beruft norddeutsche Gelehrte und Literaten (›Nordlichter‹) nach München: Liebig, Riehl, Bodenstedt, Dahn, Heyse u. a. Ausbildung des ›Maximilianstils‹ in der Architektur.

1857 ›Erfindung‹ der Weißwurst.

1864–86 Unter König Ludwig II. blühen das Musikleben und das Kunsthandwerk geradezu.

1868 Die Technische Hochschule wird gegründet.

1886–1912 Prinzregent Luitpold. Aufregende Kunstepoche: Architektur, Malerei, Kunsthandwerk, Literatur, Theater.

1882 Das elektrische Licht erobert die Stadt.

1892 Gründung der Sezession.

1896 Die Zeitschrift ›Jugend‹ erscheint erstmalig. München wird einer der Mittelpunkte des Jugendstils.

1897 Kandinsky lässt sich in München nieder. – Kathi Kobus eröffnet die Künstlerkneipe ›Simpl‹.

1900 500 000 Einwohner.

um 1900 Literarisches Leben: Thomas Mann, George, Rilke, Halbe, Lautensack, Wedekind, Sternheim, Wolfskehl, Wolzogen u. a.

1900–02 Lenin gastiert in München und gibt zwei revolutionäre Zeitschriften heraus.

1900–03 Literarisches Kabarett ›Elf Scharfrichter‹.

1901 Beginn der Münchner Opern-Festspiele. Schwerpunkte bilden die Werke von Mozart und Wagner.

1906 Die Münchner Volkshochschule wird gegründet. – Die Kammerspiele werden in der Augustenstraße eröffnet.

1911 Erste Ausstellung der Künstlergemeinschaft ›Der Blaue Reiter‹: Kandinsky, Marc, Klee u. a. – Eröffnung des Tierparks Hellabrunn.

1913–18 In die Regierungszeit von König Ludwig III. fallen die Wirren des Ersten Weltkriegs.

1918 Revolution. Spartakistenbund in München gegründet. Eisner ruft Freien Volksstaat Bayern aus. Der König flieht.

1919 Eisner wird von Graf Arco erschossen. Ausrufung und baldiger Niedergang der Räterepublik.

1923 Hitler-Putsch im Bürgerbräukeller.

1925 Otto Falckenberg wird Regisseur an den Kammerspielen.

1933 Bücherverbrennung am Königsplatz und Literatenverfolgung durch die NSDAP lassen Thomas Mann, Lion Feuchtwanger, Oskar Maria Graf und andere Schriftsteller emigrieren.

1934 Röhm-Putsch. Hitler entledigt sich des letzten Rivalen aus den eigenen Reihen.

1935 Hitler verleiht München den Titel ›Hauptstadt der Bewegung‹.

1937 Die Ausstellung ›Entartete Kunst‹ verhöhnt die Moderne.

1938 Im Münchner Abkommen zwischen Hitler, Chamberlain, Daladier und Mussolini wird die deutsche Besetzung der Tschechoslowakei beschlossen.

Zerstörtes München 1945: Blick in die Innenstadt zur Kirche St. Peter

1939 Missglücktes Attentat auf Hitler im Bürgerbräukeller durch Georg Elser.

1943 Die studentische Widerstandsbewegung ›Weiße Rose‹ ruft zum Sturz der Nazityrannei auf.

1944 Weitgehende Zerstörung Münchens durch insgesamt 71 Bombenangriffe.

1945 Am 30. April Einmarsch der amerikanischen Truppen.

1946 Neue Bayerische Verfassung angenommen. München wird Hauptstadt des Freistaates Bayern.

1948 Die Bayerische Akademie der Schönen Künste wird gegründet.

1957 1 Million Einwohner.

1958 800-Jahr-Feier der Stadt. – Der erste Atom-Forschungsreaktor Deutschlands geht in Garching in Betrieb.

1972 XX. Olympische Sommerspiele in München.

1980 Europäisches Patentamt eröffnet.

1981 Einweihung der Neuen Pinakothek.

1985 Eröffnung des Gasteig. – Nobelpreis für Münchner Physiker Klaus von Klitzing.

1992 Verabschiedung der US-Truppen. – Einer der ältesten paläontologischen Funde auf Münchner Boden: ein 10 Millionen Jahre alter Elefantenzahn. – Eröffnung des neuen Flughafens ›Franz-Josef Strauß‹.

1996 Am 9. September erster Spatenstich für die ›Pinakothek der Moderne‹.

1998 Eröffnung der neuen Messe München International in Riem. – Jubiläen: 200 Jahre Englischer Garten, 400 Jahre Hofbräuhaus.

2000 München feiert den 250. Geburtstag des Gartenkünstlers Friedrich Ludwig von Sckell. – 150 Jahre Bavaria (einzige komplett aus Bronze gegossene Kolossalstatue der Welt).

1992 eröffnet: Münchens Flughafen ›Franz-Josef Strauß‹ im Erdinger Moos

Sehenswürdigkeiten

Die Altstadt – im Bannkreis der goldenen Madonna

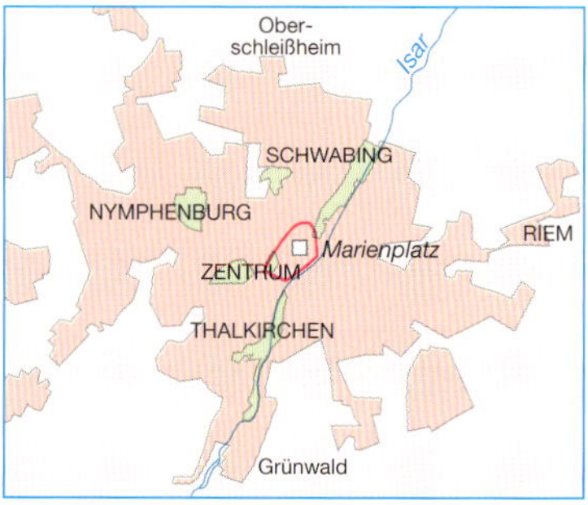

Liebevoll ausgedrückt, münden alle Wege nach München zu Füßen der **Mariensäule** am **Marienplatz.** Nüchtern heißt das: Hier liegt der Nullpunkt der Kilometerzählung aller Straßen stadtauswärts. Als Salz- und Getreidemarkt, damals ›Schrannenplatz‹ genannt, war der Marienplatz die merkantile Keimzelle der Stadt an der wichtigen Ost-West-Handelsachse, seitlich berührt von zwei Nord-Süd-Verbindungen. Einst von zwei Mauerringen und einer Wallanlage geschützt, markieren das **Karlstor** im Westen, das **Sendlinger Tor** im Süden, das **Isartor** im Osten und die **Feldherrnhalle** anstelle des einstigen Schwabinger Tors im Norden noch heute den helmartigen Umriss der Altstadt. In der Jungfernturmstraße kann man am bequemsten die Reste der inneren **Stadtmauer** von 1493 studieren. Da der **Alte Südliche Friedhof**, die **Theresienwiese** und **St. Paul** nicht viel mehr als einen Katzensprung vom Sendlinger Tor entfernt sind, seien sie hier einbezogen.

1 Marienplatz

U- und S-Bahn Marienplatz

Schönes, geschlossenes Platzensemble mit prächtigen Architekturbildern und Perspektiven.

Der Marienplatz ist Bürgersalon für die Münchner und Piazza für die Fremden, Zuschauerraum fürs Elf-Uhr-Glockenspiel, Forum für politische Versammlungen, Empfangsteppich für Prominente, Weihnachtsbazar. Unschwer, sich hier im Mittelalter bunte Fürstenaufzüge und Volksfeste, freilich auch den Block des Henkers vorzustellen. Laubengänge in den Erdgeschossen der schmalen Häuser bestimmten das Bild des Marktes bis in die zweite Hälfte des 19. Jh. In seinem Ostteil wurde einst der ›Kräutlmarkt‹ abgehalten. In den **Fischbrunnen** im Nordosten – damals am ›Fischmarkt‹ – pflegten sich früher die Metzgerlehrlinge bei ihrem Freispruch kopfheister zu stürzen (›Metzgersprung‹), heut' waschen die Münchner aschermittwochs hier ihre leeren Geldbörsen aus. Der Brunnen wurde 1954 von Henselmann mit den *Figuren* von Knoll (1862/65) neu gestaltet.

Der schönste Akzent des Platzes, ja, die Herzkammer der Stadt ist der ›Heilige Bezirk‹ der **Mariensäule**. Kurfürst Maximilian gelobte in der Schwedenzeit (1632–35) eine Stiftung, wenn die Okkupation überstanden sei, und beschloss 1635 die Errichtung der Säule. 1638 wurde sie am Jahrestag der Schlacht am Weißen Berg geweiht. Die balustradenumgrenzte, 11 m hohe korinthische Säu-

◁ *Mariensäule: Himmelskönigin von Hubert Gerhard, um 1590*

Vorhergehende Doppelseite: *Münchens Türme – Domkirche und Theatinerkirche vom Englischen Garten gesehen*

Im Herzen der Münchner Altstadt: Marienplatz mit Neuem Rathaus

le auf einem Marmorsockel hält eine *Marienfigur* in den Himmel, die Münchens anmutigstes Wahrzeichen ist: die Madonna als Himmelskönigin mit Szepter, Krone und segnendem Christuskind. Sie ist ein Werk von Hubert Gerhard, um 1590 geschaffen und zunächst in der Frauenkirche aufgestellt. Die gewappneten *Putti* (Kopien) am Sockel bekämpfen siegreich Drache, Löwe, Schlange und Basilisk, Sinnbilder für Hunger, Krieg, Unglauben, Pest. Wer diese hervorragenden, schon im barocken Geist gestalteten Allegorien schuf, steht nicht fest; Temperament und Dramatik sprechen für den Schongauer Bronzebildhauer Hans Reichle. Gießer war Bernhard Ernst, 1638. Das Münchner Vorbild wirkte weitum: Von hier aus trat der Typus der Mariensäule seinen Siegeszug nach Österreich, Böhmen und weiter in den Osten an.

2 Neues Rathaus

Marienplatz 8
U- und S-Bahn Marienplatz

Effektvoller neugotischer Monumentalbau als Manifestation des Bürgerstolzes am Ende des 19. Jh.

Ein heimisches Gewächs ist dieses überdimensionale, wuchernd geschmückte, an flandrische Gotik erinnernde Rathaus gewiss nicht, aber die Münchner hängen unverbrüchlich dran.

Neugotik war Mode, als es der Grazer Architekt Hauberrisser von 1867 bis 1908 in drei Abschnitten baute. Der Komplex aus Back- und Haustein mit dem 80 m hohen Turm gruppiert sich um sechs Innenhöfe, darunter den sehenswerten **Prunkhof** mit Wendeltreppenturm. Historische Gestalten bevölkern als Bauplastik die fast 100 m lange Frontfassade.

Das **Glockenspiel**-Spektakel im Turmerker Punkt 11 und 12 Uhr beschwört Marienplatzgeschichte: das *Turnier* bei der Hochzeit Wilhelms V. mit Renata von Lothringen, 1568, und den *Schäfflertanz*, der schon seit 1683 Zunfttradition ist. Das Spiel der 43 Glocken (viertgrößtes Glockenspiel in Europa) begleitet die gravitätischen Bewegungen der 32 lebensgroßen Figuren. Abends um 9 Uhr zeigen sich *Münchner Nachtwächter* und *Münchner Kindl*, von einem Engel gesegnet, in den Erkern des 7. Geschosses (Glockenspiel von Mai bis Oktober auch 17 Uhr).

3 Altes Rathaus

Marienplatz 15
U- und S-Bahn Marienplatz

Schönes Beispiel bürgerlicher bayerischer Gotik: früher die einzige, aber auch heute noch eine wesentliche Dominante des Marienplatzes.

Den vielgliedrigen Gebäudekomplex eines noch älteren Rathauses löste 1474 das Alte Rathaus des Dombaumeisters Jörg von Halsbach, genannt Ganghofer, ab: im wesentlichen ein gotischer Saalbau, dem ein ausgedientes und umgebautes Stadttor als Ratsturm diente. Im Laufe der Jahrhunderte vielfach umgestaltet – einschneidend durch die Untertunnelung 1877 und 1934 – fiel es den Kriegsschäden weitgehend zum Opfer. 1953–58 wurde der Saalbau in einfacherer Form wieder hergestellt, 1972 der Ratsturm von Schleich nach dem Zustand von 1462 rekonstruiert.

Glanzstücke der Ausstattung waren – und sind jetzt in Kopien – die Moriskentänzer von Erasmus Grasser, virtuosestes Werk der Münchner Spätgotik (1480; Originale im Stadtmuseum). Ein gemalter Wappenfries des Malerdichters Ulrich Fuetrer (1478) oder Grassers geschnitzte Wappen und Symbole belegen die gotische Schönheit dieses **Rats- und Tanzsaales**. Die Bronzedame außen an der Turmsüdseite ist Veronas und Shakespeares ›bezaubernde‹ **Julia**: ein Geschenk der Patenstadt jenseits der Alpen. Liebespaare stecken ihr Blumen zu.

4 Spielzeugmuseum

Marienplatz im Turm des Alten Rathauses
U- und S-Bahn Marienplatz

Spielereien für Groß und Klein: Kinderzimmerwelt im Trubel der Fußgängerzone.

Welch eine liebenswerte Verwendung: Der rekonstruierte Turm des Alten Rathauses birgt seit 1983 von Kopf bis Fuß eine Spielzeugsammlung, die der Filmemacher und Karikaturist Ivan Steiger zusammengetragen hat. Da wendelt sich der Besucher treppab durch 200 Jahre Spielzeugkultur: Naives und Kunstfertiges aus Holz, Papier, Blech; Dampfmaschinen, Karusselle, Laternae magicae; die Welten der Puppenstuben, Ritterburgen, Wild-West-Helden, Tiermenagerien; schließlich die Eisenbahnen, Auto-

Marienplatz gegen Osten: Altes Rathaus und Turm der Heiliggeistkirche

mobile, Flugzeuge und Schiffsmodelle, die den spielerischen Anfang der heutigen Kinderzimmertechnologie bildeten.

Öffnungszeiten S. 174

5 Heiliggeistkirche

Tal/Viktualienmarkt
U- und S-Bahn Marienplatz

Älteste gotische Hallenkirche Münchens in freundlicher, feingliedriger Frührokokogestalt mit Resten wertvoller Originalausstattung.

Der Turm ist längst ein Stadtbildakzent, aber als Spital, Pilgerhaus und Kapelle 1208 gegründet wurden, lagen sie noch außerhalb der Stadtmauern: Den 1392 vollendeten gotischen **Hallenbau** barockisierten und rokokoisierten Ettenhofer und die Brüder Asam 1724–30. Die schön rhythmisierte **Fassade** ist Neubarock von 1885! Damals verschwanden die Spitalgebäude, und Friedrich Löwel erweiterte die Kirche nach Westen. Der Wiederaufbau nach 1946 fügte Erhaltenes und Rekonstruiertes glücklich zusammen.

Heiliggeistkirche: Blick ins Mittelschiff zum Hochaltar

Die *Gewölbefresken* von C. D. Asam im **Inneren** stellen die Gründungsgeschichte des Spitals dar (originalgetreue Rekonstruktion von Karl Manninger). Herausragende Werke: die großflügeligen *Rokokoengel* am Hochaltar von Greiff, 1730, das Gnadenbild der *Hammerthaler-Muttergottes* aus Tegernsee im Marienaltar im linken Seitenschiff, um 1450, das *Bronzegrabmal* Herzog Ferdinands von Bayern beiderseits des Haupteingangs nach Krumpers Entwurf, nach 1608.

6 St. Peter

Rindermarkt 1
U- und S-Bahn Marienplatz

Älteste Pfarrkirche Münchens. Renaissanceturm als ›Alter Peter‹ Wahrzeichen der Stadt. Meisterwerke von Grasser, Straub, Günther, Asam.

Sankt Peter ist die ehrwürdigste und zugleich volkstümlichste der Kirchen Münchens, viel besungen und legendenumrankt, sonntags bei Mozart- und Haydnmessen drangvoll besetzt, überdies ›alpennahe‹ nach Überwindung der 302 abgetretenen Turmstufen, insbesondere bei Föhn.

Noch vor der Stadtgründung stand auf

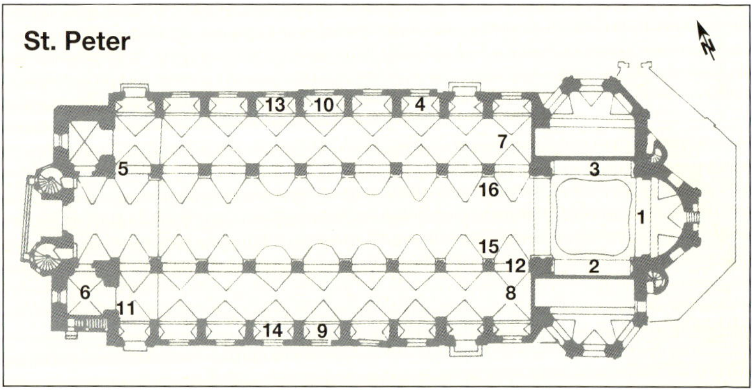

Hochaltar von St. Peter mit Grassers Petrusfigur und Egid Quirin Asams Kirchenvätern ▷

der Erhebung des ›Petersbergls‹ eine Kapelle. Daraus ging der romanische Gründungsbau in der 1. Hälfte des 11. Jh. hervor. Ein gotischer Neubau entstand im 13., der Umbau der Zweiturm- zur Mittelturmfassade erfolgte Ende des 14., der Frühbarockumbau durch Schön und Pader Anfang des 17., die Rokoko-Umgestaltung durch I. A. Gunetzrhainer, Zimmermann u. a. Mitte des 18. Jh. Der Wiederaufbau nach schweren Kriegszerstörungen war um 1975 vollendet.

Das **Innere** der gotischen Pfeilerbasilika ist mit einem lichten Rokokogewand von feinem Stuck und goldenen Figuren ausgekleidet. Das Schiff mündet in eine Apsis aus drei halbkreisförmigen, überkuppelten Nischen: ein sog. ›Dreikonchenchor‹ frühester Barockprägung (1636). Eine unverkennbare Asam-Inszenierung, von Stuber ausgeführt, ist der **Hochaltar** [**1**] als feierlicher Bühnenaufbau für die würdevolle Figur des *Sitzenden Petrus* (1492) von Grasser und die *Vier Kirchenväter* (1732) von E. Q. Asam. *Engel* (1804) von Franz Schwanthaler flankieren das Tabernakel. Polacks *Petrus-Bilder* (1517) aus dem früheren spätgotischen Hochaltar hängen jetzt an den Wänden des Chors. Das schöne **Rokoko-Chorgestühl** stammt von **Günther** [**2**] und **Dietrich** [**3**].

Nicht nur der Chor, die ganze Kirche birgt bedeutende Werke aller Stile. Wertvolle gotische Stücke: Der **Schrenk-Altar** [**4**], ein seltenes Retabel aus Sandstein, mit dem Jüngsten Gericht, um 1400, und Grassers temperamentvolles **Aresinger-Epitaph** [**5**] mit Petrus, Katharina und dem Stifter von 1482. Von Renaissance-Meister Krumper stammt der **Taufstein** [**6**] in der Taufkapelle.

Schmelzendes Ignaz-Günther-Rokoko dominiert bei einigen Seitenaltären: elegante Aufbauten mit sinnlichen **Mädchenengeln** oder ausdrucksvollen **Putti** [**7, 8, 9**]. Rührend seine **Heilige Familie** [**10**] am Sigismund-Altar, meisterhaft seine beiden **Epitaphe** [**11, 12**]. Den **Anna-** [**13**] und den **Dreikönigsaltar** [**14**] schuf sein Lehrmeister Straub. Die *Zimmermann-Fresken* über den Oratorienfenstern sind nur teilweise original, die meisten wurden rekonstruiert, ebenso die Deckenfenster sowie der Stuck in den Seitenschiffen (1998–2000). Die *Kanzel* mit dem krönenden Posaunenengel und die großen *Apostelstatuen* schnitzte Prötzner 1750, nur der **Paulus** [**15**] und der **Andreas** [**16**] stammen von Greiff und Faistenberger. Diese goldenen Figuren formieren eine festliche Prozessionsstraße zum Hochaltar.

7 Rindermarktbrunnen, Löwenturm, Ruffiniblock

Rindermarkt
U- und S-Bahn Marienplatz

Ein Stück Alt-München: teils jüngere Freilegung, teils reizvolle Nachempfindung und geglückte Neuschöpfung.

Vermutlich älter als der Marienplatz, war der Rindermarkt einst Viehmarkt. Daran erinnert der moderne **Rinderbrunnen** (1964) von Josef Henselmann: eine flach gestufte Bachlandschaft mit Rinderherde und Hirt. Bei der Begradigung des Markts beim Wiederaufbau wurde der **Löwenturm** frei gestellt; er gehörte nicht etwa zur Stadtmauer, sondern war Wasserturm einer Gartenanlage, wohl aus dem 16. Jh.

Der Block der **Ruffinihäuser** an der Westecke des Platzes mit seinen auffallend dekorativen Fassaden – Reliefs auf farbigem Grund – wirkt wie ein historisches Ensemble, wiewohl er erst 1905 entstanden ist. Er ist ein Werk G. von Seidls, der die Altmünchner Häuserkultur historisierend zu erneuern versuchte.

8 Weinstadl

Burgstraße 5
U- und S-Bahn Marienplatz

Ältestes, weitgehend ursprünglich erhaltenes Münchner Bürgerhaus mit beispielhafter Renaissance-Fassadenmalerei.

Selbst wenn es nur ein listiger Vorwand für Weindurst sein sollte: Bei diesem stattlichen spätgotischen Haus darf man nicht nur die prächtige, 1552 von Hans Mielich bemalte *Fassade*, sondern muss man auch *Laubenhof*, *Schneckenturm* und *Gewölbe* im Innern bewundern. Typisch für München: die *Halbgiebel* vor dem Dach und im Innern die sog. *Himmelsleiter*, eine einläufige, durchs ganze Haus führende Treppe. Früher war dies das Stadtschreiberdomizil. Im Nebenhaus Nr. 7 komponierte Mozart 1780/81 seinen ›Idomeneo‹, in Nr. 6 gegenüber erarbeitete 30 Jahre zuvor der Jurist Wiguläus von Kreittmayr die erste umfassende Rechtskodifizierung Deutschlands. In Nr. 8 lebte und starb der Rokoko-Architekt François Cuvilliés.

Charakteristisches Ensemble malerischen Bauens zu Beginn des 20. Jh.: die Ruffinihäuser

9 Alter Hof

Burgstraße 8
U- und S-Bahn Marienplatz

Eindrucksvolles Beispiel einer wehrhaften mittelalterlichen Stadtburg, die unter Kaiser Ludwig IV. politischer Mittelpunkt des Reiches war. Der Innenhof mit plätscherndem Brunnen ist bei Tag wie bei Nacht eine Altmünchner Idylle.

Der Alte Hof mit Torturm und ›Affentürmchen‹

Der Alte Hof ist die erste Herzogsburg der Wittelsbacher, unbekannten Datums angelegt gegen äußere wie innere Feinde an der Nordostecke der damaligen Stadt. Residenz seit 1253, sah sie ihre Glanzzeit unter Kaiser Ludwig dem Bayern, der von 1328–47 hier seinen festen Regierungssitz hatte. Als Herzog Sigismund über 100 Jahre später hier lebte, war die eigentliche Residenz schon die – heute gänzlich verschwundene – Neuveste.

Die **Vierflügelanlage** ist weitgehend, vor allem auf der Seite des Innenhofs, sehr malerisch wieder hergestellt. Leicht erkennbar sind die erhalten gebliebenen Teile: im Süden der *Burgstock* mit Torturm und reizvollem Erkertürmchen, im Westen der *Zwingerstock*, wo die fürstlichen Kemenaten lagen (alles um 1460–70). Vor dem neuen Tor im Norden steht das eindrucksvolle **Reiterdenkmal Kaiser Ludwigs** von Hans Wimmer (1967).

10 Hofbräuhaus

Platzl 9
S-Bahn Isartor

Populärste Attraktion Münchens und bekannteste, viel besungene Bierwirtschaft der Stadt.

Die weltberühmte Institution ist aus einem Importboykott Herzog Wilhelms V. geboren. Er ließ ab 1592 im neu erbauten

Münchens meistgefragtes Gebäude: das Hofbräuhaus am Platzl

Bayerns Glück auf Erden: eine Maß und kesselfrische Weißwürst

Die Weißwurst

Weißwurst – 1857 in München kreierte Wurst aus Kalbsbrät, Speck und Gewürzen, die mit süßem Senf, Brez'n und Weißbier genossen wird. Früher wurde sie vormittags frisch aus dem Kessel verzehrt und nicht mehr aufgewärmt, deshalb kam der (inzwischen ungültige, aber noch gebräuchliche) Spruch auf, sie dürfe »das Mittagsläuten nicht mehr hören«. Wer sie in die Finger nimmt und ›auszuzzelt‹, ist nicht schlecht erzogen, sondern hängt ebenfalls am Althergebrachten.

Bräuhaus im Alten Hof das Gerstenbier für den Hof selbst brauen. 1644 wurde das Hofbräuhaus zum Platzl verlegt. Aber erst von 1830 an durfte auch die Bevölkerung hier ihre Maß trinken, und als dann der Ausschank überfloss, musste die Brauerei weichen und Platz für das immer größere Gasthaus machen. Der **Bau** im Altmünchner Bürgerhaus-Stil stammt erst aus dem ausgehenden 19. Jh. (Littmann und Maxon, 1896). Heute werden in Schwemme, Trinkstuben, Festsaal und Biergarten täglich rund 10 000 l Bier ausgeschenkt.

11 Ehem. Hauptmünzamt (sog. Münzhof)

Hofgraben 4
U- und S-Bahn Marienplatz

Einer der frühesten und schönsten Renaissance-Arkadenhöfe in Deutschland.

Die architektonische Kostbarkeit verbirgt sich hinter einer Seitengasse: ein italienisch-blütiger, freilich bayerisch-gedrungener **Hof** mit dreigeschossigen Laubengängen, geschaffen von Hofbaumeister Egkl 1567. Die vorgelagerte frühklassizistische **Fassade** von A.Gärtner (1809) zeigt im Giebel drei weibliche *Personifikationen von Gold, Silber, Erz* von F. J. Schwanthaler als Anspielung auf die Bestimmung des Hauses. Gebaut als ›Fürstlicher Marstall‹, der im Obergeschoss die Kunstkammer Albrechts V. beherbergte, diente das Gebäude von 1809 bis 1983 als Münzstätte (Münzzeichen: D). Jetzt ist es Sitz des Bayerischen Landesamtes für Denkmalspflege.

Der so genannte Münzhof: Arkadenhof der einstigen Kunstkammer Herzog Albrechts V.

12 Postfiliale München 1 (ehem. Hauptpost)

Residenzstraße 2,
Schauseite am Max-Joseph-Platz
U- und S-Bahn Marienplatz

Monumentale Fassade von italienischer Noblesse: ebenbürtiges Pendant der Residenz und prägendes Element klassizistischer Platzgestaltung.

Die offene **Bogenhalle** mit Rossebändiger-Fresken auf rotem Grund gibt dem Max-Joseph-Platz einen florentinischen Akzent. Klenze schuf sie 1835 für die damalige Hauptpost, heute Postfiliale 1. Der Bau war im 18. Jh. ein Palais der Grafen Törring, errichtet von den Brüdern Gunetzrhainer. Dessen Barockportal ist in die Schalterhalle eingebaut, zwei große Rokokofiguren von Straub (seit 1993 Kopien) stehen in der Vorhalle.

Hofbräuhaus-Andacht: Alle Augen zur Musik

Die Fassade der ehem. Hauptpost: Hauptwerk des Münchner Klassizismus nach Florentiner Vorbild

13 Eilles-Hof

Residenzstraße 13
U- und S-Bahn Marienplatz,
U-Bahn Odeonsplatz

Einer der letzten noch weitgehend ursprünglich erhaltenen Altmünchner Laubenhöfe.

Eine Vorstellung vom spätgotischen Aussehen Münchens gewinnt man im Hof dieses Hauses, das um 1560 entstanden und charakteristisch für die Bürgerhäuser jener Zeit, wenn auch freilich nicht rein erhalten ist. Die Lauben und durchbrochenen, fantasievoll aus Ziegeln gestalteten Brüstungen des Innenhofs sind sorgfältig restauriert worden, die Verglasung ist natürlich neu. Der Eilles-Hof ist Teil des Passagensystems zwischen Residenz- und Theatinerstraße, in dem sich elegante Schaufenster aneinanderreihen.

14 Max-Joseph-Platz

U- und S-Bahn Marienplatz,
U-Bahn Odeonsplatz

Repräsentativer Platz: klassizistisches Gesamtkunstwerk und Manifestation der königlichen Haupt- und Residenzstadt.

Im ersten Drittel des 19. Jh. von Leo von Klenze und Karl von Fischer konzipiert, wird das große Rechteck des Platzes gerahmt von den klassizistischen Fassaden des *Nationaltheaters* [Nr. 15], des *Königsbaus* der Residenz [Nr. 16] und der *Hauptpost-Loggia* [Nr. 12], liebenswürdig ergänzt durch die gefällige Front der Bürgerhäuser auf der Westseite.

Die Mitte akzentuiert das **Denkmal** für Max I. Joseph, den ersten König Bayerns, der 1818 die erste bayerische – und erste deutsche – Verfassung schuf. Es wurde erst 1835, genau 10 Jahre nach dem Tod des Monarchen, enthüllt: Er hatte die Verewigung in sitzender Pose abgelehnt. Klenze und der Bildhauer Martin von Wagner entwarfen die Architektur des Denkmals, der große Berliner Christian Rauch die Figuralkomposition, und mit dem Guss zeichnete sich Stiglmaier aus. Die Sockelreliefs stellen des Königs Regierungstaten dar.

15 Nationaltheater

Max-Joseph-Platz 2
U- und S-Bahn Marienplatz,
U-Bahn Odeonsplatz

Bedeutendes klassizistisches Opernhaus von monumentaler Wirkung und glanzvoller Innengestaltung: Heimstätte eines der traditionsreichsten Ensembles und Aufführungsort der hervorragenden Opern-Festspiele.

König Max I. Joseph wünschte ein Nationaltheater nach dem Vorbild des Pariser Odéon. Der junge Akademieprofessor Karl von Fischer gewann den Wettbewerb. Sein strenger Klassizismus bestach. 1818 wurde das Theater eröffnet, 1823 brannte es ab. Da hier vorher das von der Säkularisation beseitigte Franziskanerkloster gestanden hatte, sprach das Volk von einer Strafe des Himmels. Fischer war inzwischen gestorben, Klenze rekonstruierte sein Werk mit leichten Veränderungen. Schon 1825 fand die Wiedereröffnung statt. Der Zweite Weltkrieg ließ nur die Außenmauern stehen. Gegen den Widerstand der Befürworter einer modernen Lösung wurde der Bau abermals rekonstruiert (Gerhard Graubner, Karl Fischer) und 1963 vollendet.

Der Aufgang atmet antikische Feierlichkeit: ein **Säulenportikus** mit doppeltem Giebel. Im unteren Giebel Steinfiguren *Apolls und der neun Musen* (1972) von Georg Brenninger; im oberen ein Glasmosaik nach Ludwig Schwanthaler: *Pegasus mit den Horen*. Das elegante Rondell des **Zuschauerraums** mit fünf Rängen und Königsloge wird von Karyatiden und Kolossalsäulen akzentuiert. Es fasst rund 2100 Zuschauer – seinerzeit außergewöhnlich: Das Hoftheater war öffentlich geworden.

Max-Joseph-Platz mit Nationaltheater und Denkmal Max' I. Joseph, des ersten bayerischen Königs

Dass Ludwig II. sich hier einsam an Separatvorstellungen berauschte, war schon damals eine Exzentrizität. Durch ihn wurde das Nationaltheater eine Wagner-Bühne: ›Tristan‹, ›Meistersinger‹, ›Rheingold‹, ›Walküre‹ fanden hier ihre Uraufführung. Franz von Dingelstedt und Ernst von Possart waren im 19. Jh. die berühmtesten Intendanten des Hauses, das damals auch Schauspiele mit der Heroine Clara Ziegler und dem großen Josef Kainz gab. Ibsens ›Nora‹-Uraufführung löste 1880 einen Skandal aus.

Richard Strauss, in jungen Jahren Kapellmeister am Haus, erlebte 1906 hier den ersten Erfolg seiner anderswo verbotenen ›Salome‹, 1938 wurden sein ›Friedenstag‹, 1942 sein ›Capriccio‹ hier aus der Taufe gehoben, beide unter Clemens Krauss. Neben Krauss brachte eine lange Reihe großer Dirigenten der Oper Ruhm: Franz Lachner, Hans von Bülow, Hermann Levi, Felix Mottl, Bruno Walter, Hans Knappertsbusch, Georg Solti, Rudolf Kempe, Ferenc Fricsay, Joseph Keilberth, Wolfgang Sawallisch. Die Opern-Festspiele sind die alljährliche Juli-August-Attraktion des Hauses mit Zeitgemäßem rund um die Säulen Mozart, Wagner, Strauss.

Ob Robe, ob Jeans, ob Fummel: Hauptsache Opernbegeisterung

Der gespannte Augenblick, bevor der Vorhang sich hebt: Blick auf Zuschauerraum mit Königsloge im Nationaltheater

16 Residenz

Max-Joseph-Platz 3; Residenz-, Hofgarten- und Marstallstraße
U- und S-Bahn Marienplatz, U-Bahn Odeonsplatz

Sitz der Wittelsbacher Regenten bis 1918. In vier Jahrhunderten in verschiedenen Bauphasen zusammengewachsener imponierender Schlosskomplex: hervorragendes Zeugnis höfischer Kultur in Europa.

Als die Stadt über die erste Residenz [Nr. 9] hinauswuchs, bauten die Wittelsbacher 1385 an der Nordostecke der alten Stadtmauer die ›Neuveste‹. Deren stetige Erweiterungen, denen sie schließlich selbst wich, bilden heute den Residenzkomplex. Die Bautätigkeit, mit dem *Antiquarium* (1571) beginnend, erreichte ihre ausgreifendsten Dimensionen unter Maximilian I., der bis 1620 vor allem die Vierflügelanlage um den Kaiserhof schuf (König Gustav Adolf hätte sie am liebsten auf Rädern nach Stockholm mitgenommen), und unter Ludwig I., der sie mit Königsbau, Festsaalbau und Allerheiligen-Hofkirche um die Mitte des 19. Jh. vollendete. Die verheerenden Kriegszerstörungen sind durch den imponierenden Wiederaufbau bis 1980 vollständig behoben worden.

Das Innere der Residenz ist weitgehend mit dem Residenzmuseum [Nr. 17] identisch. Einen äußeren Überblick gibt ein Rundgang um den Komplex und durch die Höfe:

Schauseite ist die Fassade des klassizistischen **Königsbaus** am Max-Joseph-Platz, Wohnungstrakt Ludwigs I. und seiner Gemahlin, von Klenze 1826 bis 1835 nach dem Vorbild der Palazzi Pitti und Rucellai in Florenz erbaut (hier befindet sich der Eingang zum Residenzmuseum). Vorherige Repräsentationsfront war die Renaissance-Fassade der **Maximilianischen Residenz** an der Residenzstraße (1611–19, Baumeister ungesichert). Geschmückt mit Fassadenmalerei, in der Mitte akzentuiert durch eine Marmornische mit der blühend-mädchenhaften Muttergottes *Patrona Boiariae* (1616) von Krumper, öffnet sie sich in zwei Triumphportalen mit Allegorien der vier Kardinaltugenden von Krumper und flankierenden Löwen von Pallago zum (nicht immer zugänglichen) *Kaiserhof* und zum Kapellenhof.

Der gassenartige *Kapellenhof* führt zum apart geschnittenen **Brunnenhof**: einem herrlichen offenen Konzertsaal im Sommer! Blickpunkt ist der *Wittelsbacher Brunnen*, der zu Füßen der Gestalt

Oben: *Königsbau der Residenz: ein Werk Klenzes nach Vorbild der Paläste Pitti und Rucellai in Florenz*

Links: *Der Wittelsbacher Brunnen im Brunnenhof der Residenz*

Ottos von Wittelsbach antike Götter versammelt; die meisten stammen von Hubert Gerhard (um 1600). Von hier aus ist der *Foyer-Hof* vor dem Cuvilliés-Theater [Nr. 19] zugänglich, ebenso der *Apothekenhof*, in dem man in der Pflasterung die Lage der Neuveste erkennen kann. Die ihn begrenzende Nordfront gehört zum Festsaaltrakt.

Die Hofgartenfront (1832–42) dieses Trakts, die sich an die Staatliche Sammlung Ägyptischer Kunst [Nr. 20] anschließt, entfaltet mit Säulen, Rundbögen und krönenden Schwanthaler-Figuren wiederum feierlichen Klenze-Klassizismus. Der einstige Thronsaal im **Festsaalbau** ist heute Konzertsaal, nach seinen Wandteppichen mit Herkules-Darstellungen *Herkulessaal* genannt. Die Wandteppiche wurden 1992 aus konservatorischen Gründen entfernt und durch neue Dekoration ersetzt.

An der bis dahin ungestalteten Ostseite der Residenz schuf Klenze 1826–37 seinen einzigen Sakralbau, die **Allerheiligen-Hofkirche**. Wieder aufgebaut wurde auch der Außenbau von Klenzes **Marstall** (1820–25) am Marstallplatz 5, eine imponierende Monumentalarchitektur mit Rundbogenportal, bekrönt von den hervorragenden Büsten des Kastor und Pollux von Klenze sowie mit Bronzereliefs von J. M. von Wagner als Fassadenschmuck. Ein Teil des mächtigen Innenraums dient heute der Experimentierbühne des Staatsschauspiels: Theater im Marstall.

17 Residenzmuseum

Max-Joseph-Platz 3
U- und S-Bahn Marienplatz,
U-Bahn Odeonsplatz

Eines der reichsten Raumkunstmuseen Europas mit wertvollen Spezialsammlungen: glanzvolle Summe der Münchner Hofkunst.

Kunstschätze, Mobiliar, Wandverkleidungen der Residenz entgingen, da ausgelagert, weitgehend der Zerstörung durch den Krieg. Die Räume, zu denen sie untrennbar gehörten, sind wieder hergestellt worden. Ein Umbau soll bis 2002 das Museum offener machen. Dabei wird auch der bislang Besuchern unzugängliche Königsbauhof mit beeindruckender Cuvilliés-Fassade freigelegt. Die Fülle des Einzelnen im Ganzen ist hier freilich nicht aufzuzählen. Nur Hinweise auf wichtige Räume und Sammlungsgruppen sind möglich. Der Besucher kann das Museum allein oder mit einer Führung in einem Vormittags- und einem Nachmittagsrundgang (sonntags nur Vormittagsrundgang) besichtigen, beide folgen verschiedenen Führungslinien.

Vormittagsrundgang:
Erdgeschoss: **Vestibül** [**1**] im Trakt der ›Grünen Galerie‹ von Cuvilliés 1733. **Ahnengalerie** [**4**]: 121 Bildnisse von Wittelsbachern. Der Stuck ist von Zimmermann 1730. **Porzellankabinett** [**5**] als Schatzkammer, Cuvilliés 1733. **Grottenhof** [**6**]: Renaissance-Brunnengarten von Sustris 1581–86 mit *Perseus-Brunnen* von Gerhard, um 1595. Grotte manieristisches ›Naturgebilde‹ aus Tuff und Muscheln. Vergoldeter *Merkur* von Giovanni da Bologna, um 1580. **Antiquarium** [**7**]: Größter profaner Renaissanceraum nördlich der Alpen (1571), von Egkl gebaut für die Skulpturensammlung (Gewölbe) und Bibliothek Herzog Albrechts V. Über 100 bayerische Stadtansichten von Donauer 1588–96. Die Skulpturen sind zum Teil antik. Heute Saal für Staatsempfänge.

Obergeschoss: **Schwarzer Saal** [**13**] mit Deckengemälde in illusionistischer Architekturmalerei, 1602. **Gelbe Treppe** [**14**]: ›Venus Italica‹ von Canova 1812. **Porzellankammern** [**14 d–g**] des 19. Jh.: französische, Nymphenburger, Berliner Manufakturen. **Ostasiatische Porzellansammlung** [**15–21**] mit Schwergewicht 17./18. Jh., sowie persische Teppiche des 17. Jh. und sog. Polenteppiche, da sie aus dem Besitz einer polnisch-kurpfälzischen Fürstin stammen. **Kurfürstenzimmer** [**22–31**] Max' III. Joseph und Gemahlin; Ausstattung Cuvilliés 1763. **Allerheiligengang** [**32**]: 18 italienische Landschaften von Rottmann, 1830–33, ursprünglich in den Hofgartenarkaden. **Charlottentrakt** [**33–41**] *mit Hofgartenzimmern* und Wohnräumen der Prinzessin Charlotte Augusta, Tochter König Max' I. Joseph. Pariser Mobiliar und Kunst. **Trierzimmer** [**46–53**] des Kaiserhoftrakts, von Herzog Maximilian I. nach eigenen Ideen unter Krumpers Leitung bis 1616 gebaut, benannt nach dem oft hier wohnenden Kurfürsten Clemens Wenzeslaus von Trier. Deckenbilder von Candid, Thema: Aufgaben des Fürsten. Wandteppiche aus der Ersten Münchner Gobelinmanufaktur (1604–15) mit Monatsszenen (Entwürfe: Candid). **St.-Georgs-Rittersaal** [**54**]: Wirkteppiche der Zweiten Münchner Gobelinmanufaktur (1730–70), Thema: Bayerische Herzöge (Entwürfe: Albrecht nach Gemälden von Werle). **Reiche Zimmer** [**55–62**], angelegt unter Kurfürst Karl Albrecht nach dem Residenzbrand von 1729. Cuvilliés

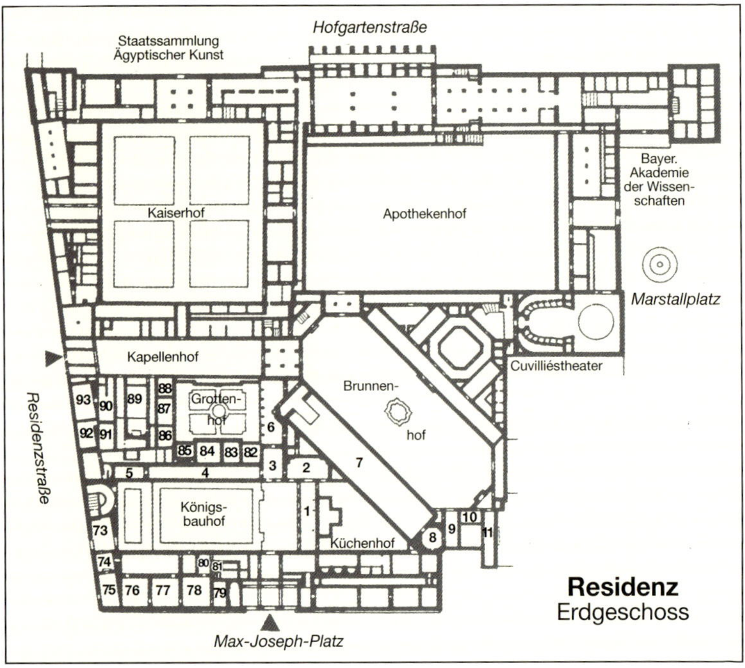

Aus der Porzellansammlung: ›Apfelmädchen‹ der Manufaktur Nymphenburg und Wasserkessel in Meißener Goldfond

Rokoko-Raumkunst in Vollendung! Stuck: Zimmermann. Wandschnitzereien: Pichler, Dietrich, Miroffsky. Höhepunkte bilden **Grüne Galerie** [**58**], höfische Bildersammlung und Festraum (meisterhaft auch ihre Fassade zum Königsbauhof), **Paradeschlafzimmer** [**60**] und **Spiegelkabinett** [**61**], seit dem Wiederaufbau Wohnsuite für Staatsgäste wie Königin Elisabeth II., General de Gaulle u. a.

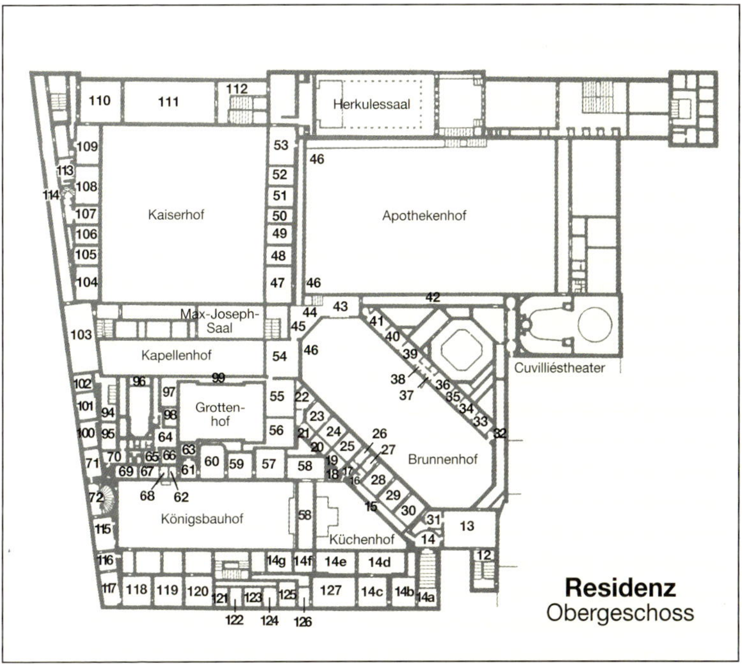

Antiquarium: Größter profaner Renaissanceraum des Nordens

Päpstliche Zimmer [**66–71**], so genannt nach dem Besuch von Papst Pius VI. 1782. Erbaut im italienischen Barockstil bis 1667. Wohnräume Henriette Adelaides, der Gemahlin des Kurfürsten Ferdinand Marias, **Herzkabinett** [**68**] mit barocken Liebesdarstellungen. Fortsetzung Erdgeschoss: **Nibelungensäle** [**75–79**] im Königsbau. Ausstattung nach Entwürfen von Klenze. Monumentaldarstellungen des Nibelungenlieds von Schnorr von Carolsfeld, Olivier, Hauschild (1827–34 und 1843–67).

Nachmittagsrundgang:
Räume 1–5, 55–71, 72–81 wie beim Vormittagsrundgang. Erdgeschoss: **Porzellankammern** [**82–88**]: Europäisches Porzellan des 18. Jh. aus der königlichen Hofhaltung. Meißen, Frankenthal, Nymphenburg, deutsche, französische, englische Manufakturen. **Hofkapelle** [**89**]: 1601 unter Maximilian I. von Krumper zweigeschossig errichtet. Eindrucksvolle Stukkaturen im Langhaus 1614 und Chor 1630. Thema: Lauretanische Litanei. Rokoko-Seitenaltäre in Stuck und Gemälde von Zimmermann, 1748. **Paramentenkammern** [**91–93**]: Liturgische Prunktextilien, 17./18. Jh.

Obergeschoss: **Reliquienkammer** [**95**]: Augsburger und Münchner Goldschmiedefassungen der Reliquien, 16. bis 18. Jh. **Reiche Kapelle** [**98**]: Kostbares Privatoratorium Maximilians I., wohl von Krumper, 1607 geweiht. Gesamtkunstwerk der Spätrenaissance. Hervorragend rekonstruiert. Farbiges Marmorpflaster.

Stuckmarmorwände mit kunstvollen ornamentalen und figürlichen Scagliola-Tafeln. Kuppelreliefs aus vergoldetem Terrakotta. Bemalte Glasfenster im Tambour. Altar aus schwarzem Ebenholz und silbergetriebenem Relief. Prunkorgel.

Silberkammern und **Hartschiersaal** [**100–103**] mit 3500 Stücken Tafelsilber des Hauses Wittelsbach, 18./19. Jh. **Steinzimmer** [**104–109**], zum Kaisertrakt Maximilians I. gehörend wie Trierzimmer [46–53], so genannt wegen Marmor-, Stuckmarmor- und Scagliola-Ausstattung. Prächtige Türrahmungen und Kaminaufbauten. Ursprüngliche Deckengemälde Candids bis 1696 von Trubillio, Gumpp und Rosa erneuert. Themen: Weltliche und religiöse Vorstellungen Maximilians. Qualitätvolle Wirkteppiche aus Paris und Brüssel, 16. Jh., und aus der Ersten Münchner Gobelinmanufaktur (1604–15) nach Entwürfen Candids mit dem Thema: Die Taten des Pfalzgrafen Otto von Wittelsbach. Prunkmöbel, Bronzen, Tafelbilder.

Vierschimmelsaal, Kaisersaal, Kaisertreppe [**110–112**]: Bedeutende Spätrenaissanceräume von Schön und Krumper (rekonstruiert) mit Deckengemälden und Wandteppichen von Candid und Umkreis (teilweise erhalten). Bildprogramme: **Planeten** [**110**] und ihre Gott-

Grüne Galerie: ein Hauptwerk des Münchner Rokoko von François de Cuvilliés

Einer der von Schnorr von Carolsfeld ausgemalten Nibelungensäle im Königsbau der Residenz

heiten, **Allegorien der Weltherrschaft** [**111**] unter dem Leitbild der Weisheit und der Tugenden. Auf dem Kamin Original der *Tellus Bavarica* (s. S. 44) von Gerhard. **Nischenfiguren und Büsten von Wittelsbachern** [**112**] als Ahnherrn Maximilians I.

Appartements König Ludwigs I. und seiner Gemahlin [**115–127**] im Königsbau. Entwurf der gesamten Innenausstattung von Stuckdekoration bis Mobiliar, Fußböden und Textilien von Klenze. Einzigartiges Ensemble. Wiederherstellung 1980 beendet. **Wandbilder** in den Räumen **der Königin** [**115–122**] nach Dichtungen Wielands, Goethes, Bürgers von Kaulbach, Foltz u. a. nur teilweise rekonstruiert, ebenso **Wandbilder** in den Räumen **des Königs** [**123–127**] nach antiken Dichtungen von Schwanthaler, Schnorr von Carolsfeld u. a.

Öffnungszeiten S. 173

◁ *Blick ins Paradeschlafzimmer der Residenz mit bravourösem Rokokostuck von Johann Baptist Zimmermann*

18 Schatzkammer der Residenz

Max-Joseph-Platz 3
U- und S-Bahn Marienplatz,
U-Bahn Odeonsplatz

Einer der großen europäischen ›Trésors‹: erstrangige Sammlung von weltlichen und liturgischen Kostbarkeiten aus drei Jahrhunderten.

Den Grundstock zu dieser Sammlung legte Herzog Albrecht V., der die ›Hauskleinodien‹ der Wittelsbacher 1565 testamentarisch für unveräußerlich erklärte. Ende des 18. Jh. wurde sie unter Kurfürst Karl Theodor durch die ›Pfälzer Schätze‹ aus Heidelberg, Düsseldorf und Mannheim wesentlich erweitert. Schließlich bildeten die 1802–03 in Kirchen und Klöstern beschlagnahmten sakralen Kleinodien sowie die Insignien des 1806 neu geschaffenen Königreichs einen bedeutenden Zuwachs. Erst seit 1939 für die Öffentlichkeit zugänglich, sind die im Krieg ausgelagerten Schätze unversehrt erhalten geblieben. Zusammen mit den Kleinodien aus der Reichen Kapelle der Residenz umfasst die Schatzkammer im westlichen Erdgeschoss des Königsbaus rund 1200 Exponate.

Rundgang

Raum I: Goldschmiedearbeiten des frühen und späten Mittelalters, u. a. *Gebetbuch Kaiser Karls des Kahlen*, 9. Jh., *Reimser Altarciborium* König Arnulfs von Kärnten, 9. Jh., *Krone der Kaiserin Kunigunde*, um 1010–20, *Heinrichskrone*, um 1280, *Krone* einer englischen Königin, um 1370–80.

Raum II: Sakrale Gegenstände der Spätgotik und Frührenaissance deutscher, flämischer und italienischer Herkunft, u. a. burgundisches *Bildnismedaillon*, um 1440, sog. *Holbein-Schale*, um 1540, *Rappoltsteiner Pokal*, um 1543.

Raum III: Prunkvolle *St.-Georgs-Reiterstatuette*, vermutlich nach einem Entwurf von Sustris von Augsburger und Münchner Meistern zwischen 1586 und 1597 geschaffen.

Aus der Schatzkammer der Residenz: bayerische Königskrone von 1806

Raum IV: Kirchliche Kunst des 16.–18. Jh., u. a. früheste *Strahlenmonstranz*, um 1600, *Hausaltar* Herzog Albrechts V., 1574, Elfenbeinschnitzereien von Georg Petel, 17. Jh.

Raum V: Insignien und Orden, u. a. *Kroninsignien* der bayerischen Könige, angefertigt in einer Pariser Werkstatt 1806.

Raum VI und VII: Steinschneidekunst, vor allem die berühmten Mailänder Kristallschnitte des 16. sowie die der Prager Hofwerkstatt des 17. Jh., Arbeiten aus Achat, Jaspis, Lapislazuli.

Raum VIII: Prunkpokale, Schmuck und Goldschmiedearbeiten der Renaissance, vor allem von Reimer, München, und Jamnitzer, Nürnberg.

Raum IX: Goldschmiedearbeiten, Tafelgerät, Schmuck, Statuetten des Barock, Rokoko, Klassizismus, u. a. *Reiseservice* der Kaiserin Marie Louise, Paris 1810, Augsburger Uhren des 17. Jh.

Raum X: Exotisches Kunsthandwerk aus der Türkei, Persien, Ceylon, Mittelamerika, 16. bis 18. Jh.

Öffnungszeiten S. 173

TOP TIPP 19 Cuvilliés-Theater (Altes Residenztheater)

Residenzstraße 1
U-Bahn Odeonsplatz

Schönstes Rokokotheater Europas, von den besten damals tätigen Künstlern geschaffen: Cuvilliés, Straub, Zimmermann.

Mit dem Bau dieses Theaters 1751–53 hat der geniale François Cuvilliés d. Ä., der vom Hofzwerg zum Hofbaumeister avancierte, das Münchner Rokoko zu geistreicher Vollendung geführt. Von Kurfürst Max III. Joseph in Auftrag gegeben, nachdem 1750 die ›Neuveste‹ mitsamt ihrem Theater abbrannte, war das ›Neue Opera Hauß‹ einer der letzten Theaterbauten für die höfische Gesellschaft vor dem Ende des Absolutismus.

Da der Hof sich selbst zum eigentlichen Spektakel machte, musste der **Zuschauerraum** die Essenz des Baues sein.

Aus der Schatzkammer der Residenz: Georgs-Statuette, zwischen 1586 und 1597 ▷

Angehoben, konnte er mit der Bühne zum Ballsaal verwandelt werden. Die Logen reihen sich in vier Bändern hufeisenförmig übereinander, münden in der Mitte in die zweigeschossige, prunkvoll bekrönte *Kurfürstenloge*, an den Seiten in die säulenflankierten Proszeniumslogen als Bühnentor. Nach strenger Hierarchie war die Parkettloge einst dem Stadtadel, der erste Rang der Hocharistokratie, der zweite dem niederen Adel, der dritte den Hofbeamten vorbehalten.

Verschwenderische *Ornamentik* in Weiß-Rot-Gold überspielt die Architektur, besonders reich in den Zonen des ersten Rangs und der großen Logen. Die Fülle geschnitzter Atlanten, Köpfe, Kartuschen, Putti, Embleme unterliegt einem durchdachten Bildprogramm, das die Themen Natur (Jahreszeiten, Landwirtschaft, Gartenbau), Kunst (Musik, Schauspiel) und Mythologie (antike Gottheiten) variiert. Straub schuf die Meisterstücke, assistiert von den Schnitzern J. und M. Dietrich, Zimmermann fertigte den Stuck und das einstige Deckenfresko an. Cuvilliés' Sohn, Lespilliez und Gießl wirkten als Baumeister, Gaspari als Bühnenarchitekt mit.

Eine Sprengbombe zerstörte das Rokokojuwel 1944. Da die kostbare Innendekoration vorher ausgelagert worden war, ging der Wiederaufbau 1956–58 rasch vonstatten, wenn auch an versetzter Stelle, nämlich im Apothekentrakt der Residenz. Innerhalb der ursprünglichen Umfassungsmauern war bereits 1951 das ›Neue Residenztheater‹ entstanden.

Ein Ruhmesblatt in der Geschichte des Cuvilliés-Theaters: Am 29. Januar 1781 fand hier die Uraufführung des ›Idomeneo‹ von Mozart statt. Bald zogen deutsche Opern, später Raimund, Shakespeare, Thoma ein – bis hin zum heutigen Experimentiertheater. Bei Mozart aber findet der gerühmte »Zusammenklang von Raumkunst, Theater und Musik« wie je seine schönste Erfüllung.

Öffnungszeiten S. 172

Eine Seltenheit: gähnende Leere im Zuschauerraum des Cuvilliés-Theaters

Ägyptische Sammlung: Aus dem Schatz der meroitischen Königin Amanishakheto Meroë, Ende 1. Jh. v. Chr. (Armband mit geflügelter Göttin, Detail)

20 Staatliche Sammlung Ägyptischer Kunst

Hofgarten 1
U-Bahn Odeonsplatz

Sammlung von Weltrang. Im Reigen der vielen Münchner Sammlungen jedoch ein ›stilles Museum‹ – und gerade deshalb ein Geheimtipp für Antikenfreunde.

Ein Obelisk weist den Eingang zu der seit 1972 im Festsaalbau etablierten Sammlung, deren Anfänge so alt sind wie die Residenz selbst. Sie gehen auf die Kunstkammer Herzog Albrechts V. im Antiquarium zurück, die bereits kleine altägyptische Götterskulpturen enthielt. Eine systematische Sammeltätigkeit setzte unter Max I. Joseph und Ludwig I. ein, die Großobjekte für die Akademie der Wissenschaften und die Glyptothek erwarben. Der monumentale *Würfelhocker* des Hohenpriesters Bekenchons aus der Zeit um 1220 v. Chr. kam durch Ludwigs Kunstagenten schon 1818 nach München. 1960 wurden die einst auf verschiedene Museen verteilten reichen und bedeutenden Bestände vereint.

Sie geben einen sehr guten Überblick über die klassischen Kunststile des Alten Reiches mit der Hauptstadt Memphis (2670–2160 v. Chr.), des Mittleren Reiches mit Theben als Hauptstadt (2040–1660 v. Chr.) und des Neuen Reiches (1550–1075 v. Chr.) mit seiner Blütezeit der Amarna-Kunst. Nur wenige berühmte Objekte seien genannt: die kraftgeladene *Doppelstatue des Königs Niuser-Rê* als Bild der menschlich-göttlichen Natur aus dem Alten Reich, das hinreißende, bei aller Kleinheit monumentale *Statuenoberteil Amenemhets II.* aus dem Mittleren Reich, dem auch das viel abgebildete *Fayence-Nilpferd* und das *Bronze-Krokodil* entstammen. Die strenge *Kniefigur des Senenmut* mit seinem lebhaft-gescheiten Gesichtsausdruck, die revolutionär-realistische Goldfigur der *Teje*, das Fragmentstück der sinnlichen Mund-Kinn-Partie *Amenophis IV.*, der großartige *Porträtkopf eines alten Mannes* sind unter unzähligen anderen die Zeugnisse des Neuen Reiches.

Nicht minder erlesen sind Frühzeit und Spätzeit belegt, letztere besonders mit den eleganten und rätselhaften Statuetten des *Falkengottes*; und als Besonderheit dieses Museums ist auch die Kunst der Randgebiete Ägyptens vertreten, bei der beispielsweise der *Goldschatz der Königin von Meroë* im Sudan (um die Zeitenwende) als Meisterleistung hervortritt.

Öffnungszeiten S. 174

21 Hofgarten

U-Bahn Odeonsplatz

Einer der bedeutendsten fürstlichen Renaissancegärten nördlich der Alpen, eingebunden in ein wohlabgestimmtes architektonisches Gefüge mit eindrucksvollem Blick auf die Theatinerkirche.

Heiter vereint die Anlage Kunst und Natur, Musen und Muße. Herzog Maximilian I. ließ den Hofgarten auf freiem Areal im Norden der Residenz 1613–17 nach dem Vorbild italienischer Renaissancegärten anlegen: ein rechteckiges Geviert, durch gerade und diagonale Wege geometrisch gegliedert, farbenprächtig ornamental bepflanzt und auf einen Rundtempel zentriert. Die Wiederherstellung nach dem Krieg rekonstruierte das ursprüngliche Schema, dazu die umlaufende Alleebepflanzung des 19. Jh., fügte Schalenbrunnen an den Ecken hinzu. Ein wohlkomponiertes Architekturensemble, dessen Arkadenmotiv ebenfalls auf Maximilian I., teils auf noch frühere Zeit zurückgeht, schließt den Garten zum Binnenraum: im Süden der Residenz-Festsaaltrakt, dessen Loggia auf den Tempel bezogen ist, im Westen und Norden Arkadenbauten, von Kaffeehauspublikum und Galeriebesuchern belebt, überragt vom Getürm der Theatinerkirche.

Hofgarten mit Dianatempel und Blick auf Theatinerkirche, Dom und Festsaalbau der Residenz ▷

Tellus Bavarica vom Dianatempel

Den oktogonalen **Tempel** im Mittelpunkt des Gartens bekrönt eine Bronzefigur der **Diana** von Hubert Gerhard (1594), die Hans Krumper nach der Verleihung der Kurwürde an Bayern 1623 zur Landesallegorie ›*Tellus Bavarica*‹ (Bayerische Erde) umgestaltete: eine prachtvolle, behelmte Göttin mit den Schätzen des Landes: Salzfass, Hirschfell, Reuse, Ährengarbe, Kurapfel. Sie ist eine Kopie; das Original steht im Residenzmuseum. Kopien nach Krumper sind auch die *Putti* auf dem Postament.

Top Tipp

Ein fein proportionierter klassizistischer Triumphbogen öffnet den Hofgarten zum Odeonsplatz: Das **Hofgartentor** ist Klenzes erstes Werk in München

(1816/17). Diesem schloss er die Erneuerung der Westarkaden an. Im Auftrag Ludwigs I. entwarf Cornelius die Historienmalereien beiderseits des Tors, 1829 von seinen Schülern vollendet. An der Westseite die versonnene **Bronzenymphe** von Ludwig Schwanthaler. Die Nordarkaden waren schon 1781 zur Gemäldegalerie ausgebaut worden. Hier finden sich Wandbilder griechischer Landschaften von Richard Seewald (1963).

Störend fällt aus dem Rahmen dieses Ensembles im Osten der auftrumpfende Neubau der **Bayerischen Staatskanzlei**, in den die Ruine des ehemaligen Armeemuseums von 1907 integriert worden ist, weil man seiner Kuppel Denkmalswürde zusprach: Zustande kam ein modisch-glasglatter, historistisch-knorriger Zwitter (Architekt: D. J. Siegert, 1989–93). Die beim Bau aufgedeckte Renaissance-Arkadenwand bleibt zugänglich. Sommers ist hier das **Hofbrunnwerk** zu besichtigen. Im Garten steht ein **Denkmal für die Gefallenen** des Ersten Weltkriegs mit der Bronzekopie von B. Bleekers *›Totem Soldaten‹* im Gruftraum (1925).

22 Deutsches Theatermuseum

Galeriestraße 4
U-Bahn Odeonsplatz

Ältestes Theatermuseum in Europa mit reichen Beständen zur internationalen Geschichte und Gegenwart des Theaters.

Das Gebäude der nördlichen Hofgartenarkaden, 1781 als Galeriegebäude für die Kunstsammlung des Kurfürsten Karl Theodor gebaut, beherbergt seit 1953 das Deutsche Theatermuseum, außerdem den Kunstverein und mehrere ausgesprochen gute Kunstgalerien.

Der ersten Dame Münchens so ungerührt den Rücken zukehren – gehört sich das denn? Feldherrnhalle und Residenzfassade mit Patrona Boiariae ▷

Aus einer Stiftung der Hofschauspielerin **Clara Ziegler** (1844–1909) im Jahre 1910 hervorgegangen, heute vom Freistaat Bayern getragen, hat sich das Theatermuseum zu einer bedeutenden Sammlung entwickelt. Seine Bestände umfassen mehr als vier Millionen Dokumente zum Theater aller Zeiten und Völker, Entwürfe für Bühnenbilder und Kostüme, Rollenporträts, Aufführungsbilder, Requisiten, ein Archiv mit Regiebüchern, Programmheften, Kritiken und 50 000 Autographen, dazu eine große Präsenzbibliothek. Spezialität: größte *Wagner-Sammlung* außerhalb Bayreuths. Mehrmals im Jahr finden aktuelle Sonderausstellungen statt.

Öffnungszeiten S. 172

23 Feldherrnhalle

Odeonsplatz
U-Bahn Odeonsplatz

Klassizistischer Hallenbau nach florentinischem Vorbild als städtebaulicher Akzent zwischen Theatiner- und Ludwigstraße und damals als Übergang zwischen Altstadt und Neustadt.

Es war eine brillante Idee Friedrich von Gärtners, der Ludwigstraße durch die Feldherrnhalle einen großen architektonischen Auftakt zu geben, nachdem Klenze sie auf die Mitte zwischen Residenz und Theatinerkirche hin angelegt und hier eine Platzerweiterung konzipiert hatte. Die Loggia dei Lanzi in Florenz diente als Vorbild für den edlen dreibogigen Hallenbau, der 1841 (Jahrestag der Schlacht von Waterloo) begonnen und 1844 (Jahrestag der Völkerschlacht bei Leipzig) vollendet wurde. Die beiden *Erzstandbilder* in den Seitenarkaden erinnern an *General Tilly*, Sieger der Schlacht am Weißen Berg (1620) und Feldherr der Katholischen Liga, sowie *General Wrede*, Sieger gegen die Franzosen 1814 (Entwurf: L. Schwanthaler, Guss: F. v. Miller). An der Wand: *Denkmal für die bayerische Armee* (1882) von Miller. Den Aufgang flankieren zwei *steinerne Löwen* (1906), vorzügliche Tierstudien von Ruemann. Sie sahen 1923 unbewegt Hitlers scheiternden Putsch-Marsch auf die Feldherrnhalle, den später eine Gedenktafel mit Ehrenwachen – zur Residenzstraße hin – verklärte. Wer den Posten den gebotenen Gruß verweigern wollte, nahm einen Umweg durch die kleine *Viscardigasse* hinter dem Preysing-Palais, die damals den Spitznamen ›Drückebergergasserl‹ bekam.

24 Preysing-Palais

Residenzstraße 27
U-Bahn Odeonsplatz

Schönstes Frührokokopalais Münchens mit reichem Fassadenstuck und großzügigem, frei zugänglichem Treppenhaus.

An den noblen Klassizismus der Feldherrnhalle lehnt sich der Charme des Preysing-Palais mit seiner von Régence-Stuck überspielten, reich gegliederten **Fassade**. Das Erstlingswerk des Oberhofbaumeisters Effner wurde für den zu dieser Zeit höchsten Beamten Bayerns, den Grafen Maximilian von Preysing-Hohenaschau von 1723 bis 1728 gebaut. Sehenswert ist

die **Prunktreppe** innen: ein durch zwei Stockwerke geführtes Stiegenhaus mit drei gegenläufigen Armen, von Karyatiden gestützt und mit schwingendem Stuck geschmückt. Ein Wermutstropfen höchstens, dass die drei Fassaden und die Treppe rekonstruiert sind (Schleich), weil das Palais im Krieg schlimmen Schaden nahm. Rundum im Erdgeschoss und in der Passage laden elegante Geschäfte zum Schaufensterbummel ein.

25 Theatinerkirche (St. Kajetan)

Theatinerstraße 22
U-Bahn Odeonsplatz

Barockkirche von pathetischer Wirkung und imperialem Gestus: ein Stück Rom in München. Die Turmhelme Meisterstücke barocker Bizarrerie.

Die vollblütige **Kuppel** und die **Türme** mit den wulstigen Voluten sind ein Wahrzeichen Münchens. Zu Recht: Ähnliche Grandezza findet man diesseits der Alpen selten. Rom und Venedig waren die Vorbilder. In Rom steht die Mutterkirche des Theatinerordens, dem Henriette Adelaide von Savoyen, Gemahlin Ferdinand Marias, die Hofkirche und das Kloster als Dank für die Geburt des lang ersehnten Erbprinzen Max Emanuel (1662) zugedacht hatte. Der Graubündner Meister Zuccalli und der Theatinerprobst Spinelli errangen nach hitzigen Kämpfen gegen den Bologneser Barelli die Leitung des Baus, der im wesentlichen 1688 fertig war. Vater und Sohn Cuvilliés vollendeten 1768 im Rokokogeist die **Fassade**. Breit gelagert, dennoch vertikal betont, mithin voller schwingender Spannung, ist diese Fassade reich, rhythmisch und scharfkantig gegliedert; den plastischen *Dekor* und die *Kirchenväterfiguren* schuf Boos, prächtig vor allem das Giebelwappen nach Ignaz Günthers Entwurf.

Ungewohnt im Rahmen der Münchner Kunst ist das Pathos des **Innenraums**, ein Pathos des Hochbarock und des Höfischen: ein hohes, tonnenüberwölbtes

Schauseite der Theatinerkirche, in italienischem Hochbarock errichtet und im Rokoko vollendet

Mittelschiff mit überkuppelten Seitenkapellen, ein kurzes Querhaus, eine durchlichtete Tambourkuppel, wuchtige Wandsäulen, monumentaler weißer Stuckdekor aus schwerem Akanthus, großen Putti und Statuen. Moretti, Brenni und Perti hießen die italienischen Stukkatoren; ihr Einfluss auf die Wessobrunner Kollegen war nicht gering, wie denn der ganze Bau als Typus der »Kongregationskirche als Kuppelkirche« Impulse gab.

Ungewohnt auch der *Hochaltar*, der nach Theatiner-Gepflogenheit in Altarwand und Mensa geteilt ist (rekonstruiert); die *Giebelfiguren* stellen Würdenträger des Hauses Savoyen dar, das Gemälde der *Thronenden Madonna* stammt von dem Rubens-Schüler de Crayer. Die anderen *Altarbilder* sind Werke italienischer und deutscher Barockmaler. Meisterstück: Faistenbergers wuchtige *Kanzel* (1690).

In der **Fürstengruft** der Hofkirche (Zugang durch das rechte Querschiff) sind 25 Mitglieder des Hauses Wittelsbach beigesetzt, u. a. Ferdinand Maria und seine Gemahlin, Max Emanuel, Max III. Joseph, Karl Theodor, Max I. Joseph, Prinzregent Luitpold und Kronprinz Rupprecht.

Das an die Kirche südlich anschließende ehem. **Kloster** ist teils rekonstruiert, teils durch Neubauten ersetzt worden (jetzt Kultusministerium).

26 Literaturhaus

Salvatorplatz 11
U-Bahn Odeonsplatz

Sammelort für Bücherwürmer, Autoren, Literatur- und Buchwissenschaftler.

Weithin bekannt ist, dass München mit über 250 Verlagen und jährlich rund 14 000 Neuerscheinungen neben New York *die* führende **Buch- und Verlagsstadt** ist. Gleichwohl musste die hiesige Literaturszene, bestehend aus Literaturschaffenden, -wissenschaftlern und sonstig -versessenen, lange darauf warten – 1997 war es endlich so weit: das heiß ersehnte Münchner Literaturhaus wurde eröffnet. Hier dreht sich nun natürlich alles rund ums Buch: Am Puls der Zeit finden wechselnde **Ausstellungen** zu literarischen Themen, ein beachtliches Angebot an **Lesungen** nationaler wie internationaler Autoren sowie **Podiumsdiskussionen** für Buchhändler und Verlagsmitarbeiter statt. Übrigens lässt es sich im angeschlossenen *Café Dukatz* (das Design schuf die Amerikanerin Jenny Holzer) über so manchen wegweisenden Dichter am anregendsten plauschen.

Theatinerkirche St. Kajetan: Blick in die lichtdurchflutete Tambourkuppel

27 Salvatorkirche

Salvatorplatz 17
U-Bahn Odeonsplatz

Typisches Beispiel für die – bei aller Einfachheit und Schmucklosigkeit – anmutige Wirkung sakraler bayerischer Backsteingotik.

Der unverputzte Ziegelbau mit Spitzturm ist eine verkleinerte Ausgabe der Frauenkirche, als deren Friedhofskirche er 1494 von Lukas Rottaler aus der Landshuter Schule, der auch am Dom tätig war, gebaut wurde. Auf dem 1789 aufgelassenen Friedhof wurden berühmte Bürger beerdigt: der Komponist Orlando di Lasso, der Maler Hans Mielich, der Architekt François Cuvilliés d. Ä. sowie Maximilian Robespierre, Vater des französischen Revolutionärs, der als mittelloser Sprachlehrer hier lebte. Die Kirche gehört seit 1829 der griechisch-orthodoxen Gemeinde und zeigt die charakteristische Einrichtung des ostkirchlichen Kultus. Spätgotische Freskenreste an der Nordostseite.

28 Palais Portia

Kardinal-Faulhaber-Straße 12
U- und S-Bahn Marienplatz,
U-Bahn Odeonsplatz

Münchens früheste Palais-Architektur in italienischem Stil mit einziger noch erhaltener Hochbarock-Palastfassade.

Mit den Fassaden gravitätischer Stadtpalais tut sich in der Kardinal-Faulhaber- und der Prannerstraße der einstige Adelsbezirk Münchens auf.

Rokoko-Kurfürst Karl Albrecht, nicht nur in der Kunst dem Galanten zugeneigt, war mit Palästen spendabel. Diesen schenkte er seiner Geliebten, Freiin von Topor-Morawitzki, der späteren Fürstin Portia. Sein Architekt Cuvilliés gestaltete den 1694 von Zuccalli im Stil italienischer Palazzi errichteten Barockbau 1734 im Rokoko-Geist um, Zimmermann gab seiner **Fassade** Stuck-Anmut. Im 19. Jh. Sitz einer literarischen Gesellschaft und durch einen großen Tanz- und Konzertsaal ein Musikzentrum der Stadt, gehört das Gebäude nun der Hypo-Vereinsbank. Die feinen Rokokoräume sind im Krieg zugrundegegangen. Im Vestibül befindet sich eine überaus reizvolle *Rokokoskulptur* der Minerva, um 1735, die aus dem Palais Holnstein [Nr. 29] stammt.

29 Erzbischöfliches Palais

Kardinal-Faulhaber-Straße 7
U- und S-Bahn Marienplatz,
U-Bahn Odeonsplatz

Einziges original erhaltenes Adelspalais Münchens und eines der besten Werke von Cuvilliés. Edelste Rokokofassade der Stadt.

Gleich nach dem Umbau des Palais Portia ging Cuvilliés daran, diesen Palast zu errichten, den Karl Albrecht für seinen Sohn bestimmt hatte, den Grafen Holnstein, Spross seiner Verbindung mit einer Dame des Hofes. 1737 war er vollendet: ein Bau von beschwingter Eleganz mit rhythmisch gegliederter **Fassade**, aus der ein Mittelrisalit mit Portal, Balkon, Dreiecksgiebel leicht hervortritt. Zimmermann schuf den Stuckdekor, bezaubernd ist besonders die Mariendarstellung über dem Portal. Ehemals Sitz des Erzbischofs von München und Freising, gehören dieser sowie der Palais Portia und das Gründerzeitgebäude der ehem. Hypotheken- und Wechselbank heute der HypoVereinsbank. Im Frühjahr 2001 wird diese hinter den historischen Fassaden ein modernisiertes Areal namens **Fünf Höfe** eröffnen. Es umfasst abwechslungsreiche Einkaufspassagen und bepflanzte Innenhöfe, Büro-, Gastronomie- und Wohnflächen sowie die **Kunsthalle der Hypo-Kulturstiftung**, welche für hervorragende Wechselausstellungen bekannt ist. Unweit von den Fünf Höfen (in Richtung Promenadeplatz) befindet sich auf dem Gehweg der Kardinal-Faulhaber-Straße eine Gedenkplatte an den 1919 ermordeten Kurt Eisner.

30 Palais Neuhaus-Preysing

Prannerstraße 2
U- und S-Bahn Marienplatz
o. Karlsplatz,U-Bahn Odeonsplatz

Noble Rokokofassade nach François de Cuvilliés' Entwurf.

Auch wo der große Cuvilliés nicht selbst am Werk war, ist sein Einfluss sichtbar. Bei diesem zweiten Stadtsitz der Grafen Preysing ist wohl nur der Entwurf von ihm, die Ausführung von seinem Mitarbeiter Kögelsberger (1737). Die **Fassade**, ein wenig spröder als die des ähnlichen Palais Holnstein [Nr. 29], ist erhalten geblieben, der Bau selbst wurde 1958 wieder hergestellt. Er gehört heute der HypoVereinsbank.

Die anmutige Rokokofassade des Palais Holnstein (Erzbischöfliches Palais)

31 Palais Gise

Prannerstraße 9
U- und S-Bahn Marienplatz oder Karlsplatz, U-Bahn Odeonsplatz

Schönes Adelspalais des ausgehenden Rokoko.

Dies ist wie das benachbarte Palais Seinsheim ein im späten Rokoko gebautes Palais; es stammt wahrscheinlich von Hofbaumeister Lespilliez aus der Zeit um 1765 und gehörte damals der gräflichen Familie Arco-Taufkirchen. Die Einflüsse Cuvilliés' sind deutlich, doch der Mittelteil ist schwunglos, die Pilaster wirken wie bloße Dekoration ohne statische Funktion: Abgesang des Rokoko.

Spätes Rokoko an der Schwelle zum Klassizismus bestimmt auch die vornehme Fassade des 1764 erbauten **Palais Seinsheim** (Haus-Nr. 7).

32 Palais Montgelas

Promenadeplatz 2
U- und S-Bahn Marienplatz oder Karlsplatz, U-Bahn Odeonsplatz

Frühklassizistisches Stadtpalais von französischer Note mit teilweise original erhaltener Innenausstattung.

Nachdem der ehemalige Salzmarkt 1780 eine Lindenpromenade geworden war, entstanden hier vornehme Häuser, allen voran das Palais des Ministers Montgelas, entworfen 1811 von dem Portugiesen von Herigoyen und ausgestattet von dem Franzosen Métivier: ein Bau von weltläufiger Haltung mit pilastergegliederten Mittelrisaliten an den **Fassaden** zum Promenadeplatz wie zur Kardinal-Faulhaber-Straße, die **Festräume** innen sind in edlem Empire gehalten. Schon 1817 wurde das Palais Ministerium des königlichen Hauses und des Äußeren, seit 1969 gehört es zum Hotel Bayerischer Hof und ist sorgfältig restauriert worden. Als sehenswert erweisen sich die Repräsentationsräume und die Gaststätte im spätmittelalterlichen Kellergewölbe.

33 Gunetzrhainerhaus

Promenadeplatz 15
U- und S-Bahn Karlsplatz

Anspruchsvoller Künstlerwohnsitz mit zierlicher Rokokofassade.

Von den feinen Fassaden am Promenadeplatz haben wenige überlebt: Diese ist 1960 rekonstruiert worden, um ein Beispiel für das wohlhabende Münchner Bürgerhaus der frühen Rokoko-Zeit zu überliefern. Es gehörte einst dem Hofbaumeister Johann Baptist Gunetzrhainer, der es um 1730 für sich baute. Die zierliche *Hausmadonna* inmitten Régence-Stuckdekors wird (mit Fragezeichen) Ignaz Günther zugeschrieben.

Blick ins Innere der Dreifaltigkeitskirche: Gewölbefresken von Asam und Hochaltar mit Straub-Tabernakel

Der Wittelsbacher Brunnen, ein Meisterwerk des Bildhauers Adolf von Hildebrand

34 Dreifaltigkeitskirche

Pacellistraße 12
U- und S-Bahn Karlsplatz

Erste Spätbarockkirche Münchens mit eindrucksvoller Fassade und Asam-Kuppelfresko.

Eine Münchner Kammerdienerstochter, die ›Lindmayrin‹, hat diese Kirche gelobt, erfüllt von Schreckensvisionen über den heranrückenden Spanischen Erbfolgekrieg. Sie wurde später Nonne im nahbei errichteten Karmelitinnenkloster. Landstände und Bürgerschaft unterstützten ihr Gelübde: 1718 war die Votivkirche vollendet. Viscardi hatte sie entworfen, Zuccalli und Ettenhofer ausgeführt.

Das energische, steile Profil der **Fassade** mit übereck gestellten Säulen prägt das Gesicht der Straße. Der höchst plastische, bewegte Baukörper von italienischem Geblüt und bayerischer Kraft umgibt einen **Innenraum**, der Kreis und Kreuz vereint. Raum und Fassade wirkten vorbildlich für die Rokoko-Architektur. C. D. Asam, damals 28 Jahre alt, schuf 1714/15 eine *Gewölbemalerei*, die virtuos italienische Tradition mit eigener Kompositionskunst verband, das erste barocke Kuppelfresko in München: ›Dreifaltigkeit in der Glorie‹ (sein Selbstbildnis rechts oben neben dem Fenster), in den Seitenarmen: ›Taufe‹ und ›Verklärung‹ Christi.

Den Anlass des Kirchenbaus stellt das *Hochaltarbild* von Wolff und Degler ›Dreifaltigkeit über der Stadt München‹ dar. Das *Rokoko-Tabernakel* stammt von Straub, die *Engelstatuen* von Fichtl; *Petrus* und *Johannes* am rechten Seitenaltar von Faistenberger.

35 Wittelsbacher Brunnen

Lenbachplatz /Maximiliansplatz
U- und S-Bahn Karlsplatz

Eine der schönsten Brunnenschöpfungen des 19. Jh.

Münchens strahlendster, überschwenglichster Brunnen entstand aus einem eher nüchternen Anlass: die Wasserleitung für alle Haushalte war 1895 fertig geworden! Er gibt dem unregelmäßigen Lenbachplatz sein Gesicht und ist Auftakt für die Parkanlage am Maximiliansplatz.

Ein steinschleudernder athletischer *Jüngling* auf einem Wasserross und eine *Nymphe* mit Schale auf einem Wasserstier – Sinnbilder der gefährdenden und segensreichen Kraft des Wassers – flan-

Empfangsplatz der Altstadt: der Stachus (Karlsplatz) mit Justizpalast (links) und Karlstor (Neuhauser Tor, rechts)

kieren die doppelte Brunnenschale, die aus einer künstlichen Felslandschaft wächst: eine wahrlich meisterhafte Komposition von Adolf von Hildebrand im antikisch-barocken Geist.

Künstlerhaus am Lenbachplatz

36 Künstlerhaus

Lenbachplatz 8
U- und S-Bahn Karlsplatz

Charakteristischer Münchner Neurenaissancebau der Prinzregentenzeit.

Dem Neubarock des Wittelsbacher Brunnens antwortet auf der anderen Seite des Lenbachplatzes die Neurenaissance des Künstlerhauses: Zeugnisse einer Zeit, die die historische Stilkopie liebte. Gabriel von Seidl schuf diesen Bau 1892–1900 für die Münchner Künstlergenossenschaft. Außen mit seinen gestuften Giebeln von der niederdeutschen, innen mit seinen u. a. von Lenbach opulent ausgestatteten Festsälen und Salons von italienischer Renaissance beeinflusst, formte Seidl beide Einflüsse aber münchnerisch eigenwillig um. Heute teilweise Restaurant, sind einige Räume noch im ursprünglichen Zustand erhalten, andere rekonstruiert worden. Sehenswert ist das originale *Venezianische Zimmer* in der Nordostecke des Parterres.

Das Haus wurde damals Mittelpunkt des turbulenten Münchner Künstlertreibens mit Maskenbällen und Festumzügen. Zu den prominentesten Mitgliedern der Künstlergenossenschaft zählten zu jener Zeit ›Malerfürst‹ Lenbach, Baumeister Seidl, der Bildhauer Gedon, der Maler Rudolf Seitz. Franz von Stuck war

1892 mit den progressiven ›Sezessionisten‹ abtrünnig geworden. Heute finden darin kulturelle Veranstaltungen aller Art statt. Die Räume können auch für spezielle Anlässe wie z. B. Hochzeiten gemietet werden.

37 Justizpalast

Elisenstraße 1 a und
Prielmayerstraße 7
U- und S-Bahn Karlsplatz

Monumentaler Neubarockbau: europäische ›Bildungs-Architektur‹ und einer der aufwendigsten Justizpaläste.

Mit dem Pathos imperialer Barockarchitektur beherrscht der gewaltige **Justizpalast** (1891–98) den Karlsplatz, dem er seine *Schaufront* mit vorgewölbtem Mittelteil und figurenbesetzter Attika darbietet. Das Pathos ist indessen Gründerzeitpose, dennoch voller Bravour. Der Neubarock- und Neurenaissancebau von Thiersch integriert barocke Architekturzitate. Die Glas-Eisen-Konstruktion der *Kuppel* war damals hingegen absolut modern. Treppenhaus, Vestibüle, Gerichtsräume sind nach dem Krieg vereinfacht wieder hergestellt worden.

Das **Neue Justizgebäude** dahinter (Prielmayerstraße 5), 1905 ebenfalls von Thiersch gebaut, ähnelt mit seinen Uhrtürmen und getreppten Giebeln einem gotischen Rathaus. Die unverputzten Backsteine spielen auf Heimisches (Frauenkirche) an.

38 Karlstor mit Rondellbauten

Karlsplatz
U- und S-Bahn Karlsplatz

Entree der Altstadt und Auftakt der Fußgängerzone.

Eustachius Föderl hieß der Wirt der Schänke, nach dem der Karlsplatz inoffiziell, aber hartnäckig **›Stachus‹** genannt wird. Sein offizieller Taufpate war Kurfürst Karl Theodor, der die Stadtbefestigung 1791 schleifen und den Platz anlegen ließ. Von dieser Stadtbefestigung aus dem frühen 14. Jh. ist nur das **Karlstor** übrig geblieben, dazu zwei Vortürme, die Gabriel von Seidl in seine so wirkungsvoll angelegte **Rondell-Architektur** (1899–1902) einbezog.

Einst der verkehrsreichste Platz Europas, ist seit 1972 mit der Anbindung des Stachus' an die Fußgängerzone eine gewisse Beruhigung eingetreten: Der kühlende Bereich des von Winkler 1972 errichteten **Brunnens** ist im Sommer beliebter Tummelplatz für Einheimische und Touristen.

Bürgersaal: Ignaz Günthers berühmte ›Schutzengelgruppe‹ von 1763

39 Alter Botanischer Garten

Zwischen Elisen- und Sophienstraße
U- und S-Bahn Karlsplatz

Viel besuchte Ruhe-Insel im Gewühl des Großstadtverkehrs.

Lateinische Goethe-Worte mitten in München – nämlich auf dem **Portalbau** gegenüber dem Justizpalast. Frei übersetzt, lauten sie: »Die auf kunstreicher Erde verstreuten Blütengeschlechter sind auf Geheiß Königs Maximilian Joseph hier vereint, 1812«. Die Akademie der Wissenschaften hatte sie von Goethe erbeten, als sie selbst an einer würdigen Widmung scheiterte. Der kraftvolle frühklassizistische Torbau (1812) von Herigoyen war Eingang zum Botanischen Garten, den Friedrich Ludwig von Sckell anlegte und Franz v. Paula von Schrank einrichtete. 1914 wurde er nach Nymphenburg verlegt, das Portal blieb hier. Seit 1854 stand auf dem Terrain der riesige Glaspalast – Höhepunkt des deutschen Ingenieurbaus. Er wurde zunächst als Industrieausstellungsgebäude errichtet, später auch für Kunstausstellungen genutzt, bis er 1931 mit bedeutenden Gemälden ausbrannte. Die heutige Anlage mit *Park-Café* und *Neptun-Brunnen* (von Wackerle) wurde 1937 nach den Entwürfen von Paul Ludwig Troost (1878–1934) gefertigt.

TOP TIPP 40 Brunnenbuberl

Neuhauser Straße/Herzog-Max-Straße
U- und S-Bahn Karlsplatz

Ein köstlich-verschmitztes Kabinettstück des Jugendstil.

Ein alter Satyr spuckt zärtlich einen nackten Knaben an, der ihn übermütig aus einem zugedrückten Wasserhahn anspritzt: Am Brunnenbuberl, gleich beim Karlstor, kann man nicht achtlos vorübergehen. Als Matthias Gasteiger 1895 die jugendstil-graziöse Brunnengruppe schuf, soll ihn Prinzregent Luitpold höchstpersönlich um ein Feigenblatt für den Knaben gebeten haben. Die Petition wurde abgeschlagen. In München war damals der Künstler König.

41 Bürgersaal

Neuhauser Straße 14
U- und S-Bahn Karlsplatz

Barocker Betsaal mit außerordentlichen Kunstwerken, darunter Günthers ›Schutzengelgruppe‹. Grab von Rupert Mayer.

Hinter der würdigen, doch zurückhaltend in die Straßenfront eingebundenen Doppelpilasterfassade verbirgt sich ein eigenartiges und stimmungsvolles Gotteshaus. Geweihte Kirche erst seit 1778, war das Gebäude als Saal für die von den Jesuiten geleitete deutsche Marianische Männerkongregation gedacht, als Versammlungsraum für Predigten und Exerzitien und als Auditorium für geistliche Musik. Viscardi und Ettenhofer waren 1709/10 zusammen für den Bau tätig.

Die **Unterkirche**, einst die Kongregationsdruckerei, birgt heute eine stets von Betern erfüllte moderne Wallfahrtsstätte, das *Grab* des ›Männerapostels‹ und Widerstandskämpfers gegen das NS-Regime, Pater Rupert Mayer, der 1945 starb und 1987 selig gesprochen wurde.

Der **Hauptraum** liegt im Obergeschoss, ein rechteckiger Saal, den einst ein riesiges Deckengemälde von Knoller

schmückte, das nicht mehr rekonstruiert werden konnte. Anders der *Stuck* von Appiani und Bader und die *Wandbilder* von Gumpp, Barockmeister alle drei. Beachtenswert die 17 Ölbilder unter den Fenstern mit *Ansichten bayerischer Wallfahrtsorte* von F. J. Beich (um 1710).
Das Meisterwerk des Altars, ein *Verkündigungsrelief*, das zartesten Ausdruck mit temperamentvoller Formkraft eint, stammt von Faistenberger, dem ›Patriarchen der Münchner Bildhauer‹ (1710). Es blieb als Mittelfeld eines zerstörten Altars erhalten. Ein anderer Glanzpunkt ist Ignaz Günthers hinreißende *Schutzengelgruppe* (1763) unter der Empore: ein Engel voller heimlich lächelnder Hoheit, der einen dickbackigen Buben unter seinen weit ausschwingenden Fittich nimmt: Rokoko-Bravour. Aus geretteten Einzelfiguren von Günther ist auch die *Kanzel* komponiert, und die vier vortrefflichen *Silberbüsten* auf dem Altar sind nach seinen Modellen (1768) von dem Goldschmied Canzler getrieben worden.

42 Augustinerbräu

Neuhauser Straße 27
U- und S-Bahn Karlsplatz

Altmünchner Atmosphäre der Prinzregentenzeit.

Wer noch ein Stück anheimelnder Münchener Bräuhaus-Atmosphäre der Wende vom 19. zum 20. Jh. erhaschen will, muss in dieses Gasthaus hineinschauen. Der **Muschelsaal** mit Stuck und Grottenwerk, Hirschgeweihen und Glas-Eisen-Kuppel ist ein großbürgerliches Lenbach-Stil-Relikt, der arkadengesäumte **Hof** im Sommer einer der stimmungsvollsten Bierkeller der Stadt! Die urkundlich älteste Brauerei besteht seit 1328; die Gaststätte wurde 1896/97 von Emanuel von Seidl neu gebaut, 1982/83 von Schleich restauriert.

Anheimelnd und gediegen: der Augustinerbräu in der Neuhauser Straße

TOP TIPP 43 St. Michael

Neuhauser Straße 6
U- und S-Bahn Karlsplatz
oder Marienplatz

Größte Renaissancekirche des Nordens, zugleich wegweisend für den Barock in Süddeutschland: majestätische Raumwirkung und größtes Tonnengewölbe nach St. Peter in Rom.

St. Michael war der ›Paukenschlag‹, der den Barock einleitete – damals eine Sensation. Mit dem durchaus als Machtdemonstration geplanten Bau wollte der so fromme wie prunksüchtige Herzog Wilhelm V. der Gegenreformation im Norden, dem jungen Jesuitenorden, schließlich sich selbst ein Denkmal setzen. Einen Turmeinsturz während des Bauens (1583–97) nahm er als Fingerzeig, die Kirche noch größer anlegen zu lassen. Hauptarchitekt war Sustris, ein Niederländer italienischer Schule.

Die hoch aufgegiebelte **Spätrenaissance-Fassade** stellt in ihrem Statuenprogramm eine anspruchsvolle ›Ahnentafel‹ des Herzogs dar, die von den Agilolfingern und Karl dem Großen bis zu den Habsburgern reicht. In der Mittelnische ist der *Sieg Michaels über den Satan* zu sehen: ein unübertreffliches Werk Hubert Gerhards!

Das baukünstlerische Novum aber war der **Innenraum**: Auf mächtigen Wandpfeilern ruht eine über 20 Meter frei gespannte Tonnenwölbung. Quertonnen überwölben die Emporen über den Seitenaltären. Dem hohen Querhaus folgt ein tiefer, steiler, eingezogener Chor. Diese Elemente erzeugen eine Raumwirkung, deren »Weite, Rundung und Lichtvolumen« barocke Lösungen vorwegnehmen und einleiten.

Der Herzog beschäftigte weit gereiste Künstler für sein Bildprogramm. Das furiose **Engelsturz-Altarbild** [1] malte der hoch begabte, ruhelose Münchner Schwarz (1587). Der Oberbayer Reichle modellierte die dramatische **Maria Mag-**

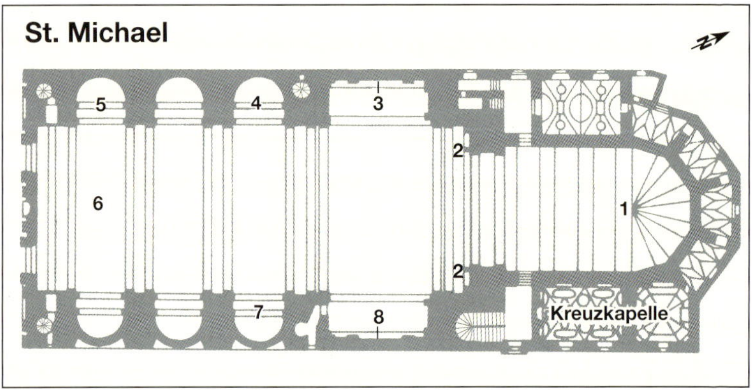

dalena zu Füßen des **Gekreuzigten** [**8**], den sein Florentiner Lehrer, der flämische Medici-Hofkünstler Giambologna, 1595 schuf. Von dem Niederländer Candid stammt die jugendlich stürmische **Verkündigung** (1587), die Straubs **Joachim-** und **Anna-Figuren** [**4**] (1770) in anrührendem Kontrast flankieren. Besonders üppig der Wessobrunner Stuck dieser Kapelle. Auch das **Ursula-Martyrium** [**5**] ist von Candid. Sein Landsmann Gerhard modellierte den antikisch anmutenden **Weihbrunnengel** [**6**] und entwarf die Stuckengelscharen. Beachtenswert ist der kostbare **Cosmas-und-Damian-Schrein** [**7**], um 1400, und das **Grabmal für Eugène Beauharnais** [**3**] (1830) von Bertel Thorwaldsen nach Klenzes Entwurf. Die **Fürstengruft** (Zugang bei [**2**]) unter dem Chor birgt unter anderem die *Sarkophage* von Herzog Wilhelm V., Kurfürst Maximilian I. und König Ludwig II.

Blick in das Innere der Michaelskirche mit dem nach St. Peter in Rom größten Tonnengewölbe

Das westlich an die Kirche anschließende **Jesuitenkolleg**, 1585–97 von Sustris entworfen, wurde nach Aufhebung des Ordens (1773) Sitz der Bayerischen Akademie der Wissenschaften, der Universität und der Schönen Künste, daher **Alte Akademie** genannt.

44 Deutsches Jagd- und Fischereimuseum (ehem. Augustinerkirche)

Neuhauser Straße 2
U- und S-Bahn Karlsplatz oder Marienplatz

Bedeutender gotischer Kirchenbau, der jetzt ein beliebtes Museum beherbergt.

Architektonischer Höhepunkt der Fußgängerzone in der Neuhauser Straße ist die Michaelskirche, rechts daneben die ehemalige Augustinerkirche, dahinter die Türme der Frauenkirche

Man merkt es schnell an den Geschäftsläden im Erdgeschoss, dass die mächtige, quer zu St. Michael stehende **Kirche** profaniert ist. Doch dass sie zu den ältesten und bedeutendsten der Stadt gehörte, sieht man ihr noch heute an. Ende des 13. Jh. von den Augustiner-Eremiten errichtet, wurde sie immer wieder erweitert und umgebaut, bis sie 1803 der Säkularisation anheimfiel und von da an als Mauthalle diente. 1911 baute Th. Fischer einen Konzertsaal (›Weißer Saal‹) mit Treppe ein, ohne die frühbarocken Gewölbe und Stukkaturen zu verändern.

In den von Schleich renovierten Bau zog 1966 das **Deutsche Jagd- und Fischereimuseum** ein. Schwerpunkt der Sammlung sind u. a. die *Geweihkollektion* des Grafen von Arco-Zinneberg, Jagdwaffen aus europäischen Fürstenhäusern und Dioramen, die den Lebensraum von Jagdwild veranschaulichen.

Öffnungszeiten S. 172

45 Domkirche zu Unserer Lieben Frau

Frauenplatz 1
U- und S-Bahn Marienplatz

Stadtbildbeherrschender Bau der Spätgotik und eine der größten Hallenkirchen Süddeutschlands. Die Türme sind ältestes und bekanntestes Wahrzeichen der Stadt.

Münchens Wahrzeichen sind zahlreich, die kugeligen Turmkuppeln dieser Kirche aber haben »die Macht eines Bannes«. Dabei ist nichts an diesem Backsteinbau gefällig, seine Noblesse liegt in der Kargheit, dem strengen Wechsel von Wänden und Fenstern, dem einheitlichen Satteldach mit schmalem Saum, den über seinem First frei gestellten, schön proportionierten Türmen. Karg ist auch die Baugeschichte: 1468 legte Herzog Sigismund den Grundstein der Bürgerkirche und berief Jörg von Halsbach aus Polling (später irrtümlich Ganghofer genannt) zum Meister, 1488 waren die Türme vollendet, wenig später starb Meister Jörg, der Niederbayer Rottaler trat seine Nachfolge an, 1525 setzte man den Türmen die ›Welschen Hauben‹ auf, Vorboten der Renaissance.

Der **Kirchenraum** war für 20 000 Menschen bestimmt (13 000 hatte München damals nur!), aber seine Ausmaße wirken keineswegs gewaltig, weil sie geschickt gegliedert sind durch elf Paare schlanker Pfeiler, die eine durchlichtete ›Wand‹ zwischen den drei sternrippenüberwölbten Schiffen aufrichten. Die jahrzehntelange Neugestaltung des Domes nach der Kriegszerstörung ist seit Ende 1993 mit der Rückkehr vieler ausgelagerter Bildwerke abgeschlossen. Aus der Fülle der **Ausstattung** nur Wichtigstes: Im Chor und den Chorkapellen aus dem ehemaligen Gestühl **Apostel- und Prophetenbüsten** und **Heiligenstatuetten** [**1**] von Grasser und seiner Werkstatt, 1502, sowie zauberhafte **Marienleben-Reliefs** [**2**] von Günther, 1774, Polacks **Schutzmantelmadonna-Gemälde** [**3**] von 1510, und **Andreasaltar** [**4**] des Rabendener Meisters und der Polack-Werkstatt, 1498 und 1513, oder der prachtvolle **Altaraufsatz des Hl. Nepomuk** [**6**] von Goldschmied Johann Michael Ernst II und C. D. Asam, 1731. An den Mittelsäulen Mielichs Tafeln des **Ligsalz-Epitaphs** [**10**] von 1550, und die meisterhafte Bronzegruppe des **Burchard-Epitaphs** [**11**] von Krumper, 1618. Unter den qualitätvollen Barockgemälden ragen hervor: Candids Monumentalkomposition **Mariae Himmelfahrt** [**9**], früher das Hochaltarbild, 1620, und Sandrarts aufgewühlter **Verkündigungsaltar** [**12**], 1646. Herrlicher **Christophorus** [**13**] von Erasmus Grasser.

Großartigstes Monument des Doms ist das **Prunkgrabdenkmal Kaiser Ludwigs des Bayern** [**14**] im rechten Seitenschiff: Die spätgotische Deckplatte zeigt den thronenden Kaiser sowie die Versöhnung Herzog Albrechts III. mit seinem Vater Ernst; sie ist umgeben von einem Spätrenaissance-Gehäuse aus Schwarzmarmor mit den Bronzefiguren Herzog Wilhelms V. und Albrechts V. von Krumper sowie Fahnenträgern von Gerhard und Pallago. Am Pfeiler daneben der **Grabstein des Dombaumeisters Jörg von Halsbach** [**15**] von 1488.

Glasfenster aus dem 15. und 16. Jh. sind vor allem in den Kapellen [**3**] und [**5–8**] zu bewundern, in [**8**] eine Scheibe

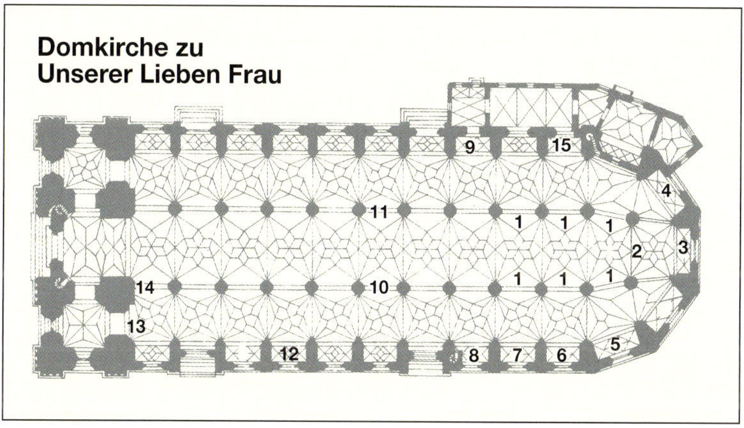

Apostel, Propheten und Heilige von Grasser und seiner Werkstatt

Prunkgrabdenkmal Kaiser Ludwigs des Bayern in der Frauenkirche: Spätgotische Deckplatte (1490) und Bronzefiguren des Manierismus (1595 und 1622)

mit dem *Münchner Kindl* von 1573. Die **Fürstengruft** (Zugang bei [2]), älteste Grablege der Wittelsbacher in München, birgt die Gebeine Kaiser Ludwigs des Bayern und der bayerischen Herzöge von Ludwig V. bis Albrecht V.

Die **Domportale** gestaltete Ignaz Günther. Einige Fassadenskulpturen stammen noch vom Vorgängerbau des 14. Jh.

46 Damenstiftskirche (St. Anna und ehem. Damenstift)

Damenstiftstraße 1 und 3
U- und S-Bahn Karlsplatz,
U-Bahn Sendlinger Tor

Schöne Spätbarockkirche mit rekonstruierter Asam-Ausstattung.

Die Menschenbewegung links im Altarraum, die den Eintretenden hemmen mag, ist bei genauerem Hinsehen eine faszinierend realistische *Abendmahl-Gruppe* mit lebhaft gestikulierenden Apostelfiguren aus dem frühen 18. Jh. Sie passt zu den emphatischen *Altargemälden*, rekonstruiert nach Ruffini (Hauptaltar: ›Hl. Anna Selbdritt‹), Albrecht (rechts: ›Verherrlichung des Hl. Franz von Sales‹) und Desmarées (links: ›Heimsuchung Mariae‹). Bayerisch-körperhaft wirkt der aus Gurtbogen, Hängekuppeln, Dreiviertelsäulen gefügte **Raum**, ein Werk der Brüder Gunetzrhainer, 1732–35. Bei der Rekonstruktion des im Krieg zerstörten Inneren wurde im Deckengemälde C. D. Asams auf Farbe verzichtet, da nur Schwarz-Weiß-Fotos vorlagen, und Sepia-Skizzentechnik angewandt (Mitte: ›Anna-und-Maria-Glorie‹, vorne: ›Huldigung der Engel‹, hinten: ›Engelskonzert‹).

Die hervorragende *Stuck-Ornamentik* von E. Q. Asam gehört mit Band- und Netzwerk dem Régence an, einer Stilstufe zwischen Barock und Rokoko. Auch die durch Pilaster, ein hohes Fenster, einen Segmentgiebel flächig gegliederte **Fassade** entspricht der Régence-Auffassung in der für die Gunetzrhainer typischen klassizierenden Nuancierung.

Das anschließende, lang gestreckte ehemalige **Klostergebäude** gehörte wie die Kirche einst dem Salesianerinnenorden, der sich 1667 in München niederließ und 1739 den von I. A. Gunetzrhainer errichteten Bau bezog. 1784 ging er an ein adeliges Damenstift über, heute beherbergt er eine Schule. Seine *Fassade* ist vornehm-frühklassizistisch mit *Portalstuck* von F. X. Feichtmayer d. J.

Wahrscheinlich ebenfalls von Gunetzrhainer stammt das elegante Frührokoko-Palais Lerchenfeld schräg gegenüber, in dem heute das **Städtische Bestattungsamt** untergebracht ist (Haus-Nr. 8).

47 Allerheiligenkirche am Kreuz

Kreuzstraße 10
U-Bahn Sendlinger Tor

Charaktervoller Bau des Münchner Dombaumeisters.

Die mit ihren unverputzten Ziegeln, den gestuften Streben, dem hohen Turm mit spitzem Sechseckhelm stimmungsvoll wirkende Kirche stammt der Überlieferung nach von Jörg von Halsbach, als Friedhofskapelle der Peterspfarrei nach 1478 erbaut. Im teilweise barockisierten **Inneren** erinnern an die Erbauungszeit nur noch die Netzgratgewölbe und ein Freskenrest mit *Christus in der Mandorla* über dem vermauerten Ostportal (die Kirche ist gesüdet!). Meisterwerke sind Krumpers *Renaissance-Epitaph* des Bankiers Philipp Goetz von 1627 in der Chorwand und ein *Holzkruzifix* der Leinbergerschule an der Westwand, um 1520. Das *Hochaltarbild* (1614), ›Maria erscheint Augustinus‹, stammt von Rottenhammer, der feine *Rokoko-Tabernakel* (1741–43) mit den Anbetungsengeln von Straub.

TOP TIPP 48 Asamkirche (St. Johann Nepomuk)

Sendlinger Straße 32
U-Bahn Sendlinger Tor

Das Vermächtnis der Künstlerbrüder Asam: ein Meisterwerk spätbarocker Raumkunst und sinnenfreudiger Dekoration.

Nicht nach ihrem Patron, sondern nach ihrem Stifter hat der Volksmund die Kirche getauft, ungewöhnlich wie alles an ihr. 1729 erwarb Egid Quirin Asam ein Haus in der Sendlinger Gasse. Im selben Jahr wurde der Märtyrer Johann Nepomuk heilig gesprochen; eben zur selben Zeit drängten die Bewohner des Viertels auf eine eigene Kirche. So entschloss sich der Künstler zu einem Kirchenbau

Asamkirche: Detail vom oberen Chor

Die Brüder Asam

Cosmas Damian (1686–1739), vorwiegend Freskant, hatte in Rom studiert und war Vater von 13 Kindern aus zwei Ehen. Egid Quirin (1692–1750), vorwiegend Bildhauer und Stukkateur, wurde in Köln ausgebildet und blieb unverheiratet. Damit sind die Unterschiede schon genannt. Gemeinsamkeiten hingegen zuhauf! Beide waren Multitalente: Baumeister, Bildhauer, Maler. Beide wurden in Oberbayern geboren, gingen beim Maler-Vater Georg Asam in die Lehre, gemeinsam besaßen sie viele Häuser in München, Hand bei Hand arbeiteten sie auf den Gerüsten. In ihren genialen barocken Gesamtkunstwerken gelangten Architektur, Plastik und Malerei zu dramatisch-spannungsvoller Einheit. ›Asambarock‹ ist in ganz Süddeutschland verbreitet, kommt in den Klosterkirchen Aldersbach, Weltenburg, Rohr, Osterhofen in Niederbayern, in Einsiedel in der Schweiz, in Břevnov in Prag, in vielen Münchner Kirchen [Nr. 5, 34, 46, 92] zu höchstem Glanz. Eine selbstgebaute Privatkirche am Wohnhaus [Nr. 48, 49] – das ist freilich die verschwenderische, die unwiederholbare Barock-Attitüde!

neben dem Wohnhaus auf eigene Kosten, zu Ehren des Kanonisierten und zunutze der Gemeinde. Bau, Ausstattung und ikonographisches Programm (1733–46) waren allein sein Werk und das seines Bruders Cosmas Damian: Höhepunkt ihrer Kunst.

Aus unbehauenen Felsen emporwachsend, wölbt sich die zartfarbige **Fassade** mit Säulenportal, säulengerahmtem Fenster und geschwungenem Giebel leicht in die Straße. Auf dem Portaldach, von Engeln umlagert, fährt der Hl. Johann Nepomuk zum Himmel empor.

Hinter der Fassade und dem Vorraum tut sich ein **Innenraum** auf, der wie ein verschwenderischer Theatersaal und zugleich wie eine mystische Grotte wirkt. Schmal und hoch, mit umlaufendem Balkon, öffnet er sich nach vorne zu einem zweigeschossigen Hochaltar, nach oben zu einem Deckengemälde über silberner Hohlkehle. Architektonische, malerische und plastische Gestaltung inszenieren schwebende Bewegung, Farb- und Lichtstimmung, Engel- und Puttenrausch. Ins Unwirkliche entrückt, dennoch das Zentrum, ist Egid Quirins *Gnadenstuhl*, der Gekreuzigte in Gottes Armen. Unter der Strahlenglorie im Hochaltar befindet sich das *Schaugrab Johann Nepomuks* mit darin eingeschlossenen Reliquien. Im Emporenaltar ist über zwei *Anbetungsengeln* von Günther St. Nepomuk zu Füßen der Madonna vor gelb verglastem Fenster zu sehen: Skulpturengruppe und Fenster sind viel diskutierte freie Rekonstruktionen der 1982 stattgefundenen Restauration durch Schleich.

Das szenenreiche *Deckengemälde* von Cosmas Damian schildert Leben und Sterben Nepomuks, die *Stuckreliefs* in der Hohlkehle von Egid Quirin assistieren dem Thema. Besonderes Gewicht – Nepomuk war ja Beichtvater! – haben die *Beichtstühle* in Haupt- und Vorraum: Ihre lebensgroßen Figuren und Hermenengel stellen Tod, Gericht, Hölle und Himmel dar. Günthers *Epitaph für den Grafen Zech* (1758) im Vorraum gilt als Meisterleistung der Grabmalkunst des Rokoko.

Asamkirche: Blick in das Innere der von Egid Quirin Asam errichteten Privatkapelle, die heutzutage aufgrund ihrer üppigen Ausstattung beliebter Vermählungsort ist ▷

Fassade der Asamkirche, flankiert vom Asam-Haus links und Priesterhaus rechts

49 Asamhaus

Sendlinger Straße 34
U-Bahn Sendlinger Tor

Feinsinnig gestaltete, aufwendige Fassade mit fantasievoll perlendem Stuck.

Die Situation ist einmalig: Egid Quirin Asam baut ›seine‹ Kirche an sein Haus, Fassade an Fassade aus einem Guss, schmückt jene zur Verehrung eines Heiligen, diese zum Ruhme des Apoll, schaut durch ein Fenster im Hausinneren zum Hochaltar. Er stuckiert die **Schauseite** des von ihm umgebauten Hauses (1733) ebenso zauberhaft wie philosophisch: Dichtkunst, Plastik, Malerei, Architektur, Musik über dem Portal; Pallas Athene, dem Menschlein den Weg weisend, über den Erdgeschossfenstern; darüber Künste und Wissenschaften und der sich zur Levade erhebende Pegasus, oben der antike Himmel mit Apoll, rechts davon am Erker der christliche Himmel. Ganz links die sinnliche Welt mit Amor, Satyr und Faunen.

50 Sendlinger Tor

U-Bahn Sendlinger Tor

Eines der drei erhaltenen Tore der weitgehend verschwundenen Stadtbefestigung.

Wie Karlstor und Isartor stammt das Sendlinger Tor aus der zweiten Befestigung Münchens unter Kaiser Ludwig dem Bayern um 1318. Es ließ den Nord-Süd-Fernverkehr durch. Der dominierende Mittelturm wurde schon 1808 abgebrochen, aber die beiden sechseckigen *Flankentürme* und die Seitenmauern des Wehrhofs blieben erhalten und wurden 1860 sowie 1978–82 restauriert; ein einziger großer *Bogen* ersetzt seit 1906 die einstigen drei kleineren Durchlässe. Dahinter beginnt die Sendlinger Straße, eine beliebte Einkaufsstraße.

Nur durchspaziert: Sendlinger Tor

51 Alter Südlicher Friedhof

Thalkirchner Straße 17
U-Bahn Goetheplatz oder Sendlinger Tor

Münchens historischer Camposanto: Friedhof berühmter Persönlichkeiten des 18. und 19. Jh. Grabdenkmäler vom Klassizismus bis zum Jugendstil.

Gabriel von Seidl, der so üppig baute und lebte, liegt unter einem einfachen Schmiedeeisenkreuz. Ein allzu enger Stein drängt die Namen von Gartenarchitekt Sckell und Maler Rottmann, Onkel und Neffe, zusammen. Und Karl von Fischer muss gar mit der Schmalseite eines Grabmals vorlieb nehmen. Freilich, Klenze, Gärtner und Schwanthaler ehren fulminante Denkmalsaufbauten, und Liebigs und Millers Gräber präsentieren sich in kultivierter Großbürgerhaltung. Aber die meisten der Ruhmbedeckten ruhen anrührend schlicht: Stieler, Piloty, Kobell, Possart, Fallmerayer, Spitzweg im Kammerfensterl (Wilhelm Uhlig, 1958). Die Brauer, die Fabrikanten hingegen haben sich überlebensgroß in figura verewigen lassen, einer im Pelz, der andere mit Madonna im Arm …

Der Alte Südliche Friedhof ist eine wahre Chronik Münchens! Einst Gottesacker für Arme und Pesttote, wurde er im

19. Jh. zum Gesamtfriedhof. Vorherr legte ihn 1818–21 auf der Grundrissfigur eines Sarkophags an, 1845 kam eine quadratische Erweiterung in italienischer Manier hinzu. Die verbindende Vorhalle und der zentrale Brunnen stammen von Gärtner. Heute ist er eine Spaziergänger-Oase.

St. Stephan, die Friedhofskapelle, dem Pestpatron geweiht, war einst Mittelpunkt des Stephaniritts. Der einfache Saalbau stammt aus dem 17. Jh. und ist mit *Altären* des 18. Jh. ausgestattet. An der westlichen Außenseite befinden sich zwei noble *Grabdenkmäler* für die Bildhauer Straub und Boos.

52 Theresienwiese, Ruhmeshalle, Bavaria

U-Bahn Theresienwiese

Für 14 Tage im Jahr größter Rummelplatz der Welt, zu Füßen eines bayerischen ›Nationalhains‹, der Griechentum und Germanentum beschwört.

Als Kronprinz Ludwig am 12. Oktober 1810 Therese von Sachsen-Hildburghausen heiratete, veranstaltete man auf der damals weit vor den Toren der Stadt gelegenen Wiese ein sog. ›Rossrennerts‹ für Hof und Bürger. Weitreichende Wir-

Friedhöfe und Namen

Berühmte, die Münchens Kultur prägten, liegen auch auf anderen Friedhöfen der Stadt, wenn auch nicht so dicht an dicht wie am Südlichen [Nr. 51] oder am Bogenhausener [Nr. 99]. Orientierungstafeln an den Eingängen oder Infoblätter, die in der jeweiligen Verwaltung aufliegen, weisen die Wege.

Am riesigen **Waldfriedhof** *(Fürstenrieder Straße 288, Lorettoplatz 3) entdeckt man die Namen vieler Bühnenkünstler, so Fritz Kortner, Werner Fink, Gertrud Kückelmann, ›Ratschkathl‹ Ida Schumacher, Julius Patzak, der Schriftsteller Paul Heyse, Lena Christ, Frank Wedekind; und unter unzähligen bildenden Künstlern den des ›Malerfürsten‹ Franz von Stuck. Der eine Generation ältere zweite ›Malerfürst‹ Münchens, Franz von Lenbach, ruht am* **Westfriedhof** *(Baldurstraße 28). Der beliebte ›Spaziergänger‹ Sigi Sommer ist 1994 auf dem uralten, idyllischen* **Friedhof Neuhausen** *(Winthirstraße 15) begraben worden, wo auch der Porzellanmodelleur Bustelli oder die ›Genie‹-Familie von Miller ruhen. Der* **Nordfriedhof** *(Ungererstraße 130) ist die letzte Heimat legendärer Schwabinger geworden wie des ›Traumstadt‹-Dichters Peter Paul Althaus, der Simpl-Wirtin Kathi Kobus und der Scharfrichter-Diseuse Marya Delvard, der Maler-Professoren Karl von Piloty oder Ludwig vom Zumbusch oder des Maler-Revoluzzers Heimrad Prem. Am* **Friedhof Perlacher Forst** *(neben dem Gefängnis Stadelheim) stehen die Kreuze für die Mitglieder der ›Weißen Rose‹ [s. S. 96] und in einem Ehrenhain liegen die Urnen und Gebeine von KZ- und Stadelheim-Häftlingen. Der hochinteressante* **Alte Israelitische Friedhof** *(Thalkirchner Straße 240) ist im Rahmen von Führungen zugänglich, die auf der Service-Seite der ›Süddeutschen Zeitung‹ angekündigt werden.*

Riesengaudi: Über den Dächern Münchens und unterm weißblauen Dach des Wiesn-Zeltes

Theresienhöhe mit Ruhmeshalle von Leo v. Klenze und Bavaria von Ludwig v. Schwanthaler

kung: So kam die Wiese zu ihrem Namen, so wurde das alljährliche Oktoberfest mit Pferderennen und Viehprämierung geboren, das sich zum größten, buntesten Volksfest der Welt entwickelte und auch heute noch alle drei Jahre mit einer Landwirtschaftsausstellung verbunden ist. 1850 entstand dann auch der vom Geist des romantischen Patriotismus inspirierte ›Tempelbezirk‹ auf der **Theresienhöhe** mit Ruhmeshalle und Bavaria, so folgte schließlich die Bebauung des Bavariarings der elliptischen Rennbahn rund um die Wiese. Ein Ort also, wo Residenz- und Landstadt einander innig umarmen!

Ruhmeshalle: Auf die Naturterrasse über der ›Wiesn‹ stellte Klenze 1843–53 einen seiner edelsten Bauten: eine dreiflügelige dorische Säulenhalle aus Marmor, an deren Rückwand die Marmorbüsten vorbildhafter Bayern aufgestellt wurden. Die 77 heute hier Verewigten reichen von Martin Schongauer bis Ludwig Thoma. Das Gesims über den 48 dorischen Säulen trägt Metopen mit Viktorien-Darstellungen sowie Szenen aus Kunst, Wissenschaft, Religion, Handel. In den Giebeln über den beiden Flügelbauten figurieren die Allegorien der bayerischen Provinzen. Alle Entwürfe dafür schuf Ludwig Schwanthaler. Die Halle bildet nach antikem Vorbild die Rahmung für die Kolossalplastik der Personifikation Bayerns auf hoher, zur Wiese abfallender Treppenanlage.

Bavaria: Klenze wollte sie griechisch leichtgewandet, der König dachte sie römisch gigantisch, Ludwig Schwanthaler gestaltete sie als germanisches Prachtweib im Bärenfell mit Schwert und erhobenem Eichenkranz, den Löwen zu seiten. Doch kann man die Ehrfurchtgebietende inwendig von Fuß bis Kopf erklettern und die Stadtfernsicht mit der Nahsicht ihrer Gussglieder vereinen: ein Glanzstück der Münchner Erzgießerei aus Ferdinand von Millers und Stiglmaiers Werkstatt (1843–50). Sie ist 18 m hoch, wiegt 1560 Zentner Erz aus untergegangenen Seeschlacht-Kanonen und wurde unter abenteuerlichen Umständen in sechs Teilen gegossen. Auch ›a Gaudi‹ gab's: Als man ihren Kopf aus der Grube hob, sah die staunende Menge, wie ihm die Kinder Millers entschlüpften!

53 St. Paul

Sankt-Pauls-Platz 11
U-Bahn Theresienwiese

Urbanistisch glücklich situiertes Werk der späten Neugotik.

Einen gewichtigen Akzent setzt St. Paul der Theresienwiese im Norden, wo um die Wende vom 19. ins 20. Jh. ein Villenviertel wuchs, dessen wohlhabende Bewohner den Bau mitfinanzierten. Kurz bevor der Historismus abtrat, schuf der renommierte Rathaus-Architekt Hauberrisser hier eine mächtige Basilika

(1892–1906) mit **Zweiturmfassade** und eindrucksvollem Kuppelturm, die Elemente der rheinischen Gotik eigenwillig neu interpretiert. Der dreischiffige, klare, sandsteinwarme **Innenraum** war ursprünglich mit ausgezeichneten Werken der Zeit ausgestattet. Wenig blieb davon erhalten: der *Marienaltar* von Hackl rechts, der *Josephsaltar* von Buscher links des Chors, die *Pietà* von B. Schmitt in der Kriegergedächtniskapelle. Ein Werk von Filler ist das *Triumphbogen-Kruzifix* aus dem Jahre 1960.

54 Münchner Marionettentheater

Blumenstraße 29 a
U-Bahn Sendlinger Tor

Erster Theaterbau in Europa eigens für eine Puppenbühne.

Da hat sich der Architekt Theodor Fischer 1900 ein niedliches Kuriosum ausgedacht: ein richtiges Säulen-Giebel-Musentempelchen für Kinder. Die Puppenbühne hatte der Aktuarius Joseph Schmid, ›Papa Schmid‹ genannt, schon 1858 zusammen mit dem Kasperlkomödiendichter Graf Pocci gegründet. Der Marionetten-Zauber wirkt heute wie eh und je – auch auf Erwachsene. Am Abend werden Opern von Mozart, Orff und Egk gespielt.

55 Städtisches Hochhaus

Blumenstraße 28 a/b
U-Bahn Sendlinger Tor

Einziger Hochhausbau aus der Frühzeit moderner Architektur in München.

An der Blumenstraße stehen Zwerg und Riese einander gegenüber: Marionettentheater und Hochhaus. Der elfstöckige Stahlbetonskelettbau über einem Tuffsteinerdgeschoss, 1927–29 von Leitenstorfer errichtet, ist in München die einzige dieser frühen Hochhausarchitekturen geblieben. Die unverputzten Ziegelfassaden spielen mit Absicht auf die Frauenkirche an – eine Tradition, die noch bei Bauten aus jüngster Zeit in München aufgenommen wird. Im Inneren befindet sich das Referat für Stadtplanung und Bauordnung sowie einer der ältesten Pater Noster Münchens.

56 Münchner Stadtmuseum

Sankt-Jakobs-Platz 1
U- und S-Bahn Marienplatz,
U-Bahn Sendlinger Tor

Münchens vielseitigstes und populärstes kulturgeschichtliches Museum mit unübertrefflichen Beständen zur Stadtgeschichte, international orientierten Spezialsammlungen und viel besuchten Wechselausstellungen.

Münchner Stadtmuseum am Jakobsplatz: Links das ehemalige Zeughaus der Stadt

Wohl sortiert und eine Freude fürs Auge: der Viktualienmarkt mit Karl-Valentin-Brunnen ▷

Der Sankt-Jakobs-Platz war einst der Anger der Stadt, auf dem die ›Dulten‹, große Märkte zu Kirchenfesten, stattfanden. An der Nordostseite wurde 1410 ein Stadthaus für Getreide, Rüstungen, Wagen gebaut, später **Marstall** genannt, heute rekonstruiert. 1431 entstand an der Nordwestseite ein **Zeughaus**, das Baumeister Rottaler 1491–93 in einen bürgerstolzen Repräsentativbau umwandelte. Die Waffen darin antiquierten im Zeitenlauf. Welch tragikomischer Irrtum, dass sich die Bürger bei ihrer Revolte von 1848 damit bewaffnen wollten! Immerhin war das die Initialzündung, aus dem Zeughaus ein Museum zu machen. 1888 wurde es eröffnet. Zu Zeughaus und Marstall sind bis heute noch vier weitere Trakte hinzugekommen, so dass der Komplex ein großes Geviert einnimmt.

Heute fühlt sich das **Museum** der internationalen Zivilisations- und Kulturgeschichte verbunden. In den ständigen Ausstellungen präsentiert es Münchens und Bayerns Kultur von einst bis heute in allen Facetten. In der spätgotischen **Kanonenhalle** des alten Zeughauses sind Rarissima des 15. Jahrhunderts untergebracht. Allein schon des Besuches wert sind die zehn Originale der **Moriskentänzer** von Erasmus Grasser (1480). *Ratssilber*, *Zunftpräsente*, *Goldschmiedearbeiten*, *Rüstungen der Landwehr* und die originalen *Putti von der Mariensäule* (um 1635) bilden die Mosaiksteine eines Bildes der Bürgerkultur. Vieles, was die Magazine bergen, kann nur zu entsprechenden Gelegenheiten ausschnittweise gezeigt werden. Die *Gemäldesammlung* umfasst 2000 Bilder, die *Grafische Sammlung* 110 000 Blätter, die *Plakatsammlung* 25 000 Exemplare.

Stadtmuseum: Moriskentänzer von Grasser

TOP TIPP

Spezialsammlungen haben sich aus kleinen Anfängen zu ganzen Fachmuseen innerhalb des Museums entwickelt: Weltrang hat das **Puppentheatermuseum** mit Puppenspielen aus Europa, Asien und Afrika und regelmäßigen Vorführungen! Dazu gibt es eine einmalige Sammlung zu **Schaustellerei** und **Jahrmarktskunst,** ein permanentes Oktoberfest. Auch das **Filmmuseum** macht täglich Kino, unentbehrlich für Münchens

Cineasten und Cinephile. Die Attraktion des **Fotomuseums** ist (nicht nur) das Kaiserpanorama mit Stereobildern. Den Kulturen der Welt widmet sich das **Musikinstrumentenmuseum**. Und um dem Ruf Münchens als Modestadt gerecht zu werden, wurde im Jahr 1994 das **Modemuseum** eingerichtet: mit Wechselausstellungen zur Würdigung großer Couturiers, zu historischer und aktueller Mode, zu Design, Grafik, Fotografie.

Öffnungszeiten S. 173

57 Ignaz-Günther-Haus

Sankt-Jakobs-Platz 15/Oberanger 11
U- und S-Bahn Marienplatz,
U-Bahn Sendlinger Tor

Liebevoll restauriertes Altmünchner Bürgerhaus: Wohn- und Arbeitsstätte des größten Rokokobildhauers Europas.

Als 36-jähriger ›hofbefreiter‹ kurbayerischer Bildhauer bezog Ignaz Günther 1761 mit seiner Familie dieses Haus, in dem er 1775 mit 50 Jahren starb: der »Vollender des europäischen Rokoko«, wie man ihn heute nennt. Ein großer Teil seines Werks ist in Münchner Kirchen und im Bayerischen Nationalmuseum zu sehen. Das Haus ist als Beispiel eines Bürgerhauses mit Wohnung und Werkstatt restauriert worden, ein Doppelanwesen gotischen Ursprungs mit zwei Fassaden. Es wird außerdem als Artothek (Bildleihstelle) genutzt und dient der Direktion des Münchner Stadtmuseums [Nr. 56]. Eine Kopie der ›Hausmadonna‹ Günthers ziert die Oberanger-Fassade (Original im Bayerischen Nationalmuseum).

Top Tipp 58 Viktualienmarkt

U- und S-Bahn Marienplatz,
U-Bahn Sendlinger Tor

Wo München am münchnerischsten ist.

Holzbottiche mit Essiggurken und Sauerkraut neben erlesenem französischem

Stadtbefestigung des Mittelalters: Isartor mit Hauptturm und zwei Vortürmen

Wein und Käse, Kohlköpfe und Schwammerln neben Papajas und Maracujas, Schweinshaxn neben Hummer, ›g'standne‹ Standlfrauen neben Schicki-Micki-Damen, Fischgeruch neben Parfüm: Der Viktualienmarkt ist münchnerisch *und* international.

Der Tanz der Marktfrauen am Faschingsdienstag, der *Riesen-Maibaum*, das sommerliche Kastaniengrün überm Biergarten, der Tannenduft im Winter gehören zum jahreszeitlich wechselnden Inventar, das Gegrantl und Getraze zum stehenden, die Münchner ›Levitenleser‹ auf den *Brunnen* zum unverrückbaren: Karl Valentin, Weiß Ferdl, Liesl Karlstadt, Elise Aulinger, der Roider Jackl, Ida Schumacher.

Was mit dem ›Kräutlmarkt‹ auf dem Terrain des aufgehobenen Heiliggeistspitals 1807 begann, schwappte immer weiter aus, vor 100 Jahren schon zur heutigen Ausdehnung. Die *Schrannenhalle* (1851–53), der ehem. Getreidehandelsplatz nach Pariser Vorbild im Südwesten – noch Fragment – wird derzeit aus den Originalbauteilen wieder aufgebaut. Die filigrane Eisen-Glas-Konstruktion galt übrigens als Vorreiter für den Glaspalast, den Wintergarten der Residenz und der Großhesseloher Brücke. Die *Metzgerzeile* (1881) unter der Peterskirche ist erhalten geblieben, das malerische Gotik- und Barockgetürm im Norden wieder auferstanden. Gluckig wacht St. Peter, damenhaft die Heiliggeistkirche über den goldenen Überfluss.

59 Isartor

Tal 50
S-Bahn Isartor

Einziges noch weitgehend vollständiges mittelalterliches Stadttor Münchens.

Münchens einstiges Osttor der zweiten Stadtbefestigung unter Kaiser Ludwig dem Bayern bietet als einziges der Tore nach der jüngsten Restauration weitgehend das ursprüngliche Bild von 1337 und 1499: ein hoher Hauptturm, zwei achteckige Vortürme, ein Wehrhof. Restauriert wurde auch das Fresko von Neher, das im Auftrag König Ludwigs I. 1835 entstand: Der Siegeseinzug Kaiser Ludwigs nach der Schlacht von Ampfing 1332 gegen den Habsburger Friedrich den Schönen. Nördlich vom Tor sind die einzigen *Stadtmauerreste*, die 1984 freigelegt wurden, durch die Fenster des Stadtsparkassengebäudes zu sehen.

Fassade des Gärtnerplatz-Theaters

Top Tipp 60 Valentin-Musäum

Tal 50
S-Bahn Isartor

Ein Paradies für Valentin-Fans und alle, die sich einen Sinn für Unsinn, Hintersinn und Tiefsinn bewahrt haben.

Die außerordentlichen Bildschöpfungen *›Kaminkehrer bei Nacht‹* und *›Leistenbruch‹* sind kunsthistorisch nicht einzuordnen, wohingegen der *›Liegende Stehkragen‹* oder die *›Lederhosenträger außer Betrieb‹* als Vorgriff auf moderne Objektkunst zu werten sind. Der *›Winterzahnstocher‹* oder das *›Buchbinder-Wanninger-Telefon‹* wiederum gehören zu den archäologischen Fundstücken aus dem Valentin-Reich.

Das skurrile **Musäum** für das spindeldürre Original mit dem runden schwarzen Hut, Karl Valentin (1882–1948), ist aus dem Geist seines ›Panoptikums‹ geboren und von dem Sammler Hannes König 1959 im Südturm eröffnet worden. Für 299 Pf. können Erwachsene (Kinder unter 6 Jahren und 99-Jährige, begleitet von ihren Eltern, haben freien Eintritt) diesen Geist bayerischer Verzinktheit und weltgültiger Bitterkomik auf sich wirken lassen. Im Nordturm gibt es ein liebenswertes **Volkssängermuseum**, und im Oberstück des Südturms lädt ein **Volkssängerlokal** in altväterischem Ambiente alle jene zur Rekreation ein, denen es schwerfällt, vom Linksherum-Denken auf Normal-Rechtsherum umzuschalten.

Öffnungszeiten S. 174

61 Theater am Gärtnerplatz

Gärtnerplatz 3
U-Bahn Fraunhoferstraße

Ein Volkstheater in fürstlichem Gewand. Münchens ›alternative Oper‹ vor allem fürs Heitere.

Das Rund des Platzes, Mittelpunkt der Isarvorstadt, erzeugt eine anheimelnde Atmosphäre, auch wenn der Wiederaufbau nach dem Krieg seine gründerzeitliche Geschlossenheit gestört hat. Das **Theater**, trapezförmig nach hinten erweitert, gibt ihm mit seiner feinen, heiteren Fassade das Gesicht. Es ist 1968/69 im Inneren und 1976–78 außen so restauriert und rekonstruiert worden, wie es Reifenstuel 1865 als kleinere Kopie des Nationaltheaters gebaut hat, mit festlichen Königs- und Fürstenlogen und dem feierlichen Rund der von Neureuther gestalteten Decke fürwahr ein »Königliches Volkstheater«, wie Ludwig II. es nannte. Das Repertoire umfasst deutschsprachige Opernaufführungen, Operetten, Musicals und Ballette.

Maxvorstadt, Ludwigstraße, Englischer Garten – von Rubens-Damen zu Jogging-Knaben

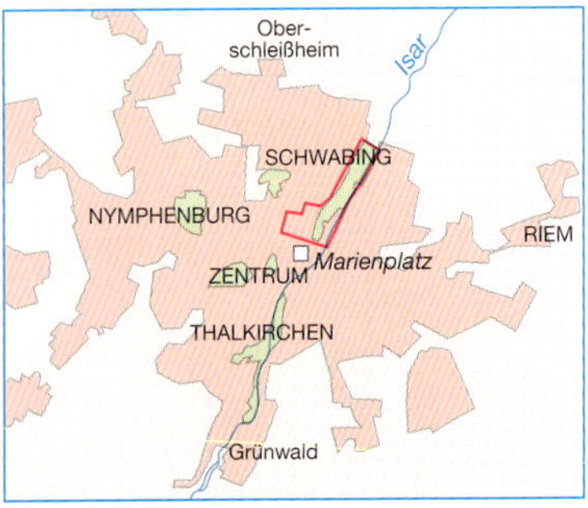

Als königliche Schlossauffahrten waren sie gedacht: die **Brienner Straße**, die von der Residenz über den Königsplatz zu Schloss Nymphenburg im Westen führt, und die **Ludwigstraße**, die von der Residenz über Schwabing nach Schloss Schleißheim im Norden ausgerichtet war. Am **Königsplatz** ließ König Ludwig I. den Tempelbezirk der griechischen Kunst anlegen, an der **Barer Straße** die Bauten der weltberühmten Gemäldesammlungen der Wittelsbacher, an der Ludwigstraße Paläste der Gelehrsamkeit wie Universität, Staatsbibliothek, Kunstakademie. Parallel dazu und weit darüber hinaus zog sich damals schon das größte und beliebteste Stück Natur in München: der **Englische Garten**, heute Tummelplatz der Jogger, Biergartenfans und Nichtstuer.

62 Karolinenplatz

U-Bahn Königsplatz

Bemerkenswerte Platzschöpfung des Klassizismus.

Karl von Fischer nahm sich bei seiner Stadtplanung mit besonderer Sorgfalt der Brienner Straße an, die er zu einer Prachtstraße und zugleich zur Achse der neuen Maxvorstadt ausbaute. Durch den Rundplatz gab er ihr einen besonders reizvollen Akzent, wenngleich seine Konzeption (›offene Bauweise‹ ausschließlich mit Villen und Palais) nur teilweise verwirklicht worden ist. Für die Platzmitte schuf Klenze 1833 einen **Obelisken** als Denkmal für die 30 000 im napoleonischen Russlandfeldzug von 1812 gefallenen Bayern. Die Erzplatten sind aus den gehobenen Kanonen der in der Seeschlacht von Navarino (1827) gesunkenen türkisch-ägyptischen Kriegsschiffe gegossen.

63 Staatliche Graphische Sammlung

Meiserstraße 10
U-Bahn Königsplatz

Nach Dresden und Berlin bedeutendste grafische Sammlung in der Bundesrepublik.

Regelmäßige Wechselausstellungen, bis zum Umzug des Ausstellungsraumes in die Pinakothek der Moderne (2002) noch in der Neuen Pinakothek, machen immer von neuem Erlesenheit und Reichweite dieser Sammlung deutlich, deren heutiger Bestand an Zeichnungen und Druckgrafik 400 000 Blätter überschritten hat. Schwerpunkte bilden dabei die deutschen Einblattholzschnitte und Kupferstiche des 15. Jh., Blätter der Dürer- und Rembrandt-Zeit (Rarität: Dürers *Apokalypse* in der Urausgabe von 1498 und Rembrandts *Hundertguldenblatt*), süddeutsche Zeichnungen des 16. bis 18. und deutsche des 19. Jh., schließlich Grafik des Expressionismus sowie internationale zeitgenössische Grafik.

In der Geschichte der Sammlung spielte Kurfürst Karl Theodor die wichtigste Rolle: Sein Mannheimer Zeichnungskabinett mit Schätzen italienischer Meister wurde 1794 nach München überführt und bildete den Grundstock. Max I. Joseph und Ludwig I. erweiterten die Sammlung eifrig: Ludwig erwarb gar drei Leonardo-Zeichnungen! Sein Nachlass mit Zeichnungen der von ihm protegierten Künstler, dazu Klenzes Nachlass sowie die Schenkung des Augsburger Kunsthändlers Felix Halm mit 2500 Zeichnungen meist bayerischer Künstler profilierten

Glyptothek: Barberinischer Faun, um 220 v. Chr.

den süddeutschen Akzent. Bomben und Hitlers Aktion gegen ›Entartete Kunst‹ dezimierten den Bestand um ein Drittel. Doch konnten die historischen Lücken nach dem Krieg geschlossen und die Moderne bis zur heutigen amerikanischen Grafik ergänzt werden.

Das Parteiverwaltungsgebäude aus der Nazizeit hat im ›Führerbau‹ gegenüber, wo 1938 das Münchner Abkommen unterzeichnet wurde, sein Pendant (Arcisstraße 12, heute **Hochschule für Musik**). Dazwischen standen beidseitig die 1947 gesprengten Ehrentempel, deren Sockelfundamente noch sichtbar sind. Das Ensemble von Troost (1935) war der architektonische Beginn zur geplanten ›Hauptstadt der Bewegung‹.

Öffnungszeiten S. 174

64 Königsplatz

U-Bahn Königsplatz

Großartige Schöpfung des Klassizismus und eines der Hauptwerke des ludovizianischen ›Isar-Athen‹.

Den fürwahr ›Königlichen Platz‹ konzipierte Ludwig I. mit seinem Architekten Klenze: ein ›Tempelbezirk‹ für die Kunst, nicht Nachahmung, sondern klassizistische Neuformung der Antike. Die ionische *Glyptothek* [Nr. 65], das korinthische *Kunst- und Industrie-Ausstellungsgebäude* [Nr. 66], die dorischen **Propyläen** bilden seine architektonische Trias.

Der Torbau (griech.: Propylaion) riegelt die Brienner Straße als Stadtausfahrt ab und ist zugleich Denkmal für den grie-

chischen Freiheitskampf und den Wittelsbacher König Otto von Griechenland, dargestellt in Ludwig Schwanthalers beidseitigen Giebelskulpturen: Ästhetische und politische Griechenland-Begeisterung ergänzten einander. Der Torbau vereint griechische und ägyptische Architekturelemente zu edlem Pathos. Bereits 1817 konzipiert, wurde er erst 1862 von Klenze vollendet.

Von den martialischen Steinplatten der Hitlerzeit ist der Platz seit 1988 endlich befreit. Der ›Hain‹ ist wieder so begrünt, wie er einst angelegt wurde.

65 Glyptothek

Königsplatz 3
U-Bahn Königsplatz

Klassizistischer Bau von edler Proportion sowie erstes deutsches Museum für Skulpturen, heute Sammlung antiker Plastik von Weltrang (Ägineten!).

Kunstagent Martin von Wagner erringt für Kronprinz Ludwig in Rom den atemraubenden **Barberinischen Faun** und in Griechenland die berühmten, 1811 ausgegrabenen *Ägineten*. Klenze ersteigert in Paris Antiken, darunter die Friedensgöttin *Eirene* und den *Diomedes-Torso*. Ludwig selbst erwirbt in Wien den *Ilioneus*. Für solche Schätze, 150 an der Zahl, dazu für zeitgenössische Skulpturen, lässt der Kronprinz sich 1816–30 von Klenze ein spezielles, von Beginn an für die Öffentlichkeit bestimmtes Museum bauen: eine Vierflügelanlage um einen quadratischen Innenhof, mit klassizistischer Tempelfront im ionischen Stil und Flankenbauten mit eingeschnittenen Nischen. Die *Giebelskulpturen* (Athena im Kreis von Künstlern) und die Nischenstatuen stammen von verschiedenen Künstlern der Ludwigs-Zeit (Schaufront: Hephaistos, Prometheus, Daidalos, Phidias, Perikles, Hadrian; Westen: Renaissancebildhauer; Osten: zeitgenössische Bildhauer). Historische Monumentalfresken von Cornelius sowie Stuckmarmor und Stuckreliefs gehörten früher zur opulenten Innenausstattung.

Schmucklos sind die schönen Räume nach dem Krieg wieder erstanden, höchst wirkungsvoll ist die Aufstellung der nun ausschließlich griechischen und römischen Werke in chronologischer Abfolge von den archaischen Jünglingen des 6. Jh. v. Chr. bis zu den realistischen

Der Königsplatz: In der Mitte der Torbau der Propyläen, rechts die Glyptothek, links die Antikensammlungen

Glyptothek: Die Ägineten, archaische Skulpturen vom Aphaiatempel in Ägina, um 490 v. Chr.

Korinthische Kanne, um 630 v. Chr.

Porträtbüsten des 1. Jh. n. Chr.: eine in Qualität und Auswahl außerordentliche Sammlung.

Öffnungszeiten S. 172

66 Staatliche Antikensammlungen

Königsplatz 1
U-Bahn Königsplatz

Reichste Antikensammlung der Bundesrepublik mit Werken von Spitzenrang, darunter eine bedeutende Vasensammlung. Bis Mitte 2001 ist das Museum wegen Umbaus geschlossen.

Nicht seinen Hofbaumeister Klenze, der gerade in Ungnade gefallen war, sondern Ziebland berief Ludwig I. im Jahr 1838 zum Baumeister des ›Kunst- und Industrie-Ausstellungsgebäudes‹ gegenüber der Glyptothek. Im Mitteltrakt einem korinthischen Tempel nachempfunden, übergiebelt von Ludwig Schwanthalers Figuren um die ›Bavaria als Schützerin der Künste‹, geriet Ziebland der **Bau** durch die steile Freitreppe nicht ganz so edel proportioniert wie das Gegenüber von Klenze.

Das 1967 wieder aufgebaute Museum beherbergt seither alle Münchner **Sammlungen** antiker *Kleinkunst*. Die *Vasensammlung* rangiert gleich nach jenen des Britischen Museums und des Louvre. Sie reicht von mykenischen Gefäßen des 14. bis zu griechischen des 2. Jh. v. Chr., wobei ein kostbarer Komplex attischer Vasen auf die Erwerbungen Ludwigs I. zurückgeht. *Kleinplastiken*, wie Idole, Statuetten, Tierfiguren aus Bronze und Terrakotta, ein etruskischer *Bronzefund* des 6. Jh. v. Chr. aus der Nähe von Perugia, etruskischer, mykenischer, griechischer *Goldschmuck*, antike *Gläser* und *Silbergefäße* reihen sich zu einer vorbildlich präsentierten Übersicht mit Einzelstücken von Spitzenrang.

Öffnungszeiten S. 174

67 St. Bonifaz

Karlstraße 34
U-Bahn Königsplatz

Torso einer einst viel bewunderten Kirchenschöpfung Ludwigs I. mit seinem Grab.

Bestrebt, Kunst und Religion in Einklang zu bringen, wollte König Ludwig I. dem quasi ›heidnischen Tempel‹ der Glyptothek eine Kirche gegenüberstellen.

Lenbachs Selbstporträt mit Familie (Ausschnitt)

Das Lenbachhaus, einst Künstlerresidenz, heute Mekka der Freunde moderner Kunst

Auf klerikalen Einwand hin baute Ziebland Kirche und Benediktinerkloster St. Bonifaz dann aber im Rücken des Königsplatzes, zur Karlstraße hin. Er schuf 1835–45 eine fünfschiffige **Basilika** nach frühchristlichem Schema, das er eigens in Rom und Ravenna studiert hatte. Davon sind nach schwerer Kriegsbeschädigung nur etwa die Hälfte des *Langhauses* und die korinthische *Säulen-Vorhalle* wieder hergestellt worden, so dass der Besucher keinen Eindruck mehr gewinnt von der feierlichen Schönheit des einstigen Raums und seiner festlichen, farbigen Ausstattung. Der Nordteil mit Pfarrzentrum ist ein moderner Neubau.

König Ludwig I. ist in ›seiner‹ Basilika im schlichten *Steinsarkophag* beigesetzt worden (östliches Seitenschiff), seine Gemahlin Therese ruht direkt unter ihm in der Krypta.

68 Städtische Galerie im Lenbachhaus

Luisenstraße 33
U-Bahn Königsplatz

Einst repräsentative Künstlervilla, heute Museum für Münchner Malerei mit einer Sammlung klassischer Moderne (vor allem ›Der Blaue Reiter‹) und aktuellen Ausstellungen.

Kunstfreunde aus aller Welt pilgern ins Lenbachhaus zu den Bildern des ›Blauen Reiter‹ [s. S. 82]. In zehn Räumen sind ihre Protagonisten brillant vertreten: 94 Ölbilder, 300 Aquarelle und Blätter allein von Kandinsky, rund 60 Werke von Klee, Dutzende von Marc, Macke, Jawlensky und Gabriele Münter, die 1957 große Teile dieser Sammlung gestiftet hat. Ein Kubin-Archiv mit 600 Arbeiten kam später hinzu.

In ganz Europa bekannt war dieses Haus schon vor über 100 Jahren als **Villa** des Malerfürsten Franz von Lenbach, dem der Papst, Kaiser Wilhelm, Bismarck und Eleonora Duse Modell saßen. Gabriel von Seidl hatte es ihm 1887–91 gebaut: ein Landpalazzo mit Atelierbau im intimen Garten, italienischblütig mit Arkaden, Palladiofenstern, Säulen. Wie Lenbach da zwischen roten Seidentapeten residierte, lassen rekonstruierte Salons zumindest ahnen.

Die 1925 gegründete **Städtische Galerie**, die das Haus von Lenbachs Witwe erwarb, repräsentiert Münchner Kunst schon von der Spätgotik an. Gültig belegt sie die ›Münchner Schule‹ des 19. Jh. Realismus, Impressionismus, Jugendstil mit berühmten Bildern von Rottmann, Kobell, Leibl, Corinth (*Selbstbildnis mit Skelett*), Stuck (*Salome*), Riemerschmid und vielen anderen.

Was dieses Haus über all dies hinaus aber besonders attraktiv macht, ist sein Engagement für die Gegenwartskunst. Deren vielfältige Tendenzen werden an durchweg qualitätvollen Erwerbungen in zwei Geschossen hervorragend sichtbar.

Nicht nur mit der ›Studie zur Komposition VII‹ von 1913 ist Kandinsky im Lenbachhaus hervorragend vertreten

Der Blaue Reiter

Dass der ›Blaue Reiter‹ um die ganze Welt galoppiert ist, bewies jene junge Amerikanerin, die nach der U-Bahn-Station ›Blue Rider‹ fragte. Die Station heißt Königsplatz, und gleich darüber, im Lenbachhaus, befindet sich die (Augen-)Weide des ›Blauen Reiters‹.

Der so genannte Künstlerkreis rund um die Protagonisten Franz Marc, Wassily Kandinsky, Gabriele Münter, Alexej Jawlensky, August Macke trat 1911/12 mit zwei Ausstellungen in München an die Öffentlichkeit. Befreiung von Naturnachahmung, Aufbruch zu einer Kunst des Extrakts, des Ausdrucks, der Unendlichkeitssehnsucht war sein Ziel. Die Leinwände barsten vor Farben und Formen: kosmische Visionen, poetische Gespinste, mythische Landschaften, Tiere im Kaleidoskop, suggestive Maskengesichter. Die Kritiker schrien auf, die Öffentlichkeit nahm wenig Notiz, aber die Wirkung auf die Kunst war umstürzend.

Durch den ›Blauen Reiter‹ geriet München einen kostbaren Augenblick lang zum Zentrum der Moderne. Schon der Erste Weltkrieg bereitete der Gruppe ein Ende, denn Marc und Macke fielen, die Russen Kandinsky und Jawlensky mussten Deutschland verlassen. Der symbolische Name ›Blauer Reiter‹ aber wurde ein Begriff für eine leuchtende Kunstrevolution.

Städtische Galerie im Lenbachhaus: ›Selbstbildnis mit Skelett‹ von Lovis Corinth, 1898

TOP TIPP

Genannt seien hier nur Beuys' großes Werk **›Zeige deine Wunden‹** oder die Arbeiten von Pichler und Rainer. Dazu kommen bedeutende Ausstellungen zu Themen oder Künstlern der Gegenwart, die über die aktuelle internationale Kunstszene orientieren. Die Vernissagen der Städtischen Galerie gehören zu den Turbulenzen des kunstsinnigen München. Seit 1994 ermöglicht der **Kunstbau** im U-Bahn-Geschoss des Königsplatzes dem Lenbachhaus aufwendige Wechselausstellungen.

Öffnungszeiten S. 174

69 Paläontologisches Museum

Richard-Wagner-Straße 10
U-Bahn Königsplatz

Ein faszinierender Blick in die fossile Pflanzen- und Tierwelt Bayerns mit vielen Zeugnissen der gesamten Erdgeschichte.

Der große **Bau** im Neurenaissancestil ist um die Wende vom 19. ins 20. Jh. für eine Mädchen-Kunstgewerbeschule errichtet worden. Seit 1950 aber beherbergt er einen versteinerten Tierpark und Botanischen Garten. Sensationellstes Stück der vom Dinosaurier bis zur Eiszeitmaus, vom Mammutbaum bis zur Blaualge reichenden **Sammlung** ist das 1971 im Inn gefundene Skelett eines 10 Millionen Jahre alten *Urelefanten* von 3,20 m Höhe und 1,25 t Gewicht. Der ausgestellte Abguss davon wiegt ›nur‹ 200 kg. Aus Platzgründen können von den rund 1 Million Objekten nur 400 ausgestellt werden. Weitere Exponate sind aber im Museum Mensch und Natur [s. S. 173] in Nymphenburg zu sehen.

Öffnungszeiten S. 173

Karl Spitzweg: ›Zollrevision‹, um 1860

Die Alte Pinakothek, von Leo v. Klenze nach Vorbild italienischer Renaissancebauten errichtet

TOP TIPP 70 Alte Pinakothek

Barer Straße 27
U-Bahn Königsplatz, Tram 27

Gemäldegalerie von Weltgeltung: eine der großen Kunst-Pilgerstätten mit immenser Auswahl von Werken alter Meister.

Das »Meisterwerk der Proportionskunst«, das Klenze 1826–36 im Auftrag König Ludwigs I. »in die Kartoffeläcker« stellte, ein ungewöhnlich lang gestreckter **Bau** aus unverputzten Ziegeln, eiferte erstmals nicht der Antike, sondern der italienischen Renaissance nach, wurde seinerseits Vorbild für die Galerien in Rom, Brüssel, Kassel und brachte Klenze sogar die Berufung nach St. Petersburg ein. Mit notwendigen Veränderungen ist er nach schweren Kriegszerstörungen 1957 von Döllgast wieder aufgebaut worden, der anstelle der alten Treppenführung und der Loggien im Süden eine

Albrecht Dürer, ›Selbstbildnis‹, um 1500

Raffael, ›Madonna des Hauses Tempi‹, vor 1508

Im Rubenssaal der Alten Pinakothek, die unter anderem eine der umfangreichsten Sammlungen des großen Flamen besitzt. Hier: ›Das Große Jüngste Gericht‹, 1616

theatralisch-imponierende Doppeltreppe einfügte. Weitere umfassende Restaurierungen kamen 1998 zum Abschluss. Die **Sammlung**, vom zweiten Kriegstag an umsichtig ausgelagert, blieb samt und sonders erhalten und damit ein Schatz, der München zur erstrangigen Kunststadt macht.

Mit Passion gehortet wurde sie von den Wittelsbachern: Wilhelm IV. gab Historienbilder in Auftrag, darunter Altdorfers *Alexanderschlacht*, die später als Franzosenbeute eine Zeit lang in Napoleons Badezimmer hing. Maximilian I., von Dürer begeistert, ließ sich mit den *Vier Aposteln* von den Nürnbergern politisch ›bestechen‹. Max Emanuel erwarb Flamen und Niederländer, darunter den Rubens-Nachlass. Karl Theodor ließ die Mannheimer, Max I. Joseph die Zweibrücker und Düsseldorfer Galerie hierherholen: Franzosen, van Dyck, Rembrandt, Rubens. Ludwig I. kaufte Italiener, machte mit den Sammlungen Boisserée und Oettingen-Wallerstein einen Fischzug speziell an Altniederländern und Altdeutschen und meinte, man solle den Leuten den Preis nicht verraten, Ausgaben für Kunst gälten ihnen stets als Verschwendung.

Wenige der berühmtesten Werke seien genannt: Im **Erdgeschoss** Lochners *Maria mit dem Kind vor einer Rasenbank* und Brueghels *Schlaraffenland*. Im **Obergeschoss**: Rogier van der Weydens

Dreikönigsaltar, Dürers *Vier Apostel*, sein christusähnliches *Selbstbildnis im Pelzrock*, Altdorfers *Alexanderschlacht*, Grünewalds *Verspottung Christi* und Cranachs *Kreuzigung*, Altdorfers *Donaulandschaft* als erste reine Landschaftsdarstellung der deutschen Kunst und Pachers herrlicher *Kirchenväteraltar*.

Aus der Reihe der Florentiner und Venezianer des 15. und 16. Jh.: Raffaels *Madonna Tempi* und Leonardos *Maria mit dem Kind*, Tintorettos *Vulkan überrascht Venus und Mars* und Tizians *Kaiser Karl V*. Rubens-Sterne: *Hélène Fourment im Hochzeitsgewand*, *Raub der Leukippos-Töchter*, *Höllensturz der Verdammten*, *Hélène mit ihrem Sohn* oder *Susanna im Bade*. Die Holländer des 17. Jh. finden in Rembrandts *Mann in orientalischer Tracht* und seinen *Christus*-Bildern sowie Hals' *Heythuysen-Bildnis* ihre Höhepunkte.

Das italienische Barock triumphiert in Tiepolos *Anbetung der Könige*, das französische Rokoko in Bouchers *Madame Pompadour* und in seinen und Fragonards Mädchen, das spanische 17. Jh. in Velasquez' *Junger spanischer Edelmann*.

Modell der Pinakothek der Moderne (Eingangsbereich), Architekt S. Braunfels

Der modernen Kunst ein eigenes Terrain

Am 10. September 1996 wurde mit dem ersten Spatenstich für die Pinakothek der Moderne am so genannten Roncalliplatz an der Theresien-/Gabelsbergerstraße eine neue Ära für die Kunststadt München eingeläutet. Auf diesem Terrain sollen gleich mehrere große Sammlungen des bayerischen Freistaats ein Zuhause finden: die **Staatsgalerie Moderner Kunst**, *das* **Architekturmuseum**, *die* **Neue Sammlung**, *die* **Staatliche Graphische Sammlung** *sowie die* **Sammlung Brandhorst**.

Ungewöhnlich für die Finanzierung eines öffentlichen Baus in Deutschland war die Bedingung: Zehn Prozent der ursprünglich veranschlagten Bausumme in Höhe von 200 Mio. DM, also 20 Mio. DM, mussten privat aufgebracht werden, was entgegen den Unkenrufen aller Kulturpessimisten tatsächlich gelungen ist!

TOP TIPP 71 Neue Pinakothek

Barer Straße 29
U-Bahn Königsplatz, Tram 27

Außerordentliche Überschau über die europäische Malerei des 19. Jh., präsentiert in einem Musterbau der Postmoderne.

Der monumentale, vielgestaltige, sandsteinverkleidete **Bau** aus Beton und Granit, der Museums- und Verwaltungstrakt vereint, zitiert mit Erkern und Fluchttreppchen Mittelalter-Burgen, mit Rundbogenfenster-Reihungen das Klenze-Gegenüber: ein viel diskutiertes ›postmodernes‹ Werk Alexander von Brancas (1975–81). Wohltuend in Proportion und Lichtwirkung, beherbergen die 22 Säle und 10 Kabinette auf verschiedenen Ebenen rund 550 Bilder und 50 Skulpturen – etwa ein Zehntel des Gesamtbestands.

Gründer der **Sammlung** und des ersten Gebäudes der Neuen Pinakothek, das nach schweren Kriegsbeschädigungen 1949 abgetragen wurde, war Ludwig I. Seine Privatsammlung an Gegenwartskunst umfasste einerseits Historienbilder der Münchner Akademie-Maler, andererseits Landschaftsgemälde der damaligen Avantgarde. Glanzlichter setzten der Sammlung nach der Wende vom 19. zum 20. Jh. die Erwerbungen moderner Franzosen und deutscher Impressionisten und Symbolisten. Zur Verdeutlichung der inneren Zusammenhänge der Malerei des 19. Jh. bezieht die heutige Ausstellungskonzeption das endende 18. Jh. mit ein, reicht also von Goya bis Cézanne. Die aufregende Vielfalt jenes Jahrhunderts bleibt präsent. Der großartigen Introduktion mit Gainsborough, David, Goya folgt die deutsche Frühromantik mit Caspar David Friedrich, Blechen, Rottmann, Dillis, Kobell. Die Hofkunst Ludwigs I.

Blick von der Ecke Barer- und Theresienstraße zu Cafeteria und Haupteingang

repräsentieren Gemälde wie Stielers *Goethe-Bildnis* oder Heß' *Einzug König Ottos in Griechenland*. Das Programmbild *Italia und Germania* von Overbeck steht im Zentrum der ›Nazarener‹-Kunst. Dem deutschen und Wiener Biedermeier von Schwind bis Waldmüller folgen französische und deutsche Spätromantiker und Realisten: Delacroix, Millet, Daumier, Corot, Menzel oder Spitzweg (mit dem viel geliebten *Armen Poeten*). Marées große Malerei ist aufgrund der Verwendung unzulänglicher Farben beinahe verlöscht – trotz aller konservatorischer Bemühungen. Den Reichtum an deutschem und französischem Symbolismus,

Neue Pinakothek: Saal 13 mit Carl von Pilotys ›Thusnelda im Triumphzug des Germanicus‹, 1869–73

Neue Pinakothek: Edouard Manet, ›Frühstück im Atelier‹, 1868

Realismus, Impressionismus, Nachimpressionismus mögen Kontraste und Gegenpole verdeutlichen: Hier Feuerbachs *Medea* oder Böcklins *Pan im Schilf*, dort Leibls *Nichte Lina* oder Schuchs *Stillleben mit Spargel*, hier Stucks *Sünde* oder

Neue Pinakothek: Vincent van Goghs ›Vase mit Sonnenblumen‹, 1888 **(unten)** *und Wilhelm Leibls ›Nichte Lina Kirchdorffer‹, 1871 (Ausschnitt,* **rechts***)*

Klimts preziöses Bildnis *Margarete Stonborough-Wittgenstein*, dort Cézannes *Bahndurchstich* oder Van Goghs *Blick auf Arles* als mächtige Auftakte der Moderne.

Öffnungszeiten S. 173

72 Museum Reich der Kristalle

Theresienstraße 41
U-Bahn Königsplatz, Tram 27

Funkelnde Mineralien: Genuss für Ästheten wie für Wissenschaftler.

An den Anfängen der ruhmvollen Geschichte dieser Sammlung stehen der geniale Chemiker und Mineraloge Johann Nepomuk Fuchs und der Mineraloge und Mundartdichter Franz von Kobell, die sie im 19. Jh. betreuten und durch Eingliederung der kostbaren Kollektion der Herzöge von Leuchtenberg zu Weltruf führten. Doch sind 80 Prozent des damaligen Bestands im Krieg verloren gegangen. Heute umfasst er rund 30 000 Stücke. Die Dauerausstellung *Reich der Kristalle* mit 700 Exemplaren führt Genese, Gesetzmäßigkeit und Gestalt, Eigenschaften, Farbreichtum und Lagerstätten von Mineralien vor und macht mit mineralogischen und kristallografischen Begriffen bekannt.

Öffnungszeiten S. 173

73 SiemensForum

Oskar-von-Miller-Ring 20
U-Bahn Odeonsplatz

150 Jahre Elektrotechnik-Geschichte in spannender Form.

Das Siemens-Museum wurde schon 1916 in Berlin gegründet und ist seit 1954 in München. Rund 2000 Exponate – Originalapparaturen, Demonstrationsgeräte, Modelle, Schautafeln, Fotodokumente, Multimedia-Installationen – geben einen Einblick in die Entwicklung der Elektrotechnik und Elektronik von der Gründung des Unternehmens im Jahr 1847 durch Werner Siemens bis heute und morgen – denn auch Zukunftsprojekte werden gezeigt. Bibliothek, Bildarchiv, Firmenarchiv und Studienräume stehen zur Verfügung.

Öffnungszeiten S. 174

74 Wittelsbacher Platz

U-Bahn Odeonsplatz

Einer der schönsten Plätze der Stadt, harmonisch und geschlossen, von vornehmer Palastarchitektur gesäumt. Bestes Reiterdenkmal Münchens, Hauptwerk des Klassizismus.

Der **Reiter** mit der unnachahmlich lässig vorwärtsdeutenden Rechten ist Kurfürst Maximilian I., samt seinem gehorsam

Wittelsbacher Platz mit Denkmal Kurfürst Maximilians, Palais Ludwig Ferdinand und Odeon

Ludwigstraße: Blick auf Feldherrnhalle, Theatinerkirche und schräg gegenüberliegendes Basargebäude

trabenden Pferd ein Meisterwerk klassizistischer Denkmalskunst von Thorwaldsen, gegossen von Stiglmaier, 1839. Der saalartige **Platz**, von der Brienner Straße tangiert, ist dreiseitig von Klenze-Palästen umgeben, die teilweise für Bauspekulanten gebaut wurden, bald aber in Adelsbesitz übergingen und heute als Geschäfts- und Verwaltungszentralen dienen.

Baumeister Klenze wohnte an der nördlichen Platzseite inmitten seiner Werke. Sein zurückhaltend gegliedertes Palais mit anmutigen Rundbogenfenstern, 1825 gebaut, gehörte ab 1878 den Prinzen Alfons und Ludwig Ferdinand, den Enkeln Ludwigs I., und wird darum **Palais Ludwig Ferdinand** genannt. Es beherbergt heute die Siemens-Verwaltung (Haus-Nr. 4).

Der Palazzo mit den venezianischen Palladio-Fenstern an der westlichen Platzseite, 1820 von Klenze gebaut, war das **Palais Arco-Zinneberg** und ist heute ein Geschäftshaus (Haus-Nr. 1).

75 Odeonsplatz und Ludwigstraße

U-Bahn Odeonsplatz

Klassizistische Monumentalstraße als Selbstdarstellung des königlichen München unter Ludwig I.: eine der großzügigsten Straßenschöpfungen des frühen 19. Jh.

Gleich nördlich von Theatinerkirche und Residenz lag um 1800 ein pittoreskes Durcheinander: Schwabinger Tor, Wall, Reithalle, Gasthof, Landstraße. Kronprinz Ludwig plante, hier einen Platz und eine königliche Auffahrt gegen Norden anzulegen. Der weltläufige Architekt Leo von Klenze, den er 1814 kennen gelernt hatte, nahm das kühne Projekt 1816 in die Hand: eine lange Palast-Straße in geschlossener Reihung, ohne Bäume, Gärten, Einfahrten, streng und festlich und im Geist italienischer Renaissance. Bauträger sollten zunächst wohlhabende Bürger sein. Doch als diese alsbald ausblieben, entschied sich Ludwig für öffentliche Gebäude. 1827 gab es Streit mit Klenze; Gärtner trat an seine Stelle.

Klenze baute die Straße beidseitig von der *Odeonsplatz*-Erweiterung bis zum *Kriegsministerium* [Nr. 79] im Stil würdevoller Neurenaissance aus. Gärtner vollendete sie kongenial bis 1847 von der *Staatsbibliothek* [Nr. 80] bis zum *Siegestor* [Nr. 83] im neuromanischen und neubyzantinischen Stil.

Als architektonisch außergewöhnlich wird sie gerühmt, als urban unlebendig gescholten, freilich war sie nie als Boulevard gedacht, sondern als ›Via triumpha-

lis‹ des Königtums und Denkmal der Stadtbaukunst. Zwar begann hier des Bauherrn Niedergang, als das Volk vor der Ludwigskirche 1848 gegen die Lola-Montez-Affäre demonstrierte und seinen Rücktritt forderte. Doch was blieb – und noch wuchs – ist der Ruhm jener Institutionen des Geistes, die Ludwig an dieser Straße ansiedelte.

Als Protektor von Religion, Kunst, Poesie und Industrie verewigt den König denn auch das **Reiterdenkmal für Ludwig I.** am Odeonsplatz, das Max Widnmann nach Entwürfen Ludwig Schwanthalers 1862 ausführte.

76 Odeon (Bayerisches Staatsministerium des Inneren)

Odeonsplatz 3
U-Bahn Odeonsplatz

Eindrucksvolle Klenze-Architektur: wieder erstandenes ›Gehäuse‹ um den leider nicht erneut aufgebauten berühmten Konzertsaal.

Mit »Defensionsgeldern«, sprich: dem Verteidigungsetat, finanzierte Ludwig I. nicht ohne Volkswiderstand den Konzertsaal *Odeon*. Klenze baute ihm 1826–28 einen Säulensaal mit halbrunder Orchesterapsis von höchster Eleganz und ausgezeichneter Akustik, ausgeschmückt mit Fresken von Kaulbach, Anschütz und Eberle. Die **Fassade** des Musik- und Ballhauses orientierte er am Leuchtenberg-Palais. 1951/52 von Wiedemann als Innenministerium wieder aufgebaut, wurden die Mauern des Saales nur noch als **Innenhof** hochgezogen. Das Odeon ist mit anderthalb Jahrhunderten Münchner Musikgeschichte verbunden.

77 Leuchtenberg-Palais (Finanzministerium)

Odeonsplatz 4
U-Bahn Odeonsplatz

Größtes Adelspalais Münchens und eines der schönsten klassizistischen Werke Klenzes.

Als erster ließ sich im neu angelegten Stadtteil Eugène Beauharnais nieder, Stiefsohn Napoleons und Schwiegersohn Max I. Josephs, von dem er zum Herzog von Leuchtenberg erhoben worden war. Später wohnten Prinzregent Luitpold und Kronprinz Rupprecht in dem prunkvollen Palais, das Klenze 1816–21 nach dem Vorbild des Palazzo Farnese in Rom gebaut hatte und das in seiner klassizistisch geprägten Neurenaissance seinerseits vorbildhaft für den Ludwigstraßen-Stil wurde. Der dreiseitig gleichgestaltete Baublock mit Innenhof sollte ›für alle Fälle‹ auch als Mietswohnhaus dienen können. Heute ist er Sitz des Bayer. Staatsministeriums der Finanzen.

Bayerische Staatsbibliothek: Treppenaufgang mit den Figuren antiker Weisen

78 Bazargebäude

Odeonsplatz 6–18
U-Bahn Odeonsplatz

Frühes Beispiel eines klassizistischen Geschäftshauses.

Der orientalische Name für eine Folge von Läden kam via Paris nach München. Allerdings gleicht dieser ›Bazar‹ mit seiner anmutigen Gliederung in Mittelbau, Flügelbauten und (früher niedrigeren) Eckpavillons und mit seinen Arkaden zum Hofgarten eher einem Sommerschloss. Klenze baute ihn 1825/26 anstelle eines Turnier- und Reithauses sowie des legendären Biedermeier-Cafés Tambosi [s. S. 167].

79 Bayerisches Hauptstaatsarchiv (ehem. Kriegsministerium)

Ludwigstraße 14/Schönfeldstraße 3 und 5
U-Bahn Odeonsplatz oder Universität

Sehr persönliches, plastisch durchgeformtes und schmuckfreudiges Werk Klenzes.

So imponierend der Bau, so geringfügig seine Funktion: König Ludwig gab für Militär ungern Geld aus. Klenze behauste das Ministerium in einem Palazzo à la Florentiner Renaissance. Nur die – graziösen! – *Trophäenreliefs* in den Bogenzwickeln der Pfeilerarkaden lassen auf seine Bestimmung schließen (1824–30). Heute gehört das weitläufige Gebäude an der Ludwig- und Schönfeldstraße (hier schöne *Forumsanlage*!) dem Hauptstaatsarchiv, dem größten Urkundenarchiv Europas, mit seinen Unterabteilungen.

80 Bayerische Staatsbibliothek

Ludwigstraße 16
U-Bahn Odeonsplatz oder Universität

Eine der wichtigsten Universalbibliotheken in einem klassizistischen Palastbau von elementarer Monumentalität.

Evangelist Lukas aus dem Evangeliar Ottos III., Reichenau, Ende 10. Jh.

Die Staatsbibliothek reizt zu Superlativen: Sie hat einen **Bestand** von 6,85 Millionen Bänden, darunter 76 924 *Handschriften* mit Einzelstücken von unermesslicher Kostbarkeit, eine der umfassendsten *Orientsammlungen* Europas mit ca. 180 000 Bänden, 39 000 ›laufende‹ Zeitschriften, einen *Bayerischen Zentralkatalog* mit 28 Millionen Nachweisen – endlos Aufzählbares mehr.

Dass ihr Schwerpunkt auf der Geistesgeschichte liegt, ist Tradition: Sie ging aus den humanistischen Büchersammlungen Herzog Albrechts V. und Wilhelms V. im 16. Jh. hervor. Die bedeutendsten Zuwächse erhielt sie nach Aufhebung der Klosterbibliotheken durch die Säkularisation; und seit Ferdinand Marias Zeiten im 17. Jh. müssen von jedem Druckwerk in Bayern Pflichtexemplare abgeliefert werden.

Der Bücherpalast ist Gärtners erster, recht auftrumpfender Ludwigstraßen-**Bau** (1832–43). Er benutzte Elemente italienischer Palazzoarchitekturen, um den gewaltigen, 155 Meter langen Backsteinblock auf hohem Rustikageschoss zu durchgliedern. Auf der Brüstung der Freitreppe sitzen die »vier Heiligen Drei Könige«, wie der Münchner sie nennt: *Thukydides, Homer, Aristoteles, Hippokrates* – Nachschöpfungen der von Ludwig Schwanthaler entworfenen Originale. Dem Paradestück der monumentalen *Haupttreppe* im Inneren diente die Scala dei Giganti im Dogenpalast als Vorbild; sie wurde nach dem Krieg ohne die ursprüngliche Deckenmalerei wieder aufgebaut. Den Emporsteigenden empfangen oben die Haus-Herren Albrecht V. und Ludwig I., Marmorfiguren von Ludwig Schwanthaler.

Öffnungszeiten S. 174

81 St. Ludwig

Ludwigstraße 20
U-Bahn Universität

Eigenwilliger neuromanisch-byzantinischer Bau mit monumentalem Wandgemälde.

Ein ingeniöser Einfall Gärtners, neben den lang gezogenen Block der Staatsbibliothek die vertikale Doppelturm-**Fassade** der Pfarr- und Universitätskirche (1829–44) zu stellen, mit Freitreppe, Säulenarkaden, Vorhalle eine gelockerte, helle Architektur, wirkungsvoll in der Frontalansicht zur Schellingstraße und in der Diagonalstellung zur Zweiturmfassade

Bayerische Staatsbibliothek: Buchkasten für das Uta-Evangelistar, Regensburg, 11. Jh.

Innenraum von St. Ludwig mit Wandgemälde und Fresken von Peter Cornelius

Forum an der Ludwigstraße mit Schalenbrunnen und Ludwigskirche

On the road: ›Walking Man‹ (1995) des amerikanischen Bildhauers Jonathan Borofsky an der Leopoldstraße

der Theatinerkirche [Nr. 25]. Das **Innere** ist – besonders bei hellem Sonnenschein – von eigenartiger romantischer und würdevoller Stimmung. Der ›Nazarener‹ Cornelius, Münchens Kunst-Autorität, malte mit »raffaelischen Linien« die **Fresken**: sein Chorabschlussgemälde *Das Jüngste Gericht* (1836–40) ist nach Michelangelos ›Jüngstem Gericht‹ in Rom das größte Wandfresko der neueren Kunstgeschichte. Stadtereignis waren hier nach dem Krieg die Predigten des Theologen Romano Guardini (1885–1968).

82 Ludwig-Maximilians-Universität

Geschwister-Scholl-Platz / Professor-Huber-Platz
U-Bahn Universität

Romantisch-klassizistische Anlage von urbaner Großzügigkeit für eine bedeutende Stätte deutschen Geisteslebens.

Vor der Universität weitet sich die Ludwigstraße hüben wie drüben zu einem **Forum**, dem zwei *Schalenbrunnen* nach Petersplatz-Vorbild südliches Air geben. Die weite Dreiflügelanlage des Hauptgebäudes der **Universität** am westlichen

Forum ist mit Bogenhalle und Rundbogenfenster feierlich neuromanisch gestaltet. Zurückhaltender, strenger wirkt das darauf abgestimmte Gegenüber: südlich das Priesterseminar **Georgianum**, nördlich das ehemalige **Max-Joseph-Stift** für höhere Töchter, heute Universitätsgebäude. Alle Bauten (1835–40) stammen von Gärtner. Erweiterungen entstanden in der Amalienstraße 1909, in der Adalbertstraße 1960. Natürlich gehören der mit rund 62 000 Studenten heute größten Universität der Bundesrepublik darüber hinaus noch eine Fülle von Instituten in der ganzen Stadt.

Ludwig I. hatte die 1472 in Ingolstadt gegründete, später nach Landshut verlegte Universität 1826 nach München geholt. Große Gelehrte haben sie berühmt gemacht: die Physiker Fraunhofer und Röntgen, der Hygieniker Pettenkofer, die Mediziner Ringseis oder Sauerbruch, die Chemiker Liebig und Wieland, der Botaniker Martius, der Mineraloge Kobell, der Jurist Feuerbach, die Philosophen und Kulturhistoriker Schelling, Görres, die Theologen Baader, Guardini, der Soziologe Max Weber, der Orientalist Bodenstedt, die Historiker Riezler oder Schnabel, die Kunsthistoriker Wölfflin, Pinder, Jantzen und viele mehr.

1943 leisteten die Mitglieder der ›Weißen Rose‹ [s. S. 96] Widerstand gegen die nationalsozialistische Herrschaft. Mahnmale und die Namen der Plätze erinnern an die Gruppe.

83 Siegestor

U-Bahn Universität

Feierliches Entrée von Norden in das klassizistische München, von Süden Point de Vue der Ludwigstraße und architektonischer Höhepunkt des Universitätsforums.

Die Bogenarchitekturen von Feldherrnhalle und Siegestor öffnen und schließen die ›Via triumphalis‹. Doch kriegerischer Geist wirkte weder da noch dort, eher »zeitlose, antikisch formulierte Idealität« und überlegene Stadtbaukunst. Dem Konstantinsbogen in Rom nachgebildet, ist dieses dreibogige Triumphtor, Monument für das bayerische Heer, bekrönt von einer *Bavaria mit Löwenquadriga*, die den Soldaten stadtauswärts entgegenschreitet, und geschmückt mit *Reliefs* von Kampfszenen sowie *Medaillons* mit Allegorien der bayerischen Provinzen.

Entrée zur Innenstadt – Siegestor von Friedrich v. Gärtner mit Quadriga nach Entwurf Martin v. Wagners

Die Weiße Rose

Am 18. Februar 1943 ist die Universität Ort einer mutigen, zeichensetzenden Aktion: Die Studenten Hans und Sophie Scholl verteilen auf Treppenstufen und Fenstersimsen Hunderte von Flugblättern, lassen die letzten Stapel von oben in den Lichthof wirbeln. Dabei werden sie vom Hausmeister beobachtet und der Gestapo übergeben.

Die Geschwister Scholl führten seit Mai 1942 den Widerstand gegen das Hitler-Regime im Kreis der ›Weißen Rose‹ an und protestierten vor allem mit Flugblättern gegen die nationalsozialistischen Gewalthaber und gegen Hitlers mörderische Kriegsführung. Zu ihrem engsten Kreis gehörten die Studenten Willi Graf, Christoph Probst und Alexander Schmorell, aber auch der Hochschullehrer und Musikwissenschaftler Kurt Huber. Sie alle wurden im Jahr 1943 vom Volksgerichtshof zum Tode verurteilt und hingerichtet.

Im Lichthof der Ludwig-Maximilians-Universität ist die ›DenkStätte Weiße Rose‹ untergebracht. Sie informiert ausführlich über die Mitglieder der Gruppe und deren mutige Tat.

Seit 1980 wird alljährlich im Gedenken an die Widerstandskämpfer der ›Weißen Rose‹ in der Universität der Geschwister-Scholl-Preis verliehen. Zu den Geehrten zählen u. a. Victor Klemperer, Christa Wolff, Rolf Hochhuth.

Das Tor hat Gärtner 1843 begonnen und sein Schüler Metzger 1850 vollendet; den bildhauerischen Schmuck hat Martin von Wagner entworfen, die Quadriga Dietz 1972 restauriert. Die Inschrift auf der Südseite verfasste der Münchner Universitätsprofessor Hanns Braun nach dem Zweiten Weltkrieg: »Dem Sieg geweiht, im Krieg zerstört, zum Frieden mahnend.«

Auf dem Boulevard Schwabing pulsiert in langen lauen Sommernächten das Leben

84 Akademie der Bildenden Künste

Akademiestraße 2
U-Bahn Universität

Traditionsreiche Kunstschule in palastartigem Gründerzeitbau.

Die pompöse Dreiflügel-**Anlage**, die mit Freitreppe, Säulenbalkon, Reiterstandbildern (*Kastor und Pollux*) ganz auf Fassadenwirkung angelegt ist, baute Neureuther 1876–85 für die bis dahin nicht fest behauste Akademie, die 1808 gegründet worden war. Kein Geringerer als der Philosoph Schelling hatte ihr als Generalsekretär ihr Konzept gegeben. Ihre **Geschichte** kann hier nur durch Aufzählung berühmter Namen angedeutet werden: Im 19. Jahrhundert hießen die Direktoren Cornelius, Gärtner, Kaulbach, Piloty, die Lehrer Heß, Dillis, K. von Fischer, Schnorr von Carolsfeld, Ziebland, Schwind, die Schüler Makart, Defregger, Kobell, Leibl, Lenbach, Corinth, Stuck, Hölzel. Kampfplatz zwischen Tradition und Moderne, sammelte sich hier nach der Wende vom 19. zum 20. Jh. die Spitze der Avantgarde. Klee, Kandinsky, Marc, Jawlensky, Kanoldt, de Chirico waren Schüler von Stuck, Herterich, Diez. Nach der Hakenkreuz-Zeit mit

Im Englischen Garten: Chinesischer Turm mit Münchens beliebtestem Biergarten

Ziegler und Thorak als Protagonisten, standen Professoren wie Henselmann, Caspar, Preetorius, Geiger am Neubeginn. Nestler, Dahmen, Zimmermann, Fruhtrunk u. a. waren die Lehrer der politisch hier so bewegten 60er- und 70er-Jahre des 20. Jh.

85 Englischer Garten

U-Bahn Universität oder Giselastraße

Beliebter und traditionsreicher Münchner Park: einer der frühesten englischen Landschaftsgärten sowie ausgedehnteste Großstadt-Grünanlage Europas.

Den Englischen Garten verdankt München einem Amerikaner: Benjamin

Schwabings große Zeit

Der Mythos Schwabing entstand um die Wende des 19. zum 20. Jh. als die Kunstakademie vor Talenten überquoll und sich alle, alle in ›Nestnähe‹ niederließen. Wo schlug das Herz von Bohème-Schwabing? An allen Ecken und Enden. Zum Beispiel im Café Stefanie, Ecke Amalien-/Theresienstraße, das vor lauter Mühsams, Klabunds, Däublers, Brechts ›Café Größenwahn‹ genannt wurde. Oder in der Türkenstraße, wo die Elf Scharfrichter in roten Talaren die Spießer exekutierten und ein Stück weiter die Simpl-Wirtin Kathi Kobus im Bauerndirndl die Gäste traktierte. In der Kaulbachstraße in der frechen ›Simplizissimus‹-Redaktion so gut wie in der hochedlen ›Insel‹-Redaktion am Boulevard Leopold. In die Römerstraße zog es die Jünger des weihevollen Dichters Stefan George, den die berühmte Schwabinger Gräfin, Franziska Reventlow, ›Weihenstephan‹ nannte (Fremden ins Ohr: so heißt hier ein stinkerter Kas). Klee, Kubin, Rilke wohnten am Englischen Garten – zeitweise, denn alle zogen unablässig um und hin und her. Haften blieben sie nur bei Atelierfesten, die auf »die Nacht vom Dienstag zum Donnerstag« zu fallen pflegten. Nein, das Schwabing als ›Zustand‹, als ›Wahnmoching‹, als ›Traumstadt‹ gibt es nicht mehr. Aber immer noch dauern die Nächte dort länger, sind die Leute lustiger, die Lokale schräger, die Geschäfte kunterbunter.

Thompson, alias Graf Rumford (1753–1814), Farmersohn, Physiker, Sozialreformer, Kriegsminister Bayerns. Als Kriegsminister ließ er ein Stück des nördlichen Sumpfgebiets an der Isar in Militärgärten umwandeln, als Sozialreformer kam ihm dabei die Idee, Kurfürst Karl Theodor bei dieser Gelegenheit gleich einen ganzen Volkspark abzuluchsen. Das war nicht zufällig 1789! Die **Anlage** des großen Gartenkünstlers Friedrich Ludwig von Sckell (1750–1823) aus dem Rheinland, im Jahr 1808 abgeschlossen, diente im aufklärerischen Geist sowohl der Erholung und Annäherung aller Schichten als auch durch Einrichtung von Musterbetrieben wie Baumschule, Veterinärschule und vielem mehr der landwirtschaftlichen Belehrung und Nutzung.

Mit einer Fläche von heute 3,7 km^2 reicht der Englische Garten von der Prinzregentenstraße bis Freimann, östlich begleitet von der Isar, durchzogen von Wasserläufen und nach englischer Art durchsetzt mit Denkmälern und Pavillonbauten als Staffage und Blickpunkt. Sein Herz ist der **Kleinhesseloher See** mit drei Inseln, rundum Tummelplatz von Verlustierungen aller Art. Daneben gibt es einige sehenswerte **Bauten und Denkmäler**: *Japanisches Teehaus* mit Vorführung von Teezeremonien (Mitsuo Nomura, 1972); *Rumford-Denkmal* (F. J. Schwanthaler, 1796); *Monopteros*, 16 m hoher klassizistischer Rundtempel mit schönem Blick auf die Stadt (Klenze, 1838); *Chinesischer Turm* mit turbulentem Biergarten, als Aussichtspagode fünfstöckig aus Holz nach Kew-Garden-Vorbild gebaut (Frey, 1760, rekonstruiert 1952); *Rumfordhaus*, als Offizierskasino im englischen Kolonialstil errichtet (Lechner, 1791); *Sckell-Denkmal* (Entwurf Klenze, Ausführung Bandel, 1824); *Seehaus*, Restaurant mit Biergarten (Hürlimann und Wiedemann, 1984); *Werneck-Denkmal* für den Nachfolger Rumfords als Leiter des Gartenwesens (Entwurf Klenze, 1838).

Am Nordende jenseits des Isarrings liegt das Restaurant *Aumeister* (mit weitläufigem Biergarten), benannt nach dem ›Au-Jägermeister‹, dem früher das Jagdrevier in den Isarauen unterstellt war (Entwurf Deiglmayr, 1811). Nördlich davon beginnt das *Landschaftsschutzgebiet Obere und Mittlere Isarau*, durch das man bis Garching und mit etwas Ausdauer bis Freising spazieren kann.

◁ *Freizeitparadies Englischer Garten: Hier lebt jeder nach seiner Façon, vom stillen Morgenidyll bis zum Prostsagen*

86 Jugendstil-Wohnhaus

Ainmillerstraße 22
U-Bahn Giselastraße

Viel bewunderte farbenfrohe Fassade.

Eine Fassade müsse »wie ein Edelstein am Gewand einer Dame« sein, meinten die Architekten Helbig und Haiger – sie dachten dabei offenbar an einen höchst auffälligen Schmuck. So prunkt ihre Fassade mit reicher Gliederung durch Wandpfeiler und Rundbogen, üppigem Blumen- und Figurenornament, starker Farbigkeit (1899/1900; nach mehreren Restaurierungen 1982 in originaler Farbigkeit wieder hergestellt). Edler sind die Jugendstilfassaden von Nr. 20, 33, 34 (hier wohnte Rilke), 35 und 37. Neubarockfassaden haben die Nr. 7, 9, 13, 17. Beachtenswerte Mietshäuser des 19. Jh. stehen in Schwabing außerdem an Martius-, Franz-Joseph-, Elisabeth- und deren Nebenstraßen.

Jugendstilhaus Ainmillerstraße 22 von Helbig und Haiger, 1899/1900

Die Prinzregentenstraße – Parkavenue unterm Friedensengel

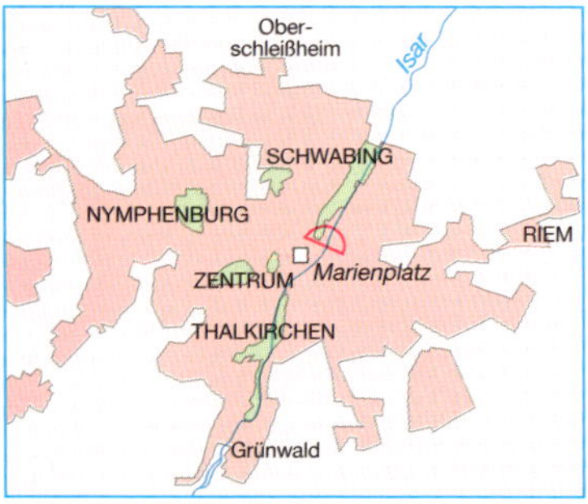

Diese letzte wittelsbachische Straßenschöpfung Münchens ist in betontem Gegensatz zu den anderen königlichen Straßenanlagen als naturnahe, lockere Parkavenue konzipiert, wenn auch nicht ganz konsequent verwirklicht worden. Ihr Bauherr war der redliche Regent und geschmackssichere Grandseigneur Prinzregent Luitpold, unter dessen Ägide um 1900 »München leuchtete«, wie Thomas Mann – allerdings ironisch – apostrophierte. Auftakt der Alleestraße zum Isarhochufer ist das **Prinz-Carl-Palais**, Abschluss das **Prinzregententheater**, heiter-festlicher Höhepunkt die Gartenterrasse mit dem **Friedensengel**. Da man damals Patriotismus ›pflegte‹, sollte das **Bayerische Nationalmuseum** altdeutsch wirken. Der weit weniger naive Patriotismus der Hitlerzeit hat den Beginn der Straße mit dem ›**Haus der Deutschen Kunst**‹ verdorben, die Gegenwart das Prinz-Carl-Palais durch eine brutale Querschneise und eine gähnende Tunnelschlucht isoliert. Von Museen locker gesäumt, gehört sie ungeachtet dessen zu den Prachtmeilen der Stadt. Rundum, in den Stadtteilen Lehel und Bogenhausen, sind u. a. zwei feine **Rokokokirchen** zu bewundern.

87 Prinz-Carl-Palais

Königinstraße 1
U-Bahn Odeonsplatz

Edelster Bau des Münchner Frühklassizismus und einziges fast original erhaltenes Werk des großartigen Architekten Fischer.

Der Kubus mit prominentem Säulenportikus und Dreiecksgiebel an der kraftvoll-noblen **Hauptfront**, Blickpunkt der Prinzregentenstraße nach Westen, ist ein Meisterwerk des Klassizismus: der erste Bau Karl von Fischers für München, 1804–06. Den Charakter der palladianischen Gartenvilla hat ihm die moderne Straßenführung leider geraubt. Die hervorragende **Innenausstattung** schuf Métivier. Das Palais gehörte zuerst dem Minister Pierre de Salabert, dann dem Prinzen Carl, Bruder Ludwigs I. Von 1924–93 Sitz der bayerischen Ministerpräsidenten, seither Dependance der Staatskanzlei am Hofgarten.

Stramm steht Säule an Säule – das Haus der Kunst in der Prinzregentenstraße ▷

88 Haus der Kunst

Prinzregentenstraße 1
Bus 53

Hitlerzeit-Kultbau mit Ausstellungsfunktion. Bislang Heimstatt der Staatsgalerie Moderner Kunst sowie Schauplatz großräumiger Wechselausstellungen.

Die vielen denkwürdigen Ausstellungen internationaler Kunst, die in diesem Haus seit 1950 stattgefunden haben, könnten den Diabolus loci vergessen machen, würde ihn nicht die Architektur in Erinnerung rufen: Paul Ludwig Troost entwarf das **Gebäude** bereits 1932 als Ersatz für den abgebrannten Glaspalast. Sein Mitarbeiter Leonhard Gall und seine Frau Gerdy Troost führten es, nach seinem Tod, bis 1937 für Hitler aus. Schnell bekam es den Spitznamen ›Weißwurstallee‹. Damit ist die öde Säulenreihung des massigen Baus sattsam charakterisiert, der den Münchner Klassizismus nachzuempfinden sucht, ihn aber durch seine Großmannssucht nur verrät. Welch ein Omen, dass bei der Grundsteinlegung durch Hitler schon nach dem ersten Schlag der Hammer abbrach!

Im Mittelteil und im Ostflügel sind hochkarätige **Sonderausstellungen** zu sehen. Im Westflügel ist die Ausstellung ›Große Münchner‹ untergebracht, außerdem zeigte der Westflügel bis Oktober 2000 die Schätze der **Staatsgalerie Moderner Kunst**: eine hervorragende Sammlung internationaler Kunst des 20. und 21. Jh.

Teile dieser Sammlung sind vorübergehend in der Neuen Pinakothek [Nr. 71] ausgestellt, bis die gesamte Sammlung dann 2002 in den neu errichteten Bau der Pinakothek der Moderne ziehen wird. Dort werden die Werke der europäischen Gegenwartskünstler Rauschenberg, Baselitz, Johns, Warhol, Polke u. a. zu sehen sein wie auch der Aufbruch zur Moderne mit Brücke, Fauves, Beckmann und den Sammlungen Fohn (Marc, Macke, Kokoschka) und Wormland (de Chirico, Ernst, Dalí, Picasso). Die Klassische Moderne mit Bauhaus und Blauer Reiter wird ebenso vertreten sein wie die Kunstrichtungen der zweiten Hälfte des 20. Jh., etwa bei Baumeister, Twombly oder Beuys. Auch Kubismus, Futurismus und Expressionismus (Picasso, Gris, Kokoschka, Kirchner) sowie Skulpturen und Gemälde der 50er-Jahre (Marini, Nay, Poliakoff, Vedova, Schumacher) gehören zu den erlesenen Schätzen.

Öffnungszeiten S. 172 und 174

Gewaltig war der Ansturm auf die Ausstellung ›Entartete Kunst‹ im Juli 1937!

Entartete Kunst

Während im Sommer 1937 im neu eröffneten ›Haus der Deutschen Kunst‹ hehre Muskelpakete und züchtige Heldengebärerinnen nackend die Säle füllten und beim Festzug zum ›Tag der Deutschen Kunst‹ der Germanen-Kitsch blühte, hingen im nahe gelegenen Galeriegebäude am Hofgarten unter dem Titel ›Entartete Kunst‹ Meisterwerke von Beckmann, Liebermann, Corinth, Kandinsky, Marc oder den Expressionisten unter Schmähparolen wie »So schauten kranke Geister die Natur«, »Offenbarung der jüdischen Rassenseele« oder »Verhöhnung der deutschen Frau. Ideal: Kretin und Hure«. Die absichtlich chaotisch gehängte Ausstellung, die später durch ganz Deutschland wanderte (2 Millionen Besucher alleine in München!), umfasste 300 Gemälde, 25 Skulpturen und 400 Grafiken, die die Nazis aus deutschen Museen beschlagnahmt hatten. 16 000 Werke folgten. Eine Vielzahl davon wurde zwecks Devisenbeschaffung an Privatpersonen verkauft und konnte dadurch gerettet werden. Die diffamierten Künstler erhielten Mal- und Ausstellungsverbot, wurden ihres Lehramts enthoben, emigrierten oder tauchten in die Innere Emigration ab. Zahlreiche jüdische Künstler kamen im KZ ums Leben.

89 Bayerisches Nationalmuseum

Prinzregentenstraße 3
U-Bahn Lehel, Tram 17, Bus 53

Renommiertes kunst- und kulturgeschichtliches Museum mit erstklassigen Sammlungen und hervorragenden Einzelstücken nicht nur bayrisch-süddeutscher Provenienz.

Nichts Geringeres als ein Gesamtkunstwerk, Lieblingsidee des 19. Jh., sollte hier auf Wunsch des Prinzregenten und auf Betreiben Lenbachs verwirklicht werden. So schuf Gabriel von Seidl 1894–99 eine **Architektur**, die heterogene Bauteile im nachempfundenen Stil von Romanik, Gotik, Renaissance und Barock, angeregt durch altdeutsche Beispiele, zum einheitlichen Ganzen fügte. So inszenierte Seitz in den unterschiedlichen Räumen ein jeweils stilgerechtes Ambiente für die Exponate, indem er zum Beispiel ganze Gewölbe original herbeischaffen ließ oder sie mit unbändiger Imitationslust kopierte. Umbauten und Kriegsverluste haben davon nur die Grundstruktur übrig gelassen, dennoch genug des Unverwechselbaren, vereint mit moderner Museumstechnik.

Max II. hatte das Bayerische Nationalmuseum 1855 gegründet und das Gebäude des heutigen Völkerkundemuseums [Nr. 102] errichten lassen, das bald zu klein für die Sammlungen wurde. Deren Grundstock war der Wittelsbacher Kunstbesitz, angereichert durch Schenkungen, Nachlässe, Erwerbungen. Heute umfassen sie einen Bestand von 800 000 Exponaten aus neun Jahrhunderten, erlesen in ihren Einzelstücken, instruktiv in der Darstellung der Zusammenhänge.

Die **Kunsthistorische Sammlung** präsentiert Kunst von der Spätantike bis zum 19. Jh. Das Schwergewicht aber liegt auf der Skulptur, darunter Spitzenwerke wie die frühmittelalterlichen Elfenbeinarbeiten, dann aus späterer Zeit die innige *Seeoner Madonna* mit Kind (um 1430), die ungewöhnliche Gruppe des Gehen lernenden *Christkinds mit Engel* (um 1480), Grassers ausdrucksbesessene, Riemenschneiders beseelte, Leinbergers bewegte Figuren der Spätgotik, Hubert Gerhards mächtige *Mars-Venus-Gruppe*. Günthers Rokoko-Eleganz, Bustellis Porzellan-Komödianterie.

In denselben Räumen ist der Kunst das **Kunsthandwerk** zugeordnet, sei es ein

Bayerisches Nationalmuseum an der Prinzregentenstraße mit Forum und Denkmal des Prinzregenten

dicht bemaltes *Holzgewölbe* aus einem Augsburger Zunfthaus des 15. Jh., seien es *Brüsseler Teppiche* des 16. Jh., die Herzog Wilhelm V. erwarb, ein *Kabinett* aus einem Cuvilliés-Palais mit Seidentaftmalereien oder ein klassizistisches *Interieur* mit Mobiliar aus der Karl-Theodor-Zeit. Im Obergeschoss präsentieren vier Säle

Tilman Riemenschneider: ›Gastmahl des Simon‹, Relief von 1490/92 **(links)**, *und ›Hl. Barbara‹, um 1510* **(rechts)**

Bayerisches Nationalmuseum: Marktszene aus einer Krippe, Neapel, 2. Hälfte 18. Jh.

Kunst vom späten 16. Jh. bis zum Ende des Rokoko.

Im Untergeschoss überwältigt die **Krippensammlung** aus ganz Europa mit über 60 Schaukästen.

Das **Reiterdenkmal** für Prinzregent Luitpold vor dem Museumsgebäude ist ein Werk Hildebrands von 1913.

Öffnungszeiten S. 172

90 Neue Sammlung

Prinzregentenstraße 3
Tram 17, Bus 53

International wichtige Sammlung von Kunsthandwerk, Industrie-Design und Grafik-Design.

Als ›Moderne Vorbildersammlung‹ 1912 im Rahmen der Werkbundbewegung begonnen, umfassen die Bestände dieses **Staatlichen Museums für angewandte Kunst** heute rund 40 000 Objekte: Unikate oder in Kleinserie gefertigte Alltagsgegenstände aus Keramik, Glas, Metall oder Spielzeug, Möbel und Textilien. Eine Besonderheit sind ferner die Bestände an seriell produzierten Erzeugnissen des *Industrie-Design* wie Beleuchtungskörper und technische Haushaltsgeräte. Die Abteilung *Grafik-Design* beherbergt Plakate, Verpackungen, Fotografien und interessant gestaltete Bücher. Neue Sammelgebiete sind Automobile und Sportgeräte. Ausstellungen aus diesen Beständen und Sonderschauen spiegeln die Entwicklung in ihrer Formenvielfalt sowie die Spitzenleistungen.

Öffnungszeiten S. 173

◁ *Picassos ›Vallauris‹-Plakat von 1956 ist ein Prachtstück unter den Grafik-Beständen der Neuen Sammlung*

Prähistorisches Geschirr: Keltische Kanne und Tasse, 800/700 v. Chr.

91 Archäologische Staatssammlung

Lerchenfeldstraße 2
Tram 17, Bus 53

Faszinierende Begegnung mit Kelten, Römern und Germanen: hervorragende und attraktiv dargebotene Sammlung mit Schwergewicht auf Bayern.

Ein römischer Bürger liebte eine Sklavin aus Happing bei Rosenheim, ließ sie frei, heiratete sie, verlor sie an den Tod: ein *Grabstein* erzählt eine Liebesgeschichte. Doch nicht Venus, sondern Merkur war der Lieblingsgott im Bayern der Römerzeit – so zeigen es *Weihesteine*. Wie Marc Aurels Legionäre in Regensburg sich kleideten, badeten, tafelten, welche chirurgischen Instrumente ein keltischer Arzt in Obermenzing lange vor der Zeitenwende benutzte, wie sich bajuwarische Frauen der Merowingerzeit schmückten oder dass es schon im 2. Jh. bezaubernden Kitsch gab, beispielsweise eine *Bronzelampe* in Form eines sandalenbekleideten Fußes: Solcherlei Menschliches aus frühesten Tagen illustriert diese **Sammlung** mit Fundstücken, die von rund 100 000 v. Chr. – 800 n. Chr. reichen. Mit viel Platz aufgebaut und ausgebreitet, angestrahlt und erklärt, entfalten die Dinge

Merowingische Bügelfibel aus Wittislingen, 7. Jh.

Beredsamkeit und Magie, ob *Regenbogenschüsselchen*, *Chorschranke*, *Mosaikfußboden*, *Einbaum* oder *Moorleiche*.

Der aparte Kuben-**Bau** aus Stahl und Glas mit allmählich dunkelnder Rosthaut (Architekten: von Werz, Ottow, Bachmann, Marx) bietet der in sich vielfach gegliederten Dreiteilung in *Urgeschichte*, *Römerzeit* und *Frühmittelalter* ein ideales Gehäuse. Erstklassig sind die regelmäßigen Sonderausstellungen des Hauses, die mit Prähistorie ferner Länder bekannt machen.

Öffnungszeiten S. 172

Nach Kriegszerstörung rekonstruiert: Klosterkirche St. Anna im Lehel von Johann Michael Fischer

92 Klosterkirche St. Anna

Sankt-Anna-Platz 21
U-Bahn Lehel

Erste Rokokokirche Münchens und Altbayerns. Bedeutendes Frühwerk Fischers mit Asam- und Straub-Ausstattung. Überzeugende Rekonstruktion des Raumeindrucks.

Mit diesem Kirchenbau wurde die Geburt Max III. Josephs, des ›Vielgeliebten‹, bejubelt! In seinem Geburtsjahr 1727 begonnen, 1733 vollendet, gab sie dem Rokoko den Auftakt: statt gerader Wände und rechter Winkel im **Inneren** nun Raumöffnungen und Raumverschleifungen, geschmeidige Durchdringung von Längs- und Zentralraum zu bewegtem Oval. Der Oberpfälzer J. M. Fischer hatte sich für seine neue Bauidee

Pfarrkirche St. Anna

Anregungen aus Österreich und Böhmen geholt. Dazu malte C. D. Asam ein lichtes Deckenfresko der *Glorie der Heiligen Anna*, das den Himmel einlässt, schufen E. Q. Asam und Straub Skulpturen und Stuck von großer Eleganz. Dass nach den Kriegszerstörungen wenig übrig blieb, lassen die Rekonstruktionen des Architekten Schleich und des Malers Manninger (nach Farbfotos) kaum erkennen.

In Teilen original erhalten sind das *Tabernakel* mit den blendend schönen *Anbetungsengeln* von Straub und die Kanzel mit der Figur Christi als Weltenrichter aus Straubs Werkstatt. Von C. D. Asams *Altargemälden* konnten nur jene der vorderen Seitenaltäre gerettet werden: rechts der ›Hl. Hieronymus‹, links die ›Hl. Paula und ihre Tochter Eustochium‹. Die anderen Altargemälde und Skulpturen sind rekonstruiert oder renoviert. Die schlanke Rokoko-**Fassade** der Kirche, ebenfalls eine Nachbildung Schleichs, tritt nur leicht aus dem Klosterbau hervor, der ursprünglich für die Hieronymitaner errichtet wurde und seit 1827 den Franziskanern gehört.

93 Pfarrkirche St. Anna

Sankt-Anna-Platz 5
U-Bahn Lehel

Romantische rheinische Architekturfantasie.

Nicht die präzise Anmut der eher beiseite stehenden Klosterkirche, sondern die Wucht der neuromanischen Pfarrkirche beherrscht den Sankt-Anna-Platz. Gabriel von Seidl nahm hier an romanischen Basiliken des Rheinlands Maß (1887–1892). Die *Fresken* malten R. von Seitz (Apsis) und Becker-Gundahl (Querhaus) vor und nach der Wende vom 19. zum 20. Jh. Der *Apokalyptische Christus* mit Bogen und Ölzweig über dem Westportal von F. von Miller (1910) verdient als ikonografisch ausgefallene Darstellung Beachtung.

94 Schack-Galerie

Prinzregentenstraße 9
Bus 53

Ein Geheimtipp für Liebhaber: bedeutende Privatgalerie des 19. Jh. mit einer der größten Romantiker-Sammlungen.

Das Haus schenkte Kaiser Wilhelm II. der Stadt München: Inschrift, Wappen und Schlüter-Anklang der neuklassizistischen **Fassade** von Littmann (1907/08) deuten darauf hin. Die Schätze des Hauses aber verdanken wir dem Grafen Schack (1815–94), einem weit gereisten Weltmann und außerordentlichen Sammler, der zur ›Nordlichter‹-Tafel von König Max II. gehörte und ein ebenso mutiger wie passionierter Förderer, Freund, oft Retter vieler Münchner Künstler war, so Feuerbachs, Böcklins, Lenbachs und Marées'.

Schack-Galerie: Moritz von Schwind, ›Die Morgenstunde‹

Zum Erben seiner **Sammlung**, die in seinem Palais in der Brienner Straße hing, setzte er den Kaiser ein, der sie in München beließ. Unter den 270 Werken der deutschen Malerei der Früh- und Spätromantik, des Klassizismus und des Realismus haben Lenbach, Böcklin, Feuerbach, Schwind und Spitzweg den

Eduard Schleich d. Ä., ›Der Starnberger See mit Schloss Starnberg‹, um 1862

Hauptanteil. Populäre Gemälde wie Lenbachs *Hirtenknabe*, Böcklins *Villa am Meer* oder Spitzwegs *Abschied* sind seit je die Attraktion der Schack-Galerie. Doch mögen darüber weniger bekannte, delikate Werke von Dillis, Klenze, Schleich, Morgenstern nicht übersehen werden. Interessant sind auch die Kopien alter Meister von der Hand junger Meister, die diesen Aufträgen Schacks ihre Italien- und Spanienreisen verdankten.

Öffnungszeiten S. 173

95 Friedensengel

Prinzregentenstraße
U-Bahn Prinzregentenplatz
oder Max-Weber-Platz

Gelungene naturverbundene Anlage. Point de Vue der Prinzregentenstraße und eines der besten Denkmäler des Historismus.

Mit dieser dekorativen Anlage von Brücke, Terrasse und Denkmal ist es souverän geglückt, die Isarlandschaft künstlerisch in die Stadt einzubinden. Auftakt ist der hellgraue Stein- und Stahlgelenkbau der **Luitpoldbrücke** (Theodor Fischer, 1900), deren liegende Rampenfiguren Bayerns Stämme Altbayern, Schwaben, Franken, Pfalz personifizieren. Dahinter steigt die **Prinzregententerrasse** mit Springbrunnen, Stützwandung, doppelter Freitreppe auf, eine ›römische‹ Idee Möhls und vermutlich Hildebrands, 1891. Das bekrönende ›Friedensdenkmal‹, im Volksmund nur **Friedensengel** genannt, entstand erst 1896–99 (Düll, Heilmaier, Pezold) in Anlehnung an klassische Vorbilder: der *Tempel* nach der Korenhalle des Erechtheion auf der Athener Akropolis und der *Engel* nach einer in Pompej gefundenen Siegesgöttin.

Das Denkmal erinnert an 25 Friedensjahre nach dem Krieg von 1870/71. So zeigen die *Reliefmedaillons* an den Pfeilern der Halle die Porträts der Kaiser Wilhelm I., Friedrich III. und Wilhelm II., der Wittelsbacher Ludwig II., Otto und Luitpold, des Kanzlers Bismarck und der Generäle Moltke, Roon, von der Tann, Hartmann, Pranckh. Die *Goldmosaiken* in der Halle, bereits im Sezessionsstil, allegorisieren Frieden, Krieg, Sieg und Segen der Kultur.

96 Museum Villa Stuck

Prinzregentenstraße 60
U-Bahn Prinzregentenplatz
oder Max-Weber-Platz

Luxuriöse Künstlerresidenz des Fin de Siècle: Museum und Wechselausstellungen.

Märchenhaft wie das Haus ist die Karriere seines Schöpfers, eines Müllerssohnes aus Niederbayern, schön wie ein Römer,

Prinzregententerrasse (Luitpoldterrasse) mit Friedensdenkmal am Ende der Prinzregentenstraße

hochtalentiert, früh von Erfolg verwöhnt, geadelt und avanciert zum Malerfürsten Münchens: Franz von Stuck (1863–1928). Er entwarf die ganze **Villa** samt Innenausstattung selbst, ein opulentes *Hauptgebäude* (1897/98) und einen zurückhaltenderen *Atelierbau* (1913/14) in außergewöhnlicher Verschmelzung von Klassizismus und Jugendstil, damals revolutionär wie die Speer schleudernde *Amazone* vor dem Eingang.

Salons und Kabinette prunken mit Goldmosaik, Wandmalereien à la Pompeji, Kassettendecken, farbigen Wand-

Museum Villa Stuck: das Empfangszimmer des Malerfürsten, von ihm selbst entworfen

Villa Stuck: das Hauptgebäude von 1897/98

vertäfelungen, Marmorrahmungen, Sternenplafonds, antikisierenden Reliefs und Friesen, Kopien berühmter Plastiken der Antike und Renaissance, und natürlich den Gemälden Stucks, darunter einer Fassung jener schwül-erotischen *Sünde*, die eine ganze Generation verwirrt hat. – Der Stuck-Jugendstil-Verein ist heute Träger des Museums und veranstaltet außerhalb der Repräsentationsräume in einer Vielzahl von Sälen bedeutende Wechselausstellungen vom Ende des 19. Jh. bis zur Gegenwart.

Öffnungszeiten S. 173

97 Prinzregententheater

Prinzregentenstraße 82
U-Bahn Prinzregentenplatz

Interessantes Festspielhaus der Prinzregentenzeit nach Bayreuther Vorbild: Geburtsstätte der Münchner Opern-Festspiele.

Ein imposantes Festspielhaus sollte Semper am Isarhochufer für Wagner bauen, durch eine Prachtstraße verbunden mit der Residenz und der Wohnung des Komponisten in der Brienner Straße – so erdachte es Ludwig II. Und Wagner wünschte sich ein demokratisches Theater ohne Ränge und Vestibül. Diese Träume reiften in Bayreuth. Aber Intendant Possart regte sie später, um 1900, nochmals in München an, und Littmann verwirklichte sie 1901 im Prinzregententheater, freilich in vereinfachter Form. Hinter seine neuklassizistische **Fassade** baute er einen steil amphitheatralisch gestaffelten **Zuschauerraum** – eine Rarität in Deutschland! – mit extravaganter Groteskornamentik im Neurenaissancestil, typisch für die Prinzregentenzeit.

Die Eröffnung mit den ›Meistersingern‹ 1901 war programmatisch: Wagner-Festspiele mit großer Besetzung wurden die Spezialität des Theaters und begründeten die Tradition der Münchner Opern-Festspiele. 1917 dirigierte Bruno Walter die Uraufführung von Pfitzners ›Palestrina‹. Im Schauspiel wagte man Premieren von Wedekinds ›Herakles‹, 1919, oder Hofmannsthals ›Turm‹, 1928. Nach dem Krieg beherbergte das Haus bis 1963 die Staatsoper und machte 1948 durch den ersten Theaterskandal der Nachkriegszeit bei der Uraufführung von Egks ›Abraxas‹ von sich reden. Was nicht hinderte, dass die Moderne von Strawinsky bis Orff ins Repertoire einzog. Bei den seit 1959 wieder aufgenommenen Opern-Festspielen dirigierte Hindemith 1957 seine neue Oper ›Harmonie der Welt‹. Nach umfangreichen Restaurierungen in Etappen begann 1996 eine neue (wohlklingende!) Ära des Hauses.

98 Hildebrandhaus

Maria-Theresia-Straße 23
U-Bahn Max-Weber-Platz, Tram 18

Künstlerwohnsitz des ausgehenden 19. Jh. heute Nebenabteilung der Stadtbibliotheken: alles über München.

Wie Stucks und Lenbachs Villen, war das **Wohn- und Atelierhaus** Adolf von Hildebrands (1847–1921) ein lebhafter Künstlertreffpunkt in der Luitpold- und Rupprecht-Zeit. Der große Bildhauer, der das Münchner Stadtbild maßgeblich prägte, ließ sein Haus 1897/98 nach eigenem Entwurf in der Art süddeutscher Barock-Landvillen als Dreiflügelanlage mit rundem Treppenturm zur Gartenseite und mit Mansarddach bauen. Im Garten und im Inneren sind noch Originalwerke Hildebrands zu sehen.

Seit der Restaurierung (1977) haben hier die Monacensia-Bibliothek und die Handschriften-Abteilung, das heutige Literaturarchiv, ihren Sitz. Die **Monacensia** umfasst über 117 000 Bände, dazu Zeitschriften, Karten, Pläne zur Thematik München und Münchner Raum. Das **Lite-**

Der neuklassizistische Bau des Prinzregententheaters umschließt einen amphitheatralisch angelegten Zuschauerraum

raturarchiv bewahrt Autographen, Manuskripte und Nachlässe von Dichtern, Künstlern und Wissenschaftlern der Region München, u. a. von Thoma, Ganghofer, Wedekind, Klaus Mann, Annette Kolb.

Öffnungszeiten S. 175

TOP TIPP 99 St. Georg

Bogenhauser Kirchplatz 1
Tram 18

Reizvolle Rokoko-Dorfkirche mit Werken Günthers und Straubs. Stimmungsvoller Prominenten-Friedhof.

Dorfstimmung mitten in München: ein ländliches Zwiebelkuppelkirchlein, ein **Friedhof** mit Schmiedeeisen-Kreuzen oder einfachen Grabsteinen. Aber die Namen überraschen: Wilhelm Hausenstein, Liesl Karlstadt, Gustl Waldau, Hans Knappertsbusch, Oskar Maria Graf, Annette Kolb, Erich Kästner. Ein Ehrenepitaph erinnert an vier Opfer des Nazi-Regimes, darunter der Widerstandskämpfer des Kreisauer Kreises Pater Alfred Delp, Rektor von St. Georg, der 1945 wegen Hoch- und Landesverrats gehängt wurde.

Uralt ist die Siedlung Bogenhausen, aus romanischer Zeit stammt die **Kirche**. Ein Baumeister aus dem Fischer-Umkreis, Trischberger oder Gießl, schuf 1768 einen Neubau. Straubs *Hochaltar* mit der Reiterfigur Georgs ist der späteste Barock-Bühnenaltar (1770), die Kanzel mit dem koketten Engel und der emphatische *St. Korbinian* am rechten Seitenaltar sind letzte Werke Günthers (1773), der gemalte Stuck endendes Rokoko. Die meisten anderen Figuren und das Törring-Epitaph kommen aus Straubs und Günthers Werkstätten. Die *Deckenfresken* sind von Zimmermann-Schüler Helterhof.

St. Korbinian im Bogenhauser Georgskirchlein: eines der letzten Werke Ignaz Günthers

Elegant thront das Maximilianeum, Sitz des Landtags und Senats, über Münchens Luxusmeile Maximilianstraße mit ihren extravaganten Geschäften und üppig dekorierten Auslagen ▷

Die Maximilianstraße – Flaniermeile unter politischer Obhut

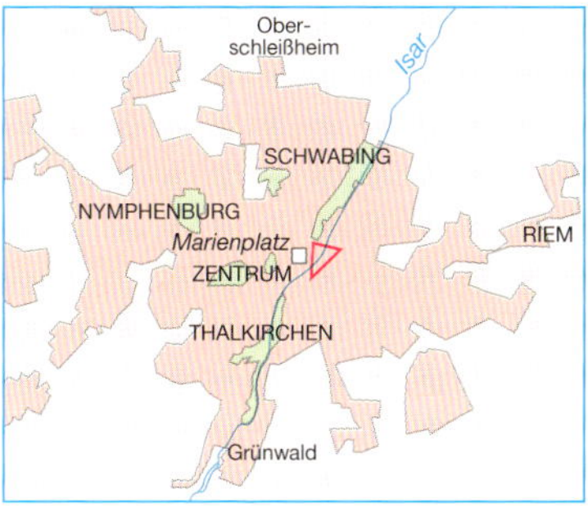

König Max II., zwar ganz den Wissenschaften zugetan, zollte auch der wittelsbachischen Ästhetisierung des Königtums seinen Tribut: vor allem mit der **Maximilianstraße** (1852–75). Ihre Spitzbogenfronten, hauptsächlich von Elementen der englischen Gotik und italienischen Arkadenarchitektur bestimmt, mit Glas- und Eisenkonstruktionen auch dem Zeitgeist verpflichtet, nennt die Kunstgeschichte ›Maximilianstil‹. Seinem Schöpfer Bürklein brachte die Aufgabe Ruhm und Unglück, er starb umnachtet. Dabei ahnte er nichts von der heutigen Zweiteilung der Straße durch den Altstadtring! Halb weltstädtische Flanierstraße, halb Schaustraße mit Forum und Grünanlagen, mündet sie hinter der Isarbrücke in den hoch ragenden ›Kulissenbau‹ des Bayerischen Landtags, ›*Maximilianeum*‹ genannt. Man hat sie nicht ganz zu Unrecht »fassadenhaft« genannt, gleichwohl wirken ihre rhythmischen Reihungen stimmungsvoll. Für urbane Lebendigkeit sorgen luxuriöse Geschäfte, Kunstgalerien, Cafés, Theater, dazu Globetrotter, die vor dem Hotel ›**Vier Jahreszeiten**‹ vorfahren, Schauspieler, die zur Probe gehen, Opernfans, die für Karten Schlange stehen. Paukenschläge wie in der Oper gibt es freilich auch etwas südlich, im **Gasteig**, und das **Deutsche Museum** in derselben Gegend ist ein einziger Paukenschlag für Technikfans.

100 Münchner Kammerspiele im Schauspielhaus

Maximilianstraße 34/35
U- und S-Bahn Marienplatz,
Tram 19

Einziges erhaltenes Jugendstil-Theater Deutschlands neben dem von Cottbus. Bühne mit großer Avantgarde-Tradition.

Im **Zuschauerraum** kein Kronleuchter, sondern Lämpchen wie Blüten, und allenthalben weichlinige Pflanzen- oder Blattmotive, vom Balkongitter bis zur Türklinke: Die Kammerspiele sind ein stilreines Jugendstil-Theater, 1900/01 von Littmann gebaut und von dem Protagonisten dieses Stils in München, Richard Riemerschmid, ausgestaltet, 1979 in altem – zartfarbigen – Glanz von Reinhard Riemerschmid wieder hergestellt.

Das Schauspielhaus, wie es damals hieß, riskierte zwar von Anfang an Publikumstumulte, so 1908 durch Wedekinds ›Frühlingserwachen‹ oder Thomas ›Moral‹, aber so richtig in Fahrt kam es

Die Kammerspiele, ein Juwel des Münchner Jugendstils und eine der gewichtigsten deutschen Bühnen

Der Geist der Münchner Kammerspiele

Dieser in den 20er-Jahren sprichwörtlich gewordene Geist von Otto Falckenbergs Gnaden war ein Avantgarde-Lümmel. Er zog mit der Marseillaise mitten in der Nacht lärmend in die Maximilianstraße ein und boxte, ungeachtet des Kritiker-Terrors, Brecht, Billinger, Bruckner, Kaiser durch. Es spielten Horwitz, Waldau, Balser, Ginsberg, die Bergner, die Gold, die Giehse, die Flickenschildt.

Nur Berliner Theater konnte ebenso aufregend sein. Nach dem Zweiten Weltkrieg wurde diese Tradition unter den großen Intendanten Schweikart und Everding fortgesetzt. Ereignisse wie Kortners ›Godot‹-Inszenierung (1954), Brechts ›Guter Mensch von Sezuan‹ unter Brechts eigener Regieberatung (1955) oder Schweikarts Inszenierung der ›Hexenjagd‹ von Miller (1955) und viele andere machten Theatergeschichte. Später wurden Böll, Kroetz, Tabori, Botho Strauß hier uraufgeführt, bewegten die Niklisch, die Wimmer, Peter Lühr das Publikum. Bis heute kann sich jener Geist zuweilen noch sehr stürmisch bemerkbar machen.

erst, als die Kammerspiele unter dem großen Otto Falckenberg 1926 aus der Augustenstraße hierher übersiedelten. Das Schauspielhaus ist wegen Renovierungsarbeiten bis 2002 geschlossen, doch es steht eine Vielzahl an Ausweichquartieren für die Aufführungen der Kammerspiele bereit.

101 Regierung von Oberbayern

Maximilianstraße 39
U-Bahn Lehel, S-Bahn Isartor

Musterbeispiel des Maximilianstils.

Eine wahre Kathedrale für die Regierung baute Bürklein 1856–64 an die Nordseite des gärtnerisch angelegten Forumsplatzes. Bei der breit gelagerten, doch durch vertikale Blendordnungen, Kathedralfenster, Arkaden graziös durchkomponierten Fassade nutzte er Eisenkonstruktion und Glasflächen in gotisierender Art für den Steinbau.

102 Staatliches Museum für Völkerkunde

Maximilianstraße 42
U-Bahn Lehel, S-Bahn Isartor

Zweitgrößtes Völkerkundemuseum Deutschlands nach Berlin. Wechselnde Sonderschauen sowie die Dauerausstellungen Afrika, Ostasien, Indien, Latein- und Nordamerika bringen die Lebenswelten fremder Kulturen nahe.

Die Aufschrift ›Meinem Volk zu Ehr und Vorbild‹ bezieht sich freilich nicht auf seine heutigen exotischen Schätze, sondern auf die ursprüngliche Bestimmung des Baus als Bayerisches Nationalmuseum, das dem Kunstgewerbe Vorbilder bereitstellen wollte. Riedel errichtete den **Bau** als Pendant zum Regierungsgebäude 1859–65 in den Formen des englischen spätgotischen Perpendicular-Stils.

Staatliches Museum für Völkerkunde: Afrikanisches Relief eines Benin-Kriegers, 18. Jh.

Applaus für das Kammerspiel-Ensemble: Thomas Holtzmann und Alexander Lang in ›Letzter Gast‹ von Herbert Achternbusch

Seit 1926 ist das Museum für Völkerkunde hier beheimatet: Seine Geschichte beginnt schon in der Renaissance mit der ›Wunderkammer‹ der Wittelsbacher, die noch Rhinozeros-Hörner und erlesenes China-Porzellan traulich vereinte. Die Gründung eines ausdrücklich außereuropäischen ethnografischen Museums erfolgte 1868. Aufregende **Sammlungen** berühmter Entdeckungsreisender fanden ihren Weg nach München: Nachlass-Teile von James Cook, Expeditions-Ausbeuten des Russen Krusenstern in Alaska und Sibirien, der beiden Münchner Naturwissenschaftler Spix und Martius am Amazonas, der bayerischen Brüder Schlagintweit in den Himalajaländern, oder der weltreisenden Prinzessin Therese von Bayern in Südamerika, die Sammlungen arktischer und subarktischer Objekte des Herzogs Maximilian von Leuchtenberg oder indischer Kleinkunst der Missionarin Xaveria Berger, Oberin der Nymphenburger Englischen Fräulein.

Im 20. Jh. unternahmen die Direktoren des Museums hingegen gezielte Forschungs- und Erwerbungsreisen.

Rund 300 000 Exotica sind heute der immense Gesamtbestand mit Schwerpunkten auf Afrika, Nord-, Mittel- und Südamerika, Ozeanien sowie Süd-, Südost- und Ostasien. Natürlich kann die

Wagen des Dämonenkönigs Ramana bei der Entführung von Sita, Indien, 18. Jh.

Chinesische rituelle Gala-Uniform eines Offiziers, Ende des 19. Jh.

Dauerausstellung nur Teilgebiete dieser Schätze zeigen, deren Vielfalt vom afrikanischen Pfeifenkopf bis zum bemalten, 5 m hohen Indianer-Tipi, von der persischen Miniatur bis zum grönländischen Kajak, von der brasilianischen Kopftrophäe bis zur Buddhastatue reicht, also stets Alltagsgegenstände und hohe Kunst zum Gesamtbild einer Kultur vereint. Die Münchner Expressionisten des ›Blauen Reiter‹, Kandinsky, Marc, Klee u. a., waren die ersten, nicht die letzten Künstler des 20. Jh., die sich an diesen Dingen unmittelbare Anregungen holten.

Öffnungszeiten S. 174

103 Max-II.-Denkmal

Rondell der Maximilianstraße
U-Bahn Lehel

Aufwendiges Denkmal für den bescheidenen König, der – nach eigenen Worten – lieber Professor geworden wäre.

Überlebensgroß blickt der Bauherr als Bronzestandbild auf seine Straße, zu Füßen die allegorischen *Sitzfiguren* der vier Herrschertugenden und vier *Putti* mit Wappen der bayerischen Stämme Bayern, Schwaben, Franken, Pfälzer. »Max Zwo« nennen die Münchner das pathetische Denkmal lapidar, das Zumbusch entwarf und Miller 1875 goss.

Denkmäler in der **Parkanlage**, Nordseite: General Graf Deroy (von Halbig), der Physiker und Philanthrop Graf Rumford (von Zumbusch); Südseite: der Physiker Joseph Fraunhofer (von Halbig), der Philosoph Friedrich Wilhelm von Schelling (von Brugger).

104 Maximilianeum

Max-Planck-Straße 1
U-Bahn Max-Weber-Platz

Pathetische Kulissenarchitektur mit großartiger Fernwirkung. Sitz des Bayerischen Landtags.

Der »große Nationalbau« auf der Isarhöhe, den sich Max II. als Höhepunkt seiner Straße wünschte, geriet zu einer romantischen Schau-**Architektur**, die aus der Ferne unwirklich entrückt wirkt, komponiert aus Mittelbau und flankierenden Galerietrakten, Türmen und Arkadenreihungen, geschmückt mit Büsten, Statuen und einem Mosaik (früher Piloty-Malerei). Während der langen Bauzeit (1857–74) musste Bürklein die vorgesehenen Spitzbogen zu Rundbogen, die Neugotik also zur Neurenaissance abändern; zwei Jahre vor Vollendung starb er.

Seit 1876 hat die Stiftung ›Maximilianeum‹ für begabte Studenten aus Bayern hier ihre Residenz, heute im rückwärtigen Erweiterungsbau; seit 1949 ist der

Denkmal König Max' II.

Von der Isar umflossen: Im Aktionsforum auf der Praterinsel trifft sich die jüngere Szene, im Alpinen Museum treffen sich Bergfreunde, Gipfelstürmer und Wandervögel.

Evangelische Pfarrkirche St. Lukas

vordere Teil Sitz des Bayerischen Landtags. Von der ursprünglichen **Ausstattung** haben sich *Fresken* mit historischen Themen von F. und W. Kaulbach, Seibertz und Kreling erhalten, die nach Anmeldung beim Pförtner zu besichtigen sind.

Vor dem Hintergrund des Maximilianeums nimmt sich die steinerne *Pallas Athena* (Drexler, 1906) auf der **Maximiliansbrücke** imponierend aus; schön ist die Jugendstilornamentik des Steingeländers der Brücke, die Zenetti 1864 erbaut und Thiersch 1905 erneuert hat. Das steinige Gelände am Ostufer der Isar, das Bürklein beim Bau des Maximilianeums so viele Schwierigkeiten bereitet hatte, gestaltete Karl Effner damals zu einem Landschaftsgarten um. Seit 1967 steht hier in den **Maximiliansanlagen** Rückels effektvolles *Denkmal für Ludwig II.* zum Andenken an des Königs Festspielhaus-Projekt, das in dieser Gegend seinen Standort haben sollte.

105 St. Lukas

Mariannenplatz 3
S-Bahn Isartor

Historistischer Kirchenbau von eindrucksvoller Wirkung.

Das **Äußere** des wuchtigen Baus mit übereck gestellten Türmen am linken Isarufer bietet sich romanisch mit mächtiger ›Renaissance‹-Kuppel dar, der **Innenraum** mutet frühgotisch an, das Ganze vereint Zentralraum mit Kreuzanlage: Die historischen Stilkopien fügen sich zur »repräsentativen Bildungsarchitektur« des endenden 19. Jh. (Albert Schmidt, 1892–97). Die evangelische Kirche ist auch beliebt als Konzertsaal für Kirchenmusik.

Der Gasteig überm Rosenheimer Berg: ein weitläufiges Kulturzentrum

Gasteig: Der große Konzertsaal der Philharmonie mit 2500 Sitzplätzen

106 St. Nikolai am Gasteig

Innere Wiener Straße 1
S-Bahn Rosenheimer Platz

Anheimelndes Kirchenensemble gegenüber dem Gasteig.

Das dörflich wirkende St. Nikolai war die **Kirche** des alten, weit vor den Toren der Stadt gelegenen und längst abgerissenen Leprosenhauses. Mit Renaissancerahmenstuck, Frühbarockaltar, Barockgemälden bietet sie sich heute schön restauriert dar. Die daneben liegende, nach Vorbild ihrer Namensgeberin mit Umgang versehene **Altöttinger Kapelle** ist 1820 an der Stelle einer älteren Barockanlage entstanden und hat erst 1926 ihr heutiges Aussehen erhalten. Die **Kreuzigungsgruppe** davor gehörte einst zu einem – gegenübergelegenen – Kalvarienberg an der Salzstraße: Maria und Johannes sind Barockfiguren von Luidl (1721), das Bronzekruzifix stammt von Panzer (1959).

107 Gasteig

Rosenheimer Straße 5
S-Bahn Rosenheimer Platz

Moderner Musentempel für alle Künste, besonders Musikveranstaltungen.

Wo einst die Salzstraße den ›gachen Steig‹ (steilen Steig) herunterkam und der Mautner saß, wuchtet sich seit 1985 eine ziegelrote Festung empor, die nicht ahnen lässt, dass sie (unter anderem) der verschwebendsten aller Künste dient, der Musik. Denn die polygonale ›Apsis‹, die da am Isarhochufer einschüchternd in den Himmel ragt, fasst die aufsteigenden Ränge der Philharmonie mitsamt Foyers und Treppenturm, gefügt – wie der ganze Bau – aus Sichtbeton, Glaselementen und Backsteinfurnieren (die ausgiebig Dombaumeister Jörg von Halsbach zitieren). Innen wirkt der Konzertsaal der **Philharmonie**, eine Muschel aus Holz, trotz seiner enormen Fassungskraft von 2500 Personen nicht einschüchternd, sondern

›Plakatives‹: Comicfestival am Gasteig

eher heiter-harmonisch – einzig klarer Raum im Labyrinth dieses Gebäudes (Architekten: Raue, Rollenhagen, Lindemann, Großmann).

Die weitläufige, mit Treppen und Rampen über dem Rosenheimer Berg gebaute Anlage, um ein Forum unter freiem Himmel gruppiert, beherbergt außer der Philharmonie den *Carl-Orff-Saal* mit Bühne, das Studio-Theater *Black Box*, das *Richard-Strauss-Konservatorium* mit Kleinem Konzertsaal und Unterrichtsräumen, die *Volkshochschule* und die *Münchner Stadtbibliothek*. Die seit 1843 bestehende Bibliothek, Zentrum von 26 Stadtteilbüchereien, hat einen Bestand von über einer Million Medien: darunter Bücher, Zeitschriften, CDs, Videos, Tonträger und Noten. Ihre Handbibliothek stellt 250 000 Bände, ihr Zeitschriftensaal etwa 1400 Zeitschriften und 70 Tages- und Wochenzeitungen zur Verfügung.

Öffnungszeiten S. 175

108 Üblacker-Häusl und Kriechbaumhof

Preysingstraße 58 und 71
U-Bahn Max-Weber-Platz

Interessante Milieustudien: Sozialbauten Altmünchner Vorstädte.

Die am Beginn so ›gediegene‹ Preysingstraße endet in alten, eingeschossigen Häuschen mit Gaubendächern. Minderbemittelte, die sich den Zuzug nach München eigentlich nicht leisten konnten, durften im 18. Jh. hier auf nicht eigenem Grund solche Tagelöhnerherbergen erwerben. Im einstigen ›Glasscherbenviertel‹ Haidhausen gibt es mehrere davon. Dieses ist restauriert und mit altem Mobiliar zum kleinen **Herbergenmuseum** eingerichtet worden, das auch Sonderausstellungen veranstaltet.

Gegenüber steht der nach Abbruch 1978 und Restaurierung 1986 hierher versetzte **Kriechbaumhof**, letztes, fast

Kriechbaumhof: Alte Haidhauser Herberge für junge Alpenvereinsmitglieder

›Herrenhalle‹ im Müllerschen Volksbad: einheitliches Ensemble in barockisierendem Jugendstil

300 Jahre altes Beispiel der im Krieg untergegangenen Vorstadt-Holzarchitektur der Auer und Haidhauser Herbergen. Außentreppen und Laubengänge entstanden damals aus schierer Raumnot. Heute Heim der Alpenvereins-Jugend.

Öffnungszeiten Herbergenmuseum ***S. 172***

109 Müllersches Volksbad

Rosenheimer Straße 1
S-Bahn Isartor
oder Rosenheimer Platz

Seltenes Jugendstil-Bad, zur Zeit seines Entstehens das modernste Hallenbad in Europa.

Vom ersten fürstlichen Hallenbad in München in der Badenburg (im Nymphenburger Schlosspark) bis zu diesem ersten öffentlichen währte es 180 Jahre. Spendiert von dem Münchner Bürger Karl Müller, gebaut von Hocheder 1897–1901, lässt es an ›feudaler‹ **Ausstattung** aber auch nichts zu wünschen übrig. Zu Recht berühmt ist sein plastischer Stuck mit Sonnen- und Wassergetier-Motiven in den beiden Schwimmhallen, der geschmackvoll und überflusslos Neubarock mit Jugendstil verbindet. Kraftvoller Jugendstil prägt auch den breit am Isarufer neben der Ludwigsbrücke lagernden **Bau** mit seinem originellen Turm.

110 Ludwigsbrücke und Vater-Rhein-Brunnen

S-Bahn Isartor
oder Rosenheimer Platz

›Geburtsstätte‹ Münchens.

Mit diesem Isarübergang beginnt die Geschichte Münchens. Heinrich der Löwe legte ihn 1158 wahrscheinlich an dieser

Blick von der Lukaskirche auf die Bauten des Deutschen Museums und die Au

Stelle an und gründete zugleich Markt und Münze, nachdem er mit einem Handstreich die Priorität Oberföhrings und damit des Bischofs von Freising ausgeschaltet hatte.

Die heutige **Brücke**, die natürlich viele Vorgängerinnen hatte, wurde 1935 gebaut. Die allegorischen Sitzfiguren ›Floßfahrt‹ und ›Industrie‹ stammen von 1892 (Eberle und Kaufmann), ›Kunst‹ von 1979 (Dietz).

Auf der Kalkinsel in der Isar, von der Brücke aus begehbar, steht in einer Gartenanlage der **Vater-Rhein-Brunnen**, ein Werk Adolf von Hildebrands, 1902 für Straßburg geschaffen. Als es 1919 dort abgebrochen wurde, gelangte die hervorragende, klassisch aufgefasste Bronzefigur des Vaters Rhein nach München und wurde hier in einer Nachbildung der ursprünglichen Brunnenanlage aufgestellt.

TOP TIPP 111 Deutsches Museum

Museumsinsel 1
S-Bahn Isartor

Bedeutendstes technisches Museum des Kontinents, mit rund 1,3 Millionen Besuchern jährlich. Zudem das beliebteste Museum der Bundesrepublik: ein Schatzhaus des Erfindergeistes. Spektakuläres Planetarium und Großleinwandtheater.

Die Grundsteinlegung fand im Jahre 1906 noch zu Kaisers und Königs Zeiten statt, die Einweihung des Museumsgebäudes feierte – mit ebenfalls nicht geringem Pomp – die junge Weimarer Republik 1925. Nach dem Willen des Initiators Oskar von Miller, der die Spenden dazu in ganz Deutschland erbettelte, sollte das im Jahr 1903 gegründete ›Museum von Meisterwerken der Naturwissenschaft und Technik‹ ein Museum zum Anfassen werden. Das war damals eine unerhörte Neuerung: Maschinen sollten laufen, Räder sich drehen, physikalische Versuche nachvollzogen und beispielsweise Elektrizität wirklich ›verspürt‹ werden können. Die Idee zündete: Heute ist die technische Wunderkammer auf der Isarinsel das meistbesuchte Museum Deutschlands.

Der Kern der **Gesamtanlage** – der *Sammlungsbau* mit dem *Meteorologischen Turm* – wurde 1908–14 nach dem Entwurf Gabriel von Seidls in zurückhaltend monumentalen, barock-klassizierenden Formen errichtet. Die bereits im ersten Konzept vorgesehene Ergänzung mit *Bibliotheksbau* (Eröffnung 1932) und *Kongresssaal* (1935) baute G. Bestelmeyer in einem für die 30er-Jahre typischen Neoklassizismus. 1938 kamen noch eine *Kraftfahrzeughalle* und 1978–82 eine *Halle für Luft- und Raumfahrt* dazu. 1992 wurde diese durch die Flugwerft in Oberschleißheim [s. S. 143] ergänzt, und 2002 wird auf der Theresienhöhe das neue Verkehrszentrum als Zweigmuseum zu den Themen Mobilität, Reisen, Stadtverkehr eröffnet.

Heute stellt sich das Museum als Superschau historisch bedeutender Exponate dar, die auf einer Fläche von 45 000 m² aufgestellt sind: Um allen Objekten auf dem kilometerlangen Führungsweg die gleiche kurze Aufmerksamkeit zu schenken, müsste man mehr als einen Monat hier verbringen. So wird denn jeder aus dem Großangebot der **Sammlungen** nach seinen Interessen seine Wahl treffen, sei es, dass er mit dem *Foucaultschen Pendel* den Beweis für die Erddrehung beobachtet, sich demonstrieren lässt, wie man im *Faradayschen Käfig* eine Wechselspannung von 200 000 Volt schadlos übersteht, auf dem *Brückendeck* eines Salondampfers das Ruder bedient oder am *Arbeitstisch Otto Hahns* mit seiner geradezu primitiv anmutenden Versuchsanordnung die erste Kernspaltung von 1938 bestaunt.

Deutsches Museum: Flugtauglicher Prototyp der Raumsonde Helios, 1974

Begehbare Zelle der neu gestalteten Pharmazieabteilung im Deutschen Museum

Neben den klassischen Abteilungen wie *Kraftmaschinen*, *Physik*, *Chemie*, *Starkstromtechnik* oder der schönen – die Grenze zur Kunst überschreitenden – *Musikinstrumentensammlung* sind, dem technischen Fortschritt entsprechend, die Entwicklungen in *Raumfahrt*, *Atom- und Kernphysik*, *Elektronik*, *Automations- und Computer-* sowie *Nachrichtentechnik* anschaulich dargestellt. Modern und multimedial zeigt sich die neu gestaltete *Pharmazieabteilung* mit begehbarer, menschlicher Zelle. Natürlich üben das naturgetreu eingerichtete *Bergwerk* oder die *Modelleisenbahn* mit einer Schienenanlage von 240 m oder die riesigen Hallen mit *Flugzeugen*, *Kraftfahrzeugen* und *Schiffen* ebenfalls sehr große Anziehungskraft aus. Bereichernd ist auch das 1992 vollendete ›Forum der Technik‹ mit einem **IMAX-Großleinwandfilmtheater** von 16 mal 22 m Bildfläche und dem weltweit modernsten **Planetarium**, dessen Zeiss-Projektor 8900 Fixsterne, unser ganzes Sonnensystem und 25 Sternhaufen und Nebel an der Kuppel abbilden kann – beides perfekte Weltraum-Simulationen! Umfangreiche Studiensammlungen für Spezialisten und Liebhaber bergen *Handschriften*, *Pläne*, *Firmenschriften*, *Buntpapiere*, *Porträts*, *Bilddokumente*, *Medaillen* und *Denkmünzen*. Auch ein großes *Luft- und Raumfahrtarchiv* sowie ein *Film- und Schallarchiv* bieten wertvolle Quellen zur Technikgeschichte.

Öffnungszeiten S. 172

Von Nymphenburg bis Blutenburg – eine Lustlandschaft

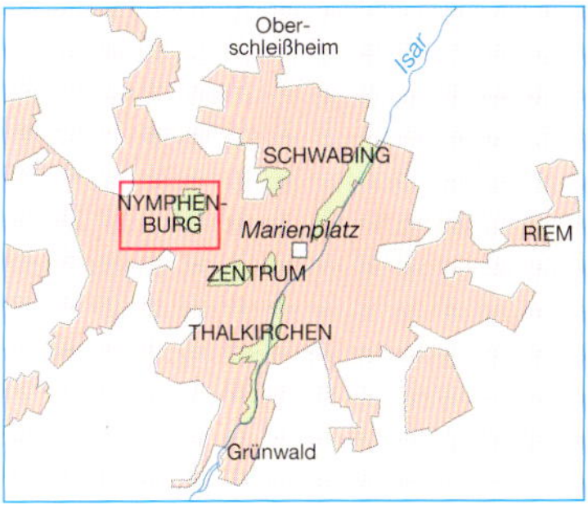

Kurfürst Max Emanuel tobte seine Verschwendungssucht an **Nymphenburg** aus, Herzog Sigismund spann seine Grillen in **Blutenburg**, wohlan, *ihre* Lust dient nun unserer. Denn die Sommerresidenz Nymphenburg geriet zu einer der strahlendsten Barockschöpfungen Europas und das Jagdschlösschen Blutenburg zu einer verwobenen spätgotischen Idylle. Aber nicht nur die Schlösser bezaubern, dazwischen dehnt sich eine berückende Parklandschaft aus, die in den reichen, 20 ha großen **Botanischen Garten** übergeht: Augenweide also von Schönheitengalerie bis Sukkulenten.

112 Schloss Nymphenburg

Tram 17, Bus 41

Bedeutende, eigenwillige barocke Schlossanlage. Innenräume vom Hochbarock bis zum Klassizismus. Geburtsstätte des Märchenkönigs Ludwig II. und Schönheitengalerie Ludwigs I.

Nymphenburg war Kurfürst Ferdinand Marias Geschenk an Henriette Adelaide zur Geburt des Thronfolgers: Auftakt zu einer strahlenden Barockschöpfung, die dann der Thronfolger selbst, Max Emanuel, ins Werk setzte. Er ließ die Landvilla seiner Mutter durch symmetrische Anbauten zu einer weitläufig und sehr anmutig ausgebreiteten **Schlossanlage** mit Gartenlandschaft und Parkburgen [Nr. 113] erweitern. Angetrieben von der Bauleidenschaft des politisch gescheiterten Fürsten, arbeiteten seine aus Frankreich mitgebrachten oder dort geschulten

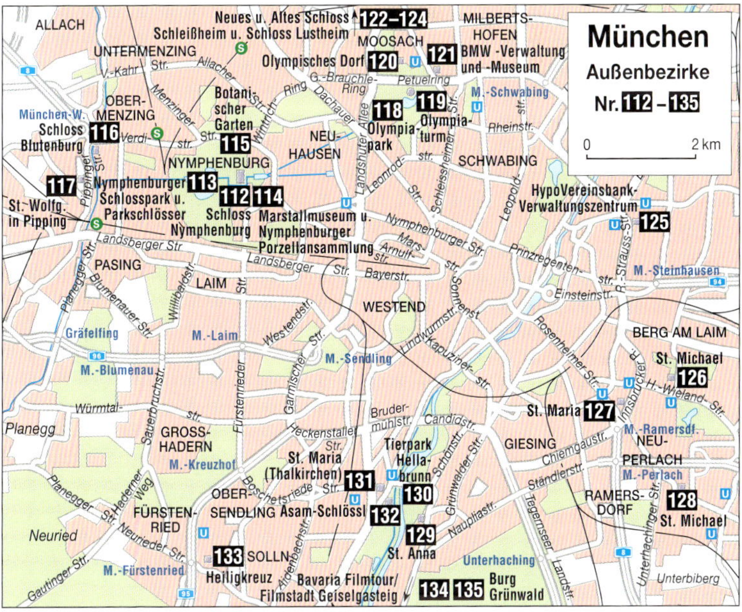

Hofkünstler von 1715 an fieberhaft zugleich an Nymphenburg wie Schleißheim: Baumeister Effner, die Bildhauer de Groff und Dubut, der Kunstschreiner Pichler, der Freskant Amigoni, der Gartenarchitekt Girard und andere mehr.

Der Ursprungsbau von Barelli und Zuccalli (1664–74) ist der später von Effner neu gestaltete würfelförmige *Mitteltrakt* mit Freiteppe. Beidseitig folgten 1704 die *Galerien*, ab 1715 die vier übereck gestellten *Pavillons*, dann der *Marstall* im Süden, *Orangerie* und *Kloster* im Norden. In einem Halbkreis von 500 m Durchmesser, rund um Garten- und Wasserkünste, entstand zur Stadtseite hin zwischen 1729 und 1758 ein **Rondell** mit je fünf Kavaliershäusern auf beiden Seiten (im mittleren nördlich befindet sich seit 1761 die Porzellanmanufaktur). Eine großzügigere Baugeste war wirklich nicht denkbar.

Herz und Höhepunkt der **Interieurs** ist der rokokoüppige **Steinerne Saal** [**1**], der in seinem Hauptfresko ›Nymphen huldigen der Göttin Flora‹ den Geist des Ortes feiert, umschäumt von Zimmermanns Stuckdekor im Hauptteil, Feichtmayers im Emporenteil (1757). Bewundernswertes in den nördlichen Räumen: die weißgoldenen **Holzvertäfelungen Pichlers** [**2**], **Brüsseler Wandteppiche** [**3**], die **Kleine Schönheitengalerie** [**4**] Max Emanuels mit neun Porträts von Hofdamen des Sonnenkönigs von Gobert, das **Drechselkabinett** [**5**] Max Emanuels,

Schloss Nymphenburg

1 Steinerner Saal

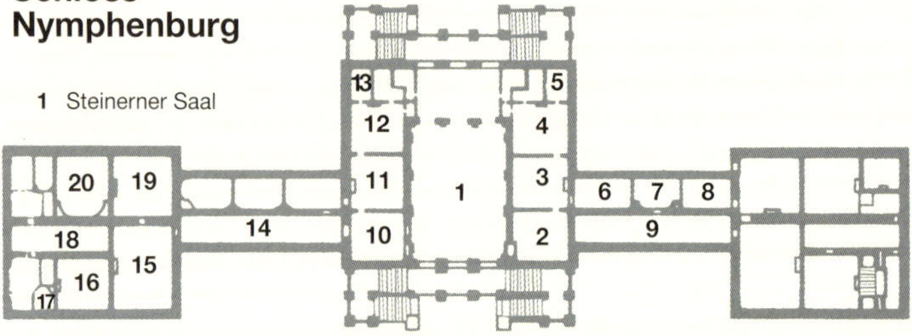

Nordflügel
- **2** Holzvertäfelungen Pichlers
- **3** Brüsseler Wandteppiche
- **4** Kleine Schönheitengalerie
- **5** Drechselkabinett
- **6** Große Schönheitengalerie
- **7** Wappenzimmer
- **8** Karl-Theodor-Zimmer
- **9** Veduten von Beich

Südflügel
- **10** Deckengemälde von Triva im Ersten Vorzimmer
- **11** Zweites Vorzimmer
- **12** Schlafzimmer
- **13** Chinesisches Lackkabinett
- **14** Schlossansichten von Beich
- **15** Schönheitsgalerie König Ludwigs I.
- **16** Maserzimmer
- **17** Kabinett
- **18** Kleine Galerie
- **19** Blauer Salon
- **20** Geburtszimmer König Ludwig II.

◁ *Schloss Nymphenburg: Die Gesamtanlage von Osten mit dem stadtseitigen Gartenparterre*

die **Veduten von Beich** [9] in der Nördlichen Galerie oder die **Große Schönheitengalerie** [6] des Kurfürsten mit fünf einander auffallend gleichenden Damen, die Gobert nach der Tochter Ludwigs XIV. im ersten Bild ›normieren‹ musste.

In den südlichen Räumen mit **Deckengemälden von Triva** im **Ersten Vorzimmer** [10], im **Zweiten Vorzimmer** [11] und **Schlafzimmer** [12], dem **Chinesischen Lackkabinett** [13] mit Lackmalereien von Hörringer und mit Feichtmayer-Stuck sowie **Schlossansichten von Beich** [14] in der *Südlichen Galerie* hat natürlich die **Schönheitengalerie König Ludwigs I.** [15] die größte Anziehungskraft. 36 Aristokratinnen und Bürgerstöchter, extravagante Ladies und biedere Landmädchen saßen Stieler zwischen 1827 und 1850 Modell, darunter auch ›Romanzen‹ des Königs, wie die Schusterstochter Helene Sedlmayr, die als ›Schöne Münch-

Nymphenburger Rokokolicht: der Steinerne Saal

Schönheitengalerie Ludwigs I.: Helene Sedlmayr

nerin‹, oder die Tänzerin Lola Montez, die als hochnotpeinliches Politikum in die Geschichte einging. Doch war nicht Schönheitswettbewerb, sondern Darstellung des Schönheitsideals der Sinn dieser Galerie. Auf die klassizistische Raumfolge **Maserzimmer, Kabinett, Kleine Galerie, Blauer Salon** [**16–19**] folgt das **Geburtszimmer König Ludwigs II.** [**20**], welcher am 25. August 1845 das Licht der Welt erblickte.

Öffnungszeiten S. 173

113 Schlosspark Nymphenburg mit Parkburgen

Tram 17, Bus 41

Eine Musterlektion in europäischer Gartenkunst: italienische Kabinettsgärtchen, französisches Grand Parterre und englischer Landschaftsgarten, geschaffen von einem der besten Gartenkünstler seiner Zeit.

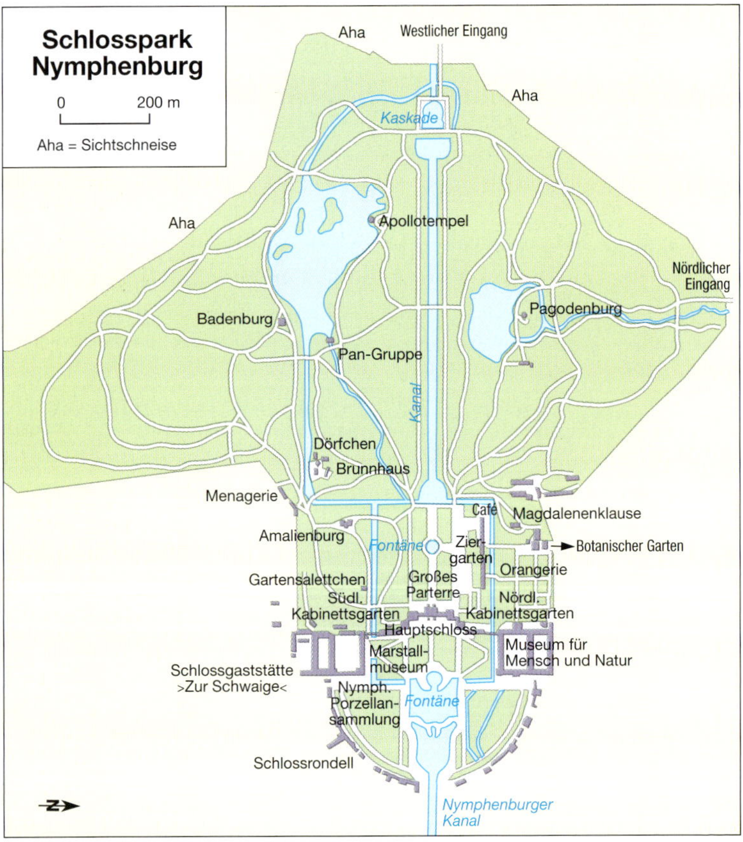

Amalienburg: Meisterwerk von Cuvilliés und schönstes Lustschlösschen des europäischen Rokoko

Wie das Schloss wuchs der **Park** auf der Westseite. Den bescheidenen geometrischen Garten italienischer Art gestaltete Girard ab 1715 zu einem ornamentalen Barockpark französischer Prägung um. Auf dem Kanal fuhren venezianische Gondeln, zwischen den Bosketten spielte und tanzte der Hof. 100 Jahre später verwandelte und erweiterte Friedrich Ludwig von Sckell ihn in einen englischen Landschaftsgarten: Natur besiegte das Ornament. Verloren ging dabei allerdings der strenge Bezug zwischen Park, Schloss und Parkburgen.

Eindrucksvoll ist die Achsenwirkung des *Kanals*, Rückgrat des ganzen Parks zwischen *Großem Parterre* und ferner *Wasserkaskade*, stadteinwärts verlängert zur Mitte einer großzügigen *Auffahrtsallee*. Das französische Gartenparterre vor dem Schloss und die Marmorkaskade, beide barock erhalten, werden von antiken *Götterfiguren* von Boos, Straub, Marchiori, Volpini, de Groff bevölkert. Bassins und Fontänen, Seen und Teiche, Brücken, Salettchen, Kabinett- und Ziergärten (mit Kaffeehaus) geben dem Park Fantasie. Seine Kostbarkeiten aber sind vier Solitärbauten, früher alle mit kunstgärtnerischen Anlagen umgeben: Amalienburg und Badenburg südlich, Pagodenburg und Magdalenenklause nördlich des Kanals.

Amalienburg

Die schiere Rokokoseligkeit dieses Jagdschlösschens schenkte der melancholische Kurfürst Karl Albrecht, der drei Jahre lang Kaiser war (Karl VII., 1742–45), seiner Gemahlin Amalie, einer Tochter Kaiser Josephs I. Wundervoll geschmeidig modelliert, schwingt die Mitte des rechteckigen Baus auf einer Seite konvex vor, auf der anderen konkav zurück, im Grundriss Rechteck und Kreis geistvoll verbindend, in jedem Detail von der Fensterverdachung bis zum Krönchen auf der Dachplattform unfehlbar geformt: ein Cuvilliés-Meisterwerk (1734–39). Vollends traumhaft der kreisrunde *Spiegelsaal* in der Mitte des Baus, der mit Schnitzereien, Stukkaturen und Spiegeln die festen Wände aufzulösen scheint. Die silbergefasste Dekoration figuriert fantasievoll Jagd-, Garten- und Tafellust. So auch die anderen Räume: *Blaues Kabinett*, *Ruhezimmer*, *Jagdzimmer* mit Gemälden von Horemans, *Fasanenzimmer* – alle mit Stuck von J. B. Zimmermann und Schnitzarbeiten von Dietrich zu Ge-

Badenburg: Gartenschlösschen für spätbarocke Badefreuden

Spiegelsaal der Amalienburg: Ätherische Raumfantasie in den bayerischen Farben Silber und Blau

schmeiden gefasst. Selbst die Küche mit blau-weißen und farbigen Delfter Kacheln wirkt exquisit.

Öffnungszeiten S. 173

Badenburg

Badevergnügungen als Schauspiel für den Hof – das war die Bestimmung der Badenburg. Das fliesengekachelte, heizbare *Badebecken* – damals eine Rarität – öffnet sich nach oben zu einem Stuckmarmor-Raum mit einer gittergesäumten Schaugalerie; im Wasser spiegelten sich die Götter und Nymphen des Deckengemäldes von Bertin. Weißstrahlend der *Festsaal* des Badeschlösschens mit Dubuts mythologischen Stuckfiguren und Amigonis Fresko des die Nacht vertreibenden Apoll (erneuert). Den reizvollen, sehr plastisch geformten Baukörper, belebt durch Rundbogen- und Ochsenaugenfenster, schuf Effner 1719 bis 1721. Klenze hat ihn später vereinfacht.

Öffnungszeiten S. 173

Pagodenburg

Außen französisch, innen exotisch: das erstgebaute der vier Gartenschlösschen (Effner, 1716–19) entpuppt sich als ein geschliffenes Schmuckstück. Originell ist der Grundriss: ein Achteck, aus dem vier Kreuzarme ragen. Daraus entstanden im Obergeschoss zwei *Sechseck-Salons* mit Nischen und ein *Chinesisches Kabinett*: raffinierte Raumgestaltung in zierlichsten Formen. Schwarz-rote japanische Lackmalerei, Seiden- und Reisstrohtapeten mit Chinoiserien, weiß-goldene Schnitzvertäfelungen im Régence-Stil, Deckengemälde mit Pagodenmotiven von Gumpp: Max Emanuels ›Orient-Luxus‹ machte schnell Mode. Das blau-weiße *Salettl* im Erdgeschoss blieb dagegen mit holländischen Fayencekacheln und Ornamentmalerei von Gumpp europäisch.

Öffnungszeiten S. 173

Pagodenburg: Inbegriff einer intimen spätbarocken ›Maison de plaisance‹

Magdalenenklause

Gegen das irdische Entzücken der drei Lustschlösslein setzt diese künstliche Ruine ihre Vergänglichkeitssymbole: Absichtlich zeitfern soll das Konglomerat romanischer, gotischer, maurischer Bauformen wirken, der Kapellenraum ist eine *Einsiedlergrotte* aus Tuffstein, Muscheln, Kieselsteinen, die *Wohnräume* sind klösterlich karg. Zwar ist es der schönen Büßerin Maria Magdalena geweiht, die in gefälliger Gestalt in Stubers Deckenmalereien und in Volpinis Stuckfigur in der Kapelle zugegen ist, doch die Düsternis des ganzen Eremitoriums sollte den alternden Max Emanuel nach eigenem Willen und Effners Ausführung (1725/26) zur Selbstkasteiung bewegen. Als die Klause geweiht wurde, 1728, war er allerdings schon tot.

Öffnungszeiten S. 173

114 Marstallmuseum und Nymphenburger Porzellansammlung

Südflügel des Nymphenburger Schlosses
Tram 17, Bus 41

Der große *Prunkwagen*, der *Prunkschlitten*, die Gemäldegalerie seiner Leibpferde und der *Nymphenschlitten* Ludwigs II. sind die umlagerten Attraktionen des Museums: märchenhaft güldener Überfluss, entworfen von Hoftheaterdirektor Seitz. Mit barockpompösem Pathos spart auch der *Krönungswagen* des Kurfürsten Karl Albrecht nicht, gebaut 1741 von den Goblins in Paris für seine Kaiserkrönung. Nobles Empire hingegen zeichnet die beiden weit beweglicheren *Münchener Krönungswagen* für Max I. Joseph aus, vom Straßburger Ginzrot gebaut und von Franz Jakob Schwanthaler 1813 und 1818 mit Skulpturen versehen. Das schnittige Coupé hatte um diese Zeit längst die schwerfällige *Grande carrosse* abgelöst, seine Typen sind hier in elegantesten Exemplaren vertreten. Dazu Schlitten für winterliche Lustfahrten, darunter das Glanzstück eines *Rokoko-Schlittens* von Straub (1740). Geschirre, Prunkschabracken, Schlittengeläut, Gemälde und Entwürfe assistieren.

Porzellansammlung: ›Mars‹ von Dominikus Auliczek, um 1770

Untergebracht in den Säulenhallen des Marstalls, ursprünglich Pferdestallungen des Hofs, kann sich die Wagensammlung an Reichtum und Qualität mit jenen von Wien, Lissabon und St. Petersburg messen. Wie diese hat sie eine lange Tradition: Kurfürst Maximilian I. legte mit der ›Reichen Remise‹ an der Ostseite der Residenz ihren Grundstock.

Öffnungszeiten S. 174

Nymphenburger Porzellansammlung

Rund 1200 Stücke ›Alt-Nymphenburg‹ vom Rokoko bis zum Jugendstil sind seit 1986 in den Kabinetten über dem Marstallmuseum ausgebreitet: Bustellis *Italienische Komödianten* in zauberhafter Staffierung oder seine neckischen *Schäferstücke*, Auliczeks liebliche *Jahreszeiten-Figuren*, Porzellan-Bildplatten mit miniaturhaft feinen Kopien der berühmten *Pinakothekgemälde,* elegantes *Prunkgeschirr* mit amourösen Szenen, mit Porträts der Königsfamilie, mit Architektur- und Landschaftsdarstellungen, Unaufzählbares mehr, das die Chronik der 1747 gegründeten Nymphenburger Porzellanmanufaktur höchst charmant veranschaulicht.

Not legte paradoxerweise den Grundstein der kostbaren Sammlung: Ihr Gründer, Albert Bäuml, pachtete 1888 die damals darniederliegende Manufaktur und suchte nach den inzwischen verschleuderten Musterstücken für die neue Produktion. Die Nachfahren sammelten dann systematisch – und nun sind die von Kennern hoch gelobten Schätze der Öffentlichkeit hier zugänglich.

Öffnungszeiten S. 173

115 Botanischer Garten

Menzinger Straße 65
Tram17

Einer der reichsten und schönsten botanischen Gärten in Europa: ideale Kombination von Naturerlebnis, Ästhetik und Belehrung.

Der *Alte Botanische Garten* beim turbulenten Karlsplatz wurde 1914 vom *Neuen Botanischen Garten* abgelöst. Auf Initiative von Karl von Goebel baute Gartenarchitekt Holfelder auf einem Areal von 20 Hektar eine **Anlage**, die den Ansprüchen der Wissenschaft wie der Ästhetik gleichermaßen entsprach, Leitlinie auch für die folgenden Modernisierungen bis heute.

Vor den Gebäuden des *Botanischen Instituts* und der *Botanischen Staatssammlung* breitet sich der farbenprächtige **Schmuckhof** aus, wandelbar mit den Jahreszeiten, im Frühjahr regiert von Tulpen, Hyazinthen, Stiefmütterchen, im endenden Sommer von Dahlien, Astern, Zinnien. Die vergnüglichen Majolikafiguren rundum sind Werke Wackerles aus der Porzellanmanufaktur, 1914.

Die **Ökologische und Genetische Abteilung** führt Beispiele für die Anpas-

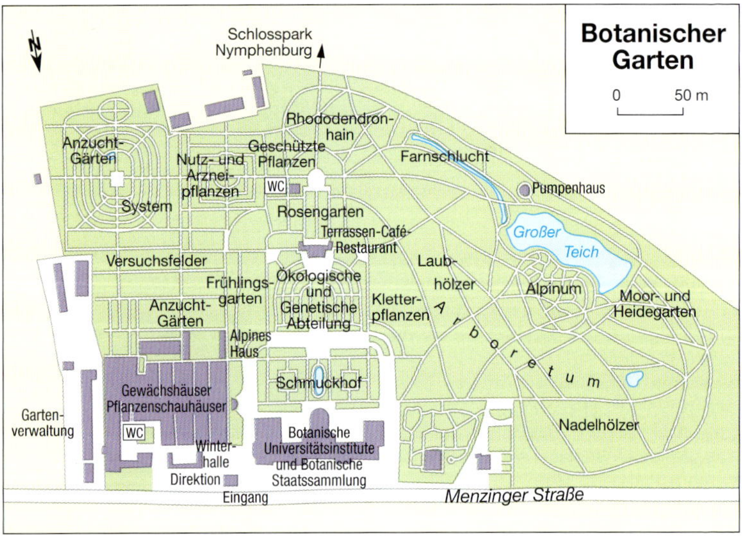

Im dichten Dschungel: Eines der reichsten Gewächshäuser im Botanischen Garten

sung der Pflanzen an Wasser oder Trockenheit, Typen der Bestäubung, Verbreitung von Früchten und Samen, Vererbungsregeln u. a. vor. Im Vorfrühling und Frühling haben **Frühlingsgarten** und Schaufenster des **Alpinen Hauses** ihre große Zeit, im Sommer die Rosen, die hier an vielen Stellen stehen, im **Rosengarten** hinterm Café aber ihr ältestes und adeliges Geblüt versammeln. Nicht minder hinreißend ist im Mai/Juni südlich davon der **Rhododendronhain** mit rund 150 Arten.

Im Süden der Hauptachse findet man die wichtige Auswahl der in Deutschland vollständig oder teilweise **Geschützten Pflanzen**, die Abteilung der **Nutz- und Arzneipflanzen** – vom Getreide über Hülsenfrüchtler bis zu Gewürzen – und der nach Inhaltsstoffen und Verwendungsarten gegliederten Heilpflanzen sowie im Osten das sog. **System**, das den Pflanzenstammbaum und seine Zweige veranschaulicht.

Im Park des **Arboretums** im Westen der Hauptachse steht Laubgehölz im südlichen, Nadelgehölz im nördlichen Teil. Am *Großen Teich* wird um den **Moor- und Heidegarten** herum Pflanzengeographie demonstriert: Wachstum von Arktis, Steppe, Düne, und am **Alpinum** die Bergflora der ganzen Welt.

Die Anlage der **Gewächshäuser** ist mit 6000 Pflanzenarten eine der reichsten Europas. Baumlilien und Blattsukkulenten, Palmen und große Stammsukkulenten versammeln die Hallen A, B und C. Bizarre Orchideen sind in Haus 1, die berühmten Victoria-Seerosen in 3 zu bewundern. Die Häuser 5 und 6 beherbergen afrikanische Sukkulenten und kleine Kakteen sowie amerikanische Sukkulenten und große Kakteen, die Häuser 9 und 12 Palmfarne und tropische Farne.

Öffnungszeiten S. 180

116 Schloss Blutenburg

S-Bahn Pasing und Bus 73/76

Ein Juwel der Spätgotik: stimmungsvolles Wasserschloss-Ensemble mit Kapelle von hohem künstlerischen Rang.

Weil ihm »schöne Frauen, weiße Tauben und Saitenspiel« mehr behagten als die Bruderkämpfe des Hauses Wittelsbach, verzichtete Herzog Sigismund auf Mitregierung und zog sich in seine geliebte Blutenburg zurück, das mauerumgebene, von der Würm umflossene, 1431–40 auf altem Wehrgrund gebaute **Jagdschloss** seines Vaters Albrecht III., dem er selbst 1488 eine Schlosskapelle beigeben ließ. Neuaufbau und Ergänzungen späterer Zeiten haben die Anmut des Ensembles nicht gestört, und mag es heute auch recht ›hergerichtet‹ dreinschauen, ist es eine Oase der Stille an der Stuttgarter Autobahn geblieben. Im **Herrenhaus**

Luftgeist Föhn

Er ist ein Luftikus, ein Streuner, ein fiebriger Gesell. Er ist ein Quälgeist, der an den Nerven zerrt, im Kopf zwickt, den Schlaf abzwackt. Aber wie alle Luftikusse ist er auch ein Charmeur, der alles verzaubert, Fernes jäh greifbar heranrückt, Nahes mit schier unerträglichem Glanz umgibt.

Meteorologisch ist er leichter zu fassen: Warmer, trockener Fallwind, der durch Saugwirkung entsteht, wenn der Luftdruck am Nordrand der Alpen unter jenen am Südrand absinkt. Die dort aufsteigende feuchte Luft strömt dadurch nordwärts, regnet sich über den Alpen ab und fällt im diesseitigen Voralpenland ein. Der Föhn räumt Schlechtwetter-Wolken ab, hinterlässt hingewischte Streifenwolken am fiebrig blauen Himmel und erzeugt klarste Fernsicht.

Die Druckschwankungen rufen bei vielen Menschen Mattigkeit, Kopfweh, Schlaflosigkeit, Nervosität hervor, bei manchen aber auch Hochstimmung und unbändige Energie. Zuzügler werden oft erst nach mehreren Jahren für die Auswirkungen des Luftgeists anfällig; unverzüglich aber lernen sie, ihn zum Sündenbock für alles zu machen, vom Schluckauf bis zum Seitensprung.

sind jetzt die von Jella Lepman ins Leben gerufene *Internationale Jugendbibliothek* und das *Michael-Ende-Museum* untergebracht, im Torturm das *Erich-Kästner-Zimmer*, in den Ökonomiegebäuden *Konzertsaal* und *Schänke*.

TOP TIPP Edelstein in der Krone der Umfriedung: die **Schlosskapelle Heiligste Dreifaltigkeit**, ein Werk der Münchner Dombauhütte. Der Backsteinbau mit Dachreiter und Zwiebel, bemalt mit Maßwerkfries und Wappen, ist außen so zierlich wie innen filigran durch Netzrippen, Altargespreng, Gold und Licht. Jan Polack aus Krakau, *der* Maler der Münchner Spätgotik, schuf die Altarbilder. Unvergesslich die Gnadenstuhl-Darstellung im *Hauptaltar* mit dem wie eine Mondsichel im Schoß Gottes ruhenden Christus, flankiert von Marienkrönung und Taufe Jesu sowie auf den (nicht sichtbaren) Außenseiten Herzog Sigismund und seinem heiligen Namenspatron. Aus Goldgrund leuchtend die Farben, dramatisch die Komposition, expressiv die Physiognomien, zauberhaft die Details, so die Genien im Arm der Evangelisten auf der Predella. Derselbe Duktus bei den *Seitenaltären* am Chorbogen: Christkönig und Verkündigung.

Unbekannt, doch von Grasser geprägt, ist der hervorragende Meister der Apostelfiguren an den Wänden, des Auferstandenen und der berühmten *Blutenburger Madonna*, einer gütig-frommen Bürgersfrau im edel fließenden Gewand, sehr verhalten in ihrer Schmerzlichkeit. Auch die *Glasmalereien* mit Szenen aus dem Leben Christi und Wappenscheiben der Wittelsbacher darüber, vielleicht von Grasser entworfen, oder die nur noch in Resten vorhandene *Wandmalerei*,

Schloss Blutenburg und die betörende Schönheit des Föhns

Blutenburg: Inneres der spätgotischen Schlosskirche mit den Altären von Jan Polack

wohl von Polack, entstammen der Zeit von 1488 bis 1495, wie alles in dieser Kirche. Ihrer Einheitlichkeit fügt sich jedes Detail vom Gesprengefigürchen bis zur Wappenkonsole. Selten anderswo ist spätgotische Beseelung und Innerlichkeit so rein fassbar.

Öffnungszeiten S. 173 und 175

117 St. Wolfgang in Pipping

Pippinger Straße 49 a
S-Bahn Pasing

Unversehrte Fürstenstiftung mitten im Bauernland: feine spätgotische Dorfkirche mit einheitlicher Originalausstattung von hoher Qualität.

Nah seiner Schlosskirche, würmaufwärts, steht Herzog Sigismunds Bauernkirche im Weiler Pipping, ihr nah auch im spätgotischen Zauber von Farbigkeit, Maß- und Netzwerk, Schnitzskulptur. Ihr Spitzhelm winkte den nach St. Wolfgang im Salzkammergut ziehenden Pilgern einst zur Rast. Die umfassende Restaurierung stellt die Schönheiten des **Inneren** frisch wie am ersten Tag vor Augen: den *Hochaltar* mit dem heilenden Heiligen in goldgefasstem Holz, seine Legende trefflich gemalt vor realistischen Salzkammergut-Landschaften; im Chor die *Fresken* der Passion Christi und des Marientods, in den geschnitzten *Seitenaltären* davor Maria mit Wolfgang und Leonhard (links), Christus mit Antonius Eremita und Laurentius (rechts); über der steinernen *Kanzel* den perspektivisch an die Wand gemalten Schalldeckel – spielerische Künstlerlaune. Die Meister aller Werke sind fraglich, neuerdings auch Polack als Freskant; doch Münchner Künstler im Auftrag Sigismunds waren es sicher. Jörg von Halsbach war wohl der Baumeister; Kirche und Altäre entstanden zwischen 1480 und 1485. Die Kirche, der Friedhof und die umgebenden Häuser stehen unter Ensembleschutz.

Münchens Norden – die Parks der Olympioniken und des Türkensiegers

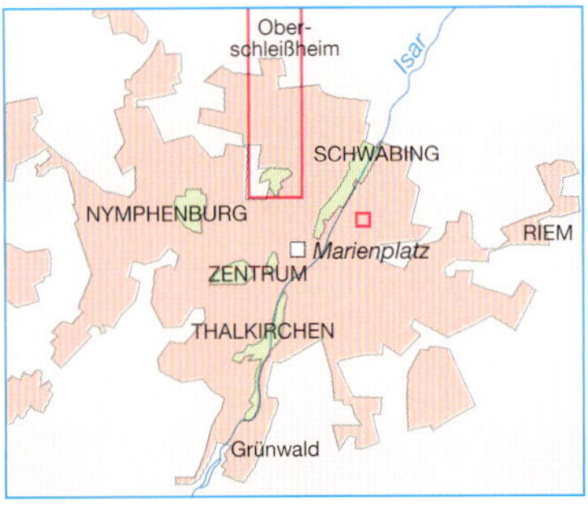

Am Nordwestrand des Stadtbezirks breitet sich die schöne Garten-, Wasser- und Hügellandschaft des **Olympiaparks** mit seinen Sportanlagen aus, überspannt von dem berühmt gewordenen, schleierleicht wirkenden Zeltdach und überragt vom Olympiaturm: ein großartiges Sport- und Erholungsgelände. Weiter nördlich, in **Schleißheim**, dehnt sich eine Gartenanlage ganz anderer Art aus, nämlich ein abgezirkelter Barockpark, bestückt mit den schwelgerischen Architekturen dreier Schlösser, fast alles dem Nymphenburg-Erbauer, Kurfürst Max Emanuel, zu danken, der sich hier ausgiebig als Türkensieger feiern lässt. Barock- und Rokokoraffinessen von Stuck bis Meißner Porzellan! Auf Technikfreaks wartet nah dem Olympiazentrum das **BMW-Museum** und in Schleißheim die **Flugwerft** mit einer Ausstellung von Riesenvögeln. Wer aber Münchens bisher einzigen **Wolkenkratzer** sehen will, muss einen Abstecher in den Osten nach Neu-Bogenhausen machen.

118 Olympiapark

U-Bahn Olympiazentrum

Schauplatz der XX. Olympischen Sommerspiele 1972 mit attraktiven Sportarchitekturen. Das Olympiastadion ist heute die meistbespielte Sportstätte der Bundesrepublik, die Schwimmhalle »Europas schönstes Garten-Hallenbad«.

So ganz ohne sportliche Vergangenheit war das ehemalige Oberwiesenfeld nicht, stand doch hier einst Münchens erster Flughafen und landete 1909 der erste Zeppelin, sammelten Generationen Münchner Buben beim Drachensteigen erste Erfahrungen mit der Navigation. Dieses öde Vorstadtgelände bot alle Voraussetzungen für eine Olympische Anlage: Stadtnähe, kurze Wege und Spiele im Grünen.

Nach dem Entwurf von Behnisch und Partner wurde die amorphe Grünfläche 1968 bis 1972 zu einer attraktiven Sport- und Erholungslandschaft umgestaltet, wobei der 60 m hohe Schuttberg – Abraum des bombenzerstörten München – seine Wandlung zum parkmäßig gestalteten **Olympiaberg** und der schnurgerade

Blick vom Olympiaturm auf die Olympischen Stadien ▷

Nymphenburger Kanal seine Metamorphose zur buchtenreichen Seenplatte erfuhr. Zusammen mit einem großzügigen Verkehrsausbau ist hier ein stets zugängliches Freizeit-Stadtviertel entstanden, das seine Anziehung auf Benutzer und Besucher – über den eigentlichen Anlass hinaus – bewahren konnte: Sportveranstaltungen aller Art, Fußballspiele und Leichtathletik-Weltmeisterschaften, Eisrevuen, Kongresse, Rock-, Pop- und Opern-Festivals, Speedwayrennen, 6-Tage-Rennen. Entscheidend für die Gestaltung des Olympiageländes war der Gedanke, Gebäude zu errichten, die anders als bei den Spielen 1936 nicht Monumentalität und Herrschaftsanspruch, sondern eine demokratische Grundeinstellung, Offenheit und Weltzugewandtheit ausdrücken würden – dies ist geglückt.

Zu Füßen des Olympiaturmes [Nr. 119] überspannt die technisch wie ästhetisch gleich atemraubende **Zeltdachkonstruktion** die drei Hauptkampfstätten, das 75 000 Zuschauer fassende **Olympiastadion**, die als Mehrzweckhalle konzipierte **Olympiahalle** mit 14 000 Plätzen und die **Olympia-Schwimmhalle** mit 5 Becken und einem Aufnahmevermögen von 2000 Personen. Möglicherweise wird das Stadion aber bald von seinen Hauptnutzern, den Fußballvereinen FC Bayern und TSV 1860 nicht mehr bespielt, da diese eine neue Fußballarena haben wollen. Im Osten des Areals liegt das bereits 1967 von Schütze errichtete und 1972 auf 7000 Plätze erweiterte **Eissportstadion** mit der seit 1983 von einem eleganten Bogenzelt überdachten Frei-Eisfläche (Ackermann und Partner, Schlaich und Partner), im Westen das für 5000 Zuschauer ausgelegte **Olympia-Radstadion** (1970–72, Schürmann). Dazu kommt im Norden, jenseits der Ringstraße, das **Olympische Dorf** [Nr. 120]. Im Süden schmiegt sich die Freilichtbühne des **Theatron** à la grècque in das Ufer des Sees. Oben auf dem Olympiaberg blüht die *Schuttblume*, ein Friedensmal von Rudolf Belling (1972), während unten beim Radstadion der *›Handstand einer Turnerin‹* in Bronze vorgeführt wird (Martin Mayer, 1972).

Öffnungszeiten S. 180

Olympiaturm, Olympiasee und Olympisches Dorf

119 Olympiaturm

U-Bahn Olympiazentrum

Höchster Fernsehturm der Bundesrepublik mit außergewöhnlicher Fernsicht.

Bis zu 400 km Alpenpanorama, vom Dachstein bis zu den Schweizer Bergen, kann man an klaren Tagen – vor allem also bei Föhn – vom 290 m hohen Olympiaturm (tgl. 9–23.30 Uhr) schon seit 1968 bewundern. Mit einer Geschwindigkeit von 7 m pro Sekunde bringen zwei Lifte die 1,1 Millionen Besucher, die jährlich gezählt werden, auf die beiden **Plattformen** in 189 und 192 m Höhe. Im **Drehrestaurant** darunter, in 182 m Höhe, kann man täglich ab 11 Uhr die wunderbare Aussicht auch bei Speis und Trank genießen und sich dabei – je nach der Schaltgeschwindigkeit – in 35, 53 oder 72 Minuten einmal im Kreis drehen.

BMW-Verwaltungszentrum und BMW-Museum

120 Olympisches Dorf

Zwischen Georg-Brauchle-Ring, Lerchenauer-, Moosacher Straße und Landshuter Allee
U-Bahn Olympiazentrum

Einheitlich konzipierte und für den notwendigen Funktionswandel vorbildlich geplante moderne Wohnanlage.

Die »Olympiade der kurzen Wege«, wie die Spiele von 1972 propagiert wurden, galt vor allem für die Nähe des Olympischen Dorfes zum Olympiagelände. Jenseits des Georg-Brauchle-Ringes liegt zunächst das einstige, für 1800 Sportlerinnen angelegte **Frauendorf**, das heute als Studentenwohnstadt dient (1968–71, Wirsing und Eckert), vielfach temperamentvoll und abwechslungsreich von den Bewohnern eigenhändig bemalt, dahinter das ehemalige für 9000 Teilnehmer berechnete **Männerdorf**, jetzt eine Wohnanlage (Heinle, Wischer und Partner). Zwischen beiden Komplexen erinnern an der Connollystraße 31 zwei **Gedenktafeln** deutsch und hebräisch an den Terrorüberfall vom 5. September 1972 auf die israelische Mannschaft, der die ›Heiteren Spiele‹ so jäh unterbrach.

121 BMW-Verwaltung und -Museum

Petuelring 130
U-Bahn Olympiazentrum

Ideenreiche moderne Architektur und eine fantastisch inszenierte Show zur Geschichte der Bayerischen Motorenwerke.

Es war eine so originelle wie sinnfällige Idee, dem Verwaltungshochhaus dieses Automobilwerks die Gestalt eines Vierzylinders zu geben! Kleeblattförmig angeordnet, hängen die vier Rundtürme mit 19 Geschossen an einem oben sichtbar

Neues Schloss Schleißheim: Ostseite des Schlosses mit großem Gartenparterre in französischem Stil

herausragenden Kern: eine fensterdurchlichtete, aluminiumverkleidete Konstruktion ohne Schwere, die sich über einem lang gestreckten Betriebsgebäude erhebt – mit dem dazugehörigen Museum ein Werk des Wiener Architekten Karl Schwanzer von 1970/73.

Die fensterlose, 41 m weit ausschwingende Silberschale des Museums bildet das ruhende Gegengewicht zum Turm.

Im riesigen Raumschiff des Inneren, auf spiraligem Rundgang zu begehen, demonstriert die **Ausstellung** ›Zeithorizont‹ Automobil- und Motorradgeschichte mit Zukunftsvision: vom Dixi 1928 bis zum futuristischen Coupé, vom Boxer-Motorrad 1923 bis zum heutigen Navigationssystem. Es ist eine blitzende, stromlinige Luxus-Inszenierung mit Pkw-Modellen, Motoren, Design-Studien, interaktiven Computerprogrammen und unzähligen Kugelmonitoren mit Dia- und Videofilmen sowie einer ständigen Filmvorführung zum Thema. Zeitweise gibt es Sonderausstellungen.

Öffnungszeiten S. 172

122 Neues Schloss Schleißheim

S-Bahn Oberschleißheim

Kurfürst Max Emanuels Versailles: Denkmal der Königsträume eines absolutistischen Barockfürsten und Galerieschloss eines leidenschaftlichen Kunstsammlers.

Max Emanuel, der zuerst mit den Österreichern gegen die Türken, später mit den Franzosen gegen die Österreicher zog, brachte Bayern politisch kein Glück. Doch beschenkte er München mit dem Glanz barocker Schlösser: Schleißheim und Nymphenburg. Aus Schleißheim wollten seine imperialen Träume eine gewaltige ›Königsresidenz‹ machen. Dass

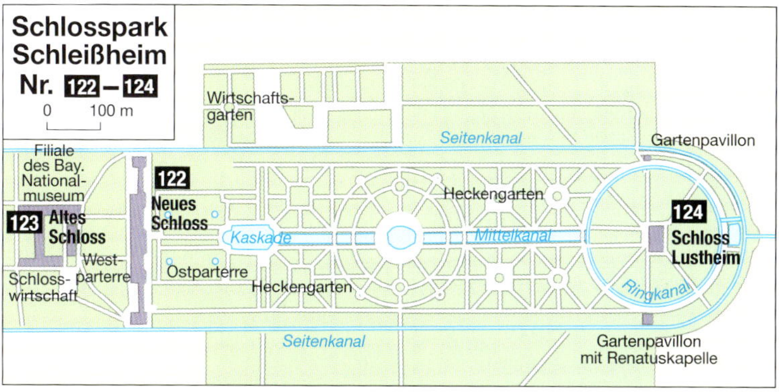

Neues Schloss Schleißheim: Schlafzimmer des Kurfürsten mit Paradebett

Schulden und Exil die Pläne schrumpfen ließen, geriet der **Anlage** bei aller Prätention ohne Zweifel zum Charme. Das Neue Schloss, das der alte Zuccalli 1701 begann und der junge, französisch geschulte Effner 1719–26 fortsetzte (doch erst Klenze vollendete das Treppenhaus), wurde eine heiter-festliche Prunkarchitektur des Spätbarock und Rokoko. Überstreckt in den Proportionen (335 m), gegliedert in

Neues Schloss Schleißheim

Obergeschoss

2 Teppenhaus
3 Großer Saal
4 Viktoriensaal
5 Große Galerie
6-10 Zimmer des Kurfürsten
11 Niederländisches Malereikabinett
12 Oratorium
13 Obere Sakristei
14 Empore
15-16 Nebenräume
17-29 Zimmer der Kurfürstin
21 Kammer oder obere Kapelle
22-27 Galerieräume

Erdgeschoss

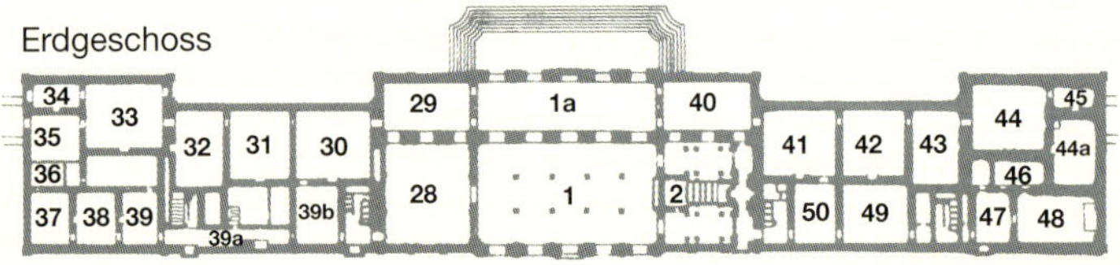

1 Säulenhalle
2 Treppenhaus
28 Speisesaal
29 Nördliche Antecamera
30-33 Galerieräume
34 Stukkatur-Kabinett
35 Drechselzimmer
36-39 Galerieräume
40 Südliche Antecamera
41-44 Galerieräume
45 Blaues Kabinett
46 Untere Sakristei
47 Vorraum zur Kapelle
48 Maximilianskapelle
49-50 Nebenräume

Große Galerie mit Rubens-Glanzstücken

Staatsgalerie im Neuen Schloss Schleißheim: Gerard van Honthhorst, ›Fröhliche Gesellschaft‹, 1623

Mitteltrakt, Verbindungsflügel, Eckpavillons, wendet der Bau seine fensterdurchlichtete **Fassade** im Westen dem Alten Schloss, im Osten dem Park zu.

Französische Eleganz, schon an der Fassade in der anmutigen Fenstergestaltung sichtbar, triumphiert vollends im **Inneren**. Die **Säulenhalle** [**1**], das fulminante **Treppenhaus** [**2**], die Große Galerie, die Festsäle und Wohnfluchten schwelgen in lichtem Stuck, farbigen Fresken und Gemälden. Sieg über die Türken! verkündet ihr Programm im Obergeschoss des Mittelbaues. J. B. Zimmermanns herrliche Stuckplastik figuriert Türkenköpfe, Kriegstrophäen, Atlanten-Sklaven. Amigonis Fresken feiern Max Emanuel in der Gestalt des römischen Ahnherren Äneas. Der venezianische Freskant trat an Asams Stelle, als dessen ›Probefresko‹ in der Kuppel des *Treppenhauses* – ›Venus bei Vulkan‹ – beim Kurfürsten glatt durchfiel, weil ihm sein Konterfei (rechts neben Venus) missfiel. Auch Beichs Schlachtengemälde rühmen den Türkensieger, zwei riesige im lichterfüllten **Großen Saal** [**3**], neun kleinere im **Viktoriensaal** [**4**], der mit Herkules-Hermen von Dubut und Régence-Dekoration aus der Pichler-Werkstatt das reine Barockjuwel ist. Herrscherallegorien durchziehen den oberen *Südtrakt*, die **Zimmer des Kurfürsten** [**6–10**], Friedens- und Naturallegorien den oberen *Nordtrakt*, die **Zimmer der Kurfürstin** [**17–27**], golden im Dekor jener, silbern dieser.

Die **Große Galerie** [**5**] zwischen den Appartement-Doubles war einst eine der ersten Gemäldegalerien Europas. Rund 1000 Gemälde hat allein Max Emanuel erworben! Später durch die Alte Pinakothek seiner Meisterwerke beraubt, ist das Neue Schloss 1978 als **Staatsgalerie europäischer Barockmalerei** wieder eingerichtet worden. Über 300 Bilder sind auf die Räume verteilt: im südlichen Obergeschoss Flamen, im nördlichen Holländer, im südlichen Erdgeschoss Franzosen, Spanier, Deutsche, im nördlichen Italiener. Glanzpunkte: Rubens, Brueghel d. J., van Dyck, Poussin, Ribera, Rottmayr, Maulpertsch. **Achtung:** Die derzeit wegen Renovierung geschlossene Galerie soll zur 300-Jahr-Feier des Schlosses im Juni 2001 eröffnet werden.

Öffnungszeiten S. 174

123 Altes Schloss Schleißheim

S-Bahn Oberschleißheim

Seltenes Beispiel einer Landresidenz der Spätrenaissance.

Dem kurfürstlichen Paradeschloss steht das herzogliche Landschloss gegenüber, ein **Spätrenaissance-Bau** mit hübschem Zwerchhaus und Treppenhalle in der Mitte, das Innere von Candid ausgeschmückt. Es ist nach argen Kriegszerstörungen 1972 teils wieder hergestellt, teils rekonstruiert worden. Das Original hatte Schön d. Ä. 1616–23 für Maximilian I. mit weitläufigen Wirtschaftsgebäuden errichtet. Vorher stand hier das schlichte Herrenhaus Herzog Wilhelms V., in weitem Umkreis umgeben von neun Eremitagen, Holzhütten in Form kleiner Kapellen zur religiösen Erbauung. Der Frömmigkeit dienten einst auch die Dinge, die das Bayerische Nationalmuseum in dieser Filiale ausstellt: die reiche **Sammlung Gertrud Weinhold** mit Kultobjekten christlichen Volksglaubens aus aller Welt, vor allem den katholischen Zentren Südamerika, Mexiko, Polen, aber auch mit ökumenischen Beispielen, ausgebreitet in 250 Vitrinen unter dem Motto ›Das Gottesjahr und seine Feste‹ im rechten Flügel. Der linke Flügel dient dem **Museum Ostpreußen-Westpreußen**.

In unmittelbarer Nähe liegt die **Flugwerft Schleißheim** (Effnerstraße 18) des Deutschen Museums, die in zwei Hallen interessante und berühmte historische Flugzeuge zeigt.

Öffnungszeiten S. 174 und 172

124 Schloss Lustheim im Schlosspark Schleißheim

S-Bahn Oberschleißheim

Architekturgeschichtlich beispielgebendes ›Lustgebäude‹ mit damals neuartiger Deckenmalerei. Exquisite Meißen-Sammlung.

Das Wohn- und Jagdschloss auf dem vom Parkkanal ausgestochenen Rund sollte die ›Liebesinsel‹ Max Emanuels und der Kaiserstochter Maria Antonia werden, die er 1685 heiratete. Unter den Initialen MA im allegorischen Hauptfresko ›Jupiter erhebt Diana zur Göttin

Schloss Lustheim im Schlosspark Schleißheim

der Jagd‹ lebte er dann aber weit länger mit der polnischen Königstochter Therese Kunigunde Sobieska, denn Maria Antonia starb nach unglücklicher Ehe 1692 im Kindbett.

Mit Lustheim hat Zuccalli dem höfischen **Schlossbau** des Spätbarock 1684–

Meißener Porzellansammlung: Balustervase, um 1720

Rarität Barockpark

Nur zwei Barockgärten in Deutschland haben ihren geometrischen Stil weitgehend rein zu bewahren vermocht: Herrenhausen bei Hannover und Schleißheim.

Die Hauptachse der großzügigen Schleißheimer Anlage ist ein breiter Kanal, der aus dem Ringkanal um Lustheim kommt und in einer Kaskade im Bassin der blumenbunten Parterre-Anlage vor dem Neuen Schloss mündet. Die beiden Seitenkanäle, die die Breite des Neuen Schlosses bestimmten, schließen sich hinter Lustheim zum Halbkreis. Die Boskette und Wege dazwischen bilden Geometrien aus Kreisen, Quadraten, Radiallinien. Der Garten als Festschauplatz, schmal, lang, auf einen Blick erfassbar – das war die klassische Regel Le Nôtres, dessen Schüler Girard diesen Park um 1715 mit Hilfe der Zuccalli-Entwürfe von 1684 anlegte.

1688 einen kostbaren Auftakt gegeben: ein von vier vorspringenden Seitentrakten umfasster Mittelbau, dem innen ein hoher *Hauptsaal* mit vier doppelgeschossigen Appartements entspricht. Bemerkenswert sind auch die gewölbeüberspannenden *Deckengemälde* von Rosa, Trubillio und Gumpp, die ihre Diana-Szenen über gemalten Scheinarchitekturen schweben lassen.

Der Schatz Lustheims ist heute die auf alle Räume verteilte **Meißener Porzellansammlung Ernst Schneider**, 1968 dem Bayerischen Nationalmuseum gestiftet. Die außerordentliche Sammlung umfasst 1800 Stücke aus der Blütezeit der Meißener Manufaktur im 18. Jh., mit frühen *Geschirren* von Böttger, *Chinoiserien* von Höroldt und den berühmten *Tierfiguren* von Kändler bis zu Porzellanen aus der Zeit des Siebenjährigen Krieges.

Öffnungszeiten S. 173

125 HypoVereinsbank-Verwaltungszentrum

Arabellastraße 12
U-Bahn Richard-Strauss-Straße

Imponierende, den Nordosten der Stadt beherrschende Hochhaus-Architektur.

Münchens bisher einziger ›Wolkenkratzer‹ (114 m) steht fern des Stadtkerns – eine einmalige Großstadtsituation. Ohne Zweifel hochnäsig in seiner Prosperitäts-Attitüde, ist seine architektonische Gestaltung dennoch eindrucksvoll: ein bewegt wirkender Komplex, gefügt aus drei prismatischen Baukörpern und vier Rundtürmen von unterschiedlicher Höhe, durch breite Gurte verbunden, die zur Aufhängung der darunter liegenden und Stützung der darüber liegenden Geschosse dienen. Die silberblitzende Aluminiumhaut lässt die Baumasse leicht und elegant erscheinen. Entwerfende Architekten: W. und B. Betz, 1975–81.

High-Tech-Architektur in München: das HypoVereinsbank-Verwaltungszentrum

◁ Schleißheim, Gesamtanlage von Schloss und Park, im Vordergrund Schloss Lustheim

Münchens Süden – Dorfkirchen-Charme und Kinderland

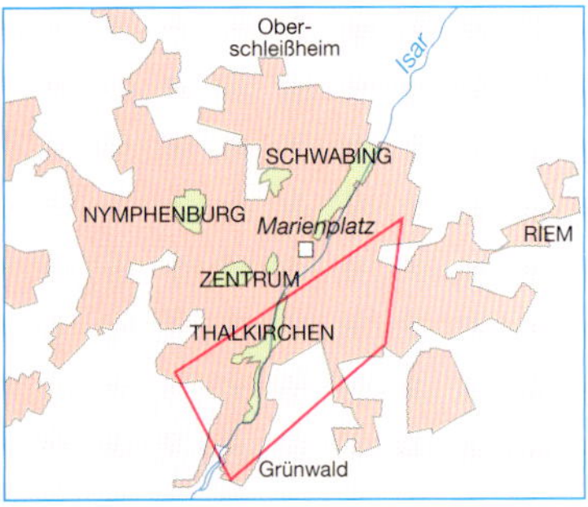

Zwiebeltürmige Wallfahrts- und Dorfkirchen umgeben die Stadt im Süden im Halbrund von Ost nach West. Jede hat ihre unverwechselbare Stimmung, jede ihre besonderen Kunstkostbarkeiten. Das funkelndste Juwel ist **St. Michael** in Berg am Laim, einst zu einer kölnischen Enklave in München gehörend. In den Süden aber pilgern vor allem Kinder an Elternhand, um Viecherln im **Hellabrunner Tierpark** in Thalkirchen, Filmtricks auf der **Bavaria Filmtour** in der Bavaria Filmstadt Geiselgasteig und Burgromantik auf der malerischen **Burg Grünwald** über der Isar zu begucken. Die Erwachsenen erfrischen sich danach bei einer Einkehr im **Asam-Schlössl**.

126 St. Michael in Berg am Laim

Johann-Michael-Fischer-Platz 1
Tram 19

Eine der kostbarsten Leistungen bayerischen Rokokos von ersten Meistern. Harmonie von Architektur (Fischer), Plastik (Straub) und Malerei (Zimmermann).

Bei Clemens August, Max Emanuels Sohn, dem Liebhaber der Künste und Feste, mussten stets die Besten herbei, wenn er bauen ließ: Balthasar Neumann, Cuvilliés, Johann Michael Fischer. Er war Kurfürst und Erzbischof von Köln, und seine Hofmark Berg am Laim (= Lehmrücken) gehörte zum Kölnischen. Der von ihm veranlasste **Bau** einer Kirche für eine Bruderschaft und einen Ritterorden St. Michael währte mehr als 20 Jahre (1735–58), denn es gab Intrigen zwischen dem Stadtbaumeister Kögelsberger und dem bayerisch-kurkölnischen Architekten Fischer, der schließlich obsiegte.

Dennoch geriet sie wie aus einem Guss! Fischer hat den sich weitenden und verjüngenden **Innenraum** geistvoll aus Oval- und Oktogonalräumen gefügt, die

St. Michael in Berg am Laim: Detail aus dem Deckenfresko in der Hauptkuppel

St. Michael in Berg am Laim: Blick in den wundervollen Rokokoraum

Oktogone durch säulenbesetzte Nischen und Eckschrägen konstruiert, die Wölbungsformen allenthalben variiert, mit apart geschwungenen Licht-Erkern eine schwebende Lichtwirkung erzeugt. Fresken und Figuren, Stuck und Farbharmonie machen den Raum zu einem Thronsaal für den Engelsfürsten Sankt Michael, durchaus fröhlich, wenn man das Treiben der Putti genau beobachtet, angeführt durch die beiden köstlichen am Hochaltar: ein kleines Mädchen als ›Dame‹, ein kleiner Bub als ›Superfischer‹, gemeint freilich als lesende Maria und Tobias mit dem Fisch.

Zimmermann, der auch den Stuck schuf, schildert in seinen zauberhaft lichtvollen *Deckengemälden* St. Michaels drei Erscheinungen am Berg Gargano (vom Westen zu lesen): über dem Gemeinderaum die ›Stiftung der Wallfahrt‹ (im Prozessionszug Kurfürst Clemens August unterm Baldachin!), über dem Ritterordensraum sein ›Eingreifen in den Kampf für das Volk von Siponto‹, über dem Altarraum seine ›Weihe der Grotte‹. Das Urthema, ›Michaels Triumph über den Drachen‹, ist dem Altarbild vorbehalten (J. A. Wolff, 1694).

Alle Altaraufbauten und Figuren der Kirche stammen von Straub und aus seiner Werkstatt. Glanzvoll ist der *Hochaltar* mit den wohlgestalteten Erzengeln Gabriel und Raffael und dem Tabernakel, der als Tisch in der Herberge von Emmaus gestaltet ist. Unter den *Seitenaltären* fallen die eleganten säulenlosen auf, die Straub (mit Günther) in die Kunst eingeführt hat. Besonders schön *Immaculata-* und *Nepomuk-Altar* vor dem Triumphbogen mit Bildern von Zimmermann und den qualitätvollsten der zwölf Apostelfiguren: Johannes und Jakobus d. Ä. Die *Kanzel*, nach Rokokoart am Triumphpfeiler, ist ein graziles Werk von Haßler, auf dem Michael uns gar mit weißblauer Fahne patriotisch kommt. Barock kraftvoll erscheinen die Figuren des

Hochaltar von St. Maria Ramersdorf

Rochus und *Sebastian* von Straubs Lehrer Faistenberger in der Vorhalle.

Schade, dass die würdevolle **Doppelturmfassade**, so bedrängt von Neubauten ringsum, ihre große Geste nicht ausleben kann. Eine Hofkirche in einem 250-Seelen-Dorf – das war freilich schon damals zu hoch gegriffen.

127 St. Maria in Ramersdorf

Aribonenstraße 9
U-Bahn Karl-Preis-Platz
oder Innsbrucker Ring

Eine der ältesten Wallfahrtskirchen Bayerns. Spätgotischer Bau mit Barockausstattung und wertvollen Kunstwerken.

Maria-Ramersdorf ist seit dem 14. Jh. Doppel-**Wallfahrtsort**. Man verehrt hier die Muttergottes und das Heilige Kreuz. Das *Gnadenbild* der Thronenden Himmelskönigin – seit neuestem dem spätgotischen Meister Kriechbaum zugeschrieben (1465) – ist Mittelpunkt des schwerbarocken *Hochaltars*. Und mit der Kreuzreliquie, aufbewahrt in einem Umhängekreuz Kaiser Ludwigs des Bayern in einer kostbaren Kreuzmonstranz, werden die Wallfahrer gesegnet. Die (geschlossenen) Gemäldeseiten von Polack im *Flügelaltar* an der Langhaus-Nordwand nehmen auf die Stiftung der Kreuzpartikel an Ramersdorf durch einen Sohn des Kaisers Bezug, die (offenen) Schnitzreliefseiten von Grasser zeigen Kreuzigung und Passionsszenen (1483). Beachtenswert: *Schutzmantelmadonna-Bild* (1503) an der Südwand, *Votivbilder* im Chorraum, darunter das Weihebild der von Gustav Adolf verschleppten 32 Münchner Geiseln (Kager, 1635). Die schwere Barockausstattung mit Schlierseer Felderstuck und prunkenden Altaraufbauten kontrastiert mit dem straffen gotischen Äußeren der Kirche, deren wohlgestalteter Zwiebelturm Ramersdorfs Blickpunkt ist.

128 St. Michael in Perlach

Pfanzeltstraße 1
U-Bahn Ostbahnhof
oder Karl-Preis-Platz und Bus 95

Aufwendige Dorfkirche der Spätbarockzeit.

Zum Charme Münchens gehören die alten, im Barock meist umgebauten Dorfkirchen an den Stadträndern. Diese errichtete Mayr, der Schwiegervater Fischers, 1732 anstelle einer romanischen. Stuber malte das *Langhausfresko* des Engelsturzes, Zächenberger die *Chorfresken* ›St. Michael am Monte Gargano‹ und die Dreifaltigkeit in Drei-Männer-Gestalt (beide nach Fotos rekonstruiert). Eindrucksvoll ist Widmanns *Hauptaltar*-Blatt ›Hl. Michael‹ (1796). An den *Seitenaltären*: St. Koloman und Anna Selbdritt, spätgotisch, Kreuzigungsgruppe und hl. Nepomuk, spätbarock. Im Vorraum befindet sich ein klassizistisches *Epitaph* für Cäcilie von Effner, Nachfahrin des berühmten Barockbaumeisters.

St. Michael in Perlach

129 Wallfahrtskirche St. Anna in Harlaching

Harlachinger Berg 30
U-Bahn Thalkirchen

Stimmungsvolle Rokokokirche mit origineller Einrichtung und Zimmermanns letztem Fresko.

Das im **Äußeren** etwas vierschrötige, hinter Bäumen am hohen Isarufer versteckte Kirchlein ist seit Anfang des 18. Jh. Mittelpunkt des ›St.-Anna-Dreißigers‹, einer Anna-Verehrung im September. Der Bau entstand aus altem Kern (Turm) 1751–61 neu, vielleicht durch J. M. Fischer. Höfisches Rokoko figuriert im **Inneren** in vielerlei Form das Leben der Marienmutter: die *Deckengemälde* von J. B. Zimmermann, der *Hochaltar* mit dem spätgotischen Gnadenbild ›Anna Selbdritt‹, besonders originell die beiden *Seitenaltäre* mit zauberhaften Rahmen in Rahmen, einfallsreiche ›Notlösung‹ für kleinere statt der vorgesehenen großen Gemälde. Löwe, Kurhut, Kaiserkrone im rechten Innenrahmen spielen auf die Kaiserwürde der Wittelsbacher an und grenzen damit die Entstehungszeit auf 1742–45 ein. Meisterhände waren hier wie an der *Kanzel* am Werk – Ignaz Günther wird genannt.

Das von Ludwig I. gestiftete, 1865 vor der Kirche aufgestellte **Claude-Lorrain-Denkmal** erinnert an das frühere Harlachinger Schlösschen an dieser Stelle, in dem der große französische Maler gelebt haben soll. In Wirklichkeit kann Claude Lorrain bestenfalls während einer Durchreise in München gewesen sein. Verwechslungen aller Art führten zu dieser Legende, die der Stifter in seiner Kunstbesessenheit wohl allzu gern glauben wollte.

St. Anna in Harlaching: Rahmen in Kaiser-Rokoko

130 Tierpark Hellabrunn

Tierparkstr. 30
U-Bahn Thalkirchen

Weltweit erster Geo-Zoo und einer der größten Tierparks Europas mit rund 5000 Tieren in 385 Arten: Harmonie von Landschaft und Tierwelt.

Den 300-m-Trip von Europa nach Amerika erleichtert eine Waldschänke, und zwischen afrikanischen Zebras und asiatischen Davidshirschen vermittelt ein Biergarten. Die Hagenbeck-Idee, einen **Zoo** nicht nach Tierarten, sondern nach Erdteilen anzuordnen, brachte der Berliner Zoologe Heinz Heck nach München, und mit dieser Konzeption wurde der schon 1911 gegründete, doch in der Inflationszeit aus Geldnot wieder geschlossene Tierpark 1928 neu eröffnet und zu Riesenerfolg geführt. Den Namen erbte er von dem einstigen Lustschlösschen Hellabrunn in den oberen Isarauen, die mit dem östlichen Hangufer zusammen ein ideales Gelände zur Anlage eines Naturparks boten. Emanuel von Seidl errichtete 1910–14 die Tierhäuser, strohgedeckte hölzerne oder feste Gebäude,

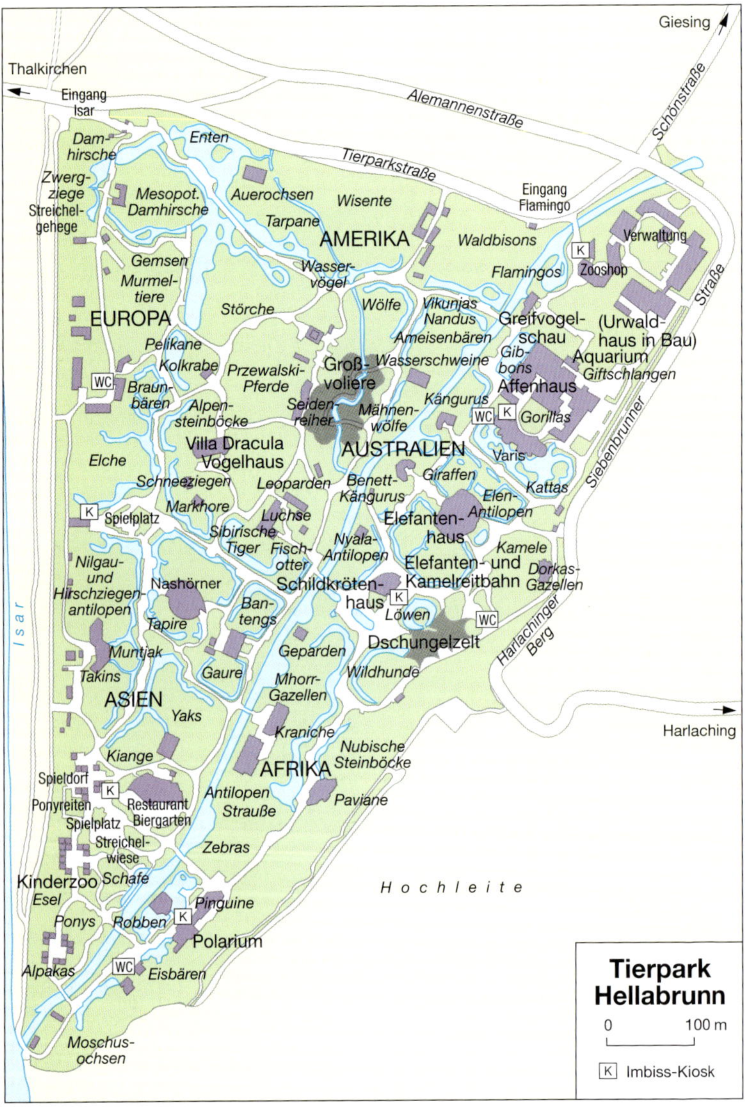

Tierpark Hellabrunn: Blick auf das Löwenfreigehege

darunter das **Elefantenhaus**, das mit der Sensation der ersten freitragenden Beton-Glas-Kuppel der Welt aufwartete. Seit 1972 wird Hellabrunn im großen Stil modernisiert (Architeken Jörg Gribl, Herbert Kochta). Die **Großvoliere** mit ihrer dünnmaschigen stählernen Netzkonstruktion über einer Fläche von 5000 m² ist sein neues Wahrzeichen geworden. Neben der Menschenaffenstation entstanden die Pavillons des **Neuen Affenhauses**, das die verschiedenen Zuchtgruppen in gitterlosen Innenräumen beherbergt. Ein neues **Dschungelzelt** bietet Löwe, Panther und Co. ein prachtvolles Zuhause. Pinguine, Robben, Eisbären haben ein **Polarium** bekommen, und die Menschenkinder dürfen in einem **Kindertierpark** mit Streichelwiese, Spieldorf und Ponyreitbahn mit den

Ein Herz für Tiere: Elefanten-Freigehege mit – auch baugeschichtlich bedeutendem – Tropenhaus

Tieren nahe Bekanntschaft machen. Die **Elefanten- und Kamelreitbahn** ist für die Kleinen ebenfalls ein ganz besonderer Spaß. Gar so manchem Erwachsenen gruselt es hingegen in der neu errichteten **Villa Dracula** beim Anblick der fliegenden Fledermäuse. Im Bau befindet sich derzeit ein neues **Urwaldhaus**.

Als Heinz Heck in den 30er-Jahren mit Erfolg ausgestorbene Tierarten wie den Auerochsen oder das Urwildpferd zurückzüchtete, zeichnete sich bereits ab, dass der Zoo der Zukunft nicht mehr nur dem Anschauungsunterricht, sondern auch der Zuflucht und Zucht bedrohter Arten dienen müsse. Inzwischen sind Wisent, Braunbär, Kreta-Bezoarziege, mehrere Leopardenarten, Wasserbüffel, Davidshirsch – um nur einige Arten zu nennen – kaum oder gar nicht mehr auf freier Wildbahn zu finden und können in ihren Lebensgewohnheiten nur noch im Zoo studiert werden. Damit sind Hellabrunn umfangreiche Forschungsaufgaben zugewachsen.

Öffnungszeiten S. 180

131 St. Maria in Thalkirchen

Fraunbergplatz 1
U-Bahn Thalkirchen

Mittelalterliche, barockisierte Dorf- und Wallfahrtskirche. Werke von Erhart und Günther.

Die ›Kirche im Tal‹ der alten Siedlung war lange Urpfarrei der Orte am linken Isarufer. Im 13. Jh. liegen ihre Anfänge. Mit gotischen Steildächern, einem barockbehelmten Turm und einem neubarocken, überkuppelten Sechseckanbau zeigt sie schon im **Äußeren** ihre Baugeschichte: eine gelungene Synthese der Bauperioden um 1400, 1700, 1908.

Der Anbau von Gabriel von Seidl (neubarocker Stuck mit Jugendstilanklängen) öffnet sich zum barocken **Langhaus** (Frühbarockstuck, Maria-Himmelfahrts-Fresko von J. A. Wolff, 1696) und zum **Chor** mit dem Meisterwerk seines *Hochaltars*. Er ist eine kostbare Verbindung schwelgerischen Rokokos und reich drapierter Spätgotik: Dem *Gnadenbild* der damenhaften Madonna mit Kind – wahrscheinlich einem Werk des Ulmer Schnitzers Michel Erhart von 1482 – gab Ignaz Günther 1760 einen

Ein Platz an der Sonne: Nackerte und nicht so Nackerte am Flaucher in Thalkirchen

St. Maria in Thalkirchen: Spätgotisches Gnadenbild

schwebend nahenden, die Madonna mit einem Blütenkranz krönenden Engel bei und stellte die Gruppe vor eine Strahlenglorie in einen bewegten Säulenaufbau. Günthers St. Joachim und St. Anna zwischen den Säulen werden von Erharts Bischofsfiguren St. Ulrich und St. Korbinian über den seitlichen Durchgängen flankiert.

132 Asam-Schlössl

Maria-Einsiedel-Straße 45
U-Bahn Thalkirchen

Landsitz mit Atelier des berühmten Malers Cosmas Damian Asam, aufschlussreich für Selbstbewusstsein und Anspruch eines arrivierten Künstlers des Spätbarock. Seltenes Beispiel der einst in München weit verbreiteten Fassadenmalerei. Heute bayerisches Restaurant mit Biergarten.

Der wohlhabende Cosmas Damian Asam, der zweimal verheiratet war, viele Kinder hatte und in der Theatinerstraße wohnte, erwarb dieses Anwesen am Rande der Isarauen 1724 als Landsitz. Er stockte das Haus auf, richtete sich unterm Zwerchdach sein Atelier ein und bemalte die **Fassade** allseits üppig mit Scheinarchitekturen, Heiligengestalten und Allegorien, wie es in München damals häufig geschah. Zu der opulenten Künstlerresidenz, die der Maler nach der von ihm freskierten Schweizer Wallfahrtskirche ›Maria Einsiedel‹ nannte, gehörten damals Ökonomiegebäude, ein geometrischer Garten, eine von seinem Bruder Egid Quirin gebaute Kapelle und anderes mehr. Haus- und Fassadenmalerei wurden nach dem Krieg von Schleich wieder hergestellt. An der Hauptfassade: *Madonna mit Kind, Moses, Borghesischer Fechter, Engel auf Wolken.* Im Balkongitter befinden sich des Baumeisters Initialen, ein doppelt verschlungenes CDA.

133 Pfarr- und Wallfahrtskirche Heiligkreuz in Forstenried

Forstenrieder Allee 180 a
U-Bahn Baslerstraße

Das ehrwürdige Holzkruzifix ist das einzige noch im Kirchenraum situierte Meisterwerk der Romanik in München.

Von dem erstarrten Antlitz mit den weit offenen Augen, von dem strengen, geometrisch gegliederten Körper geht eine zwingende mythische Kraft aus. Verständlich, dass Legenden das **Forstenrieder Kruzifix** umweben. Die Hl. Elisabeth soll in Andechs davor gebetet, scheuende Rosse seinen Verbleib in Forstenried bestimmt haben. Der Kunstgeschichte gilt das romanische Werk aus der Zeit um 1180, das wohl in Kloster Seeon entstand und bis 1229 in Andechs war, als erstes Kruzifix mit übereinander genagelten Füßen.

Die **Kirche** geht auf Ursprünge um 1000 zurück, der heutige Bau mit Stichkappentonne entstand im 15. Jh., wurde

Fassadendekorationen am Asam-Schlössl in Thalkirchen

Heiligkreuz in Forstenried – romanisches Kruzifix

im Barock und Rokoko innen umgestaltet, stuckiert, neu eingerichtet, neuerdings umfassend restauriert. Beachtenswert: *Christus und Maria* an den Wandpfeilern von Faßbinder, 1708, zwölf *Apostel-Figuren* von 1670.

Pflichttermin für Cineasten: die Bavaria Filmstadt Geiselgasteig

134 Bavaria Filmtour durch die Bavaria Filmstadt Geiselgasteig

Bavariafilmplatz 7
U-Bahn Silberhornstraße oder Wettersteinplatz, weiter mit Tram 25

Spannende Rundfahrt durch das europäische Hollywood: ein Blick hinter die Kulissen der Traumfabrik.

Man kann sich im Regiestuhl räkeln und im ›Boot‹ die Platzangst einjagen lassen, auf der Rennschnecke durch die ›Unendliche Geschichte‹ reiten, sich im gallischen Dorf des Kinofilms ›Asterix und Obelix gegen Cäsar‹ herumtreiben, Stuntman-Akrobatik bestaunen, Trickaufnahmen durchschauen: Kinowonnen aus erster Hand bei der Anderthalb-Stunden-Tour mit dem Film-Express und zu Fuß durch die 320 000 m² große Film- und Fernsehstadt. Der 1919 gegründete, heute internationale Drehplatz hat Stars von Albers bis Lancaster, von der Dagover bis zur Loren, Spitzenregisseure von Hitchcock bis Faßbinder und Superfilme von ›Cabaret‹ bis ›Väter und Söhne‹ erlebt und uns erleben lassen.

Öffnungszeiten S. 179

Grünwalder Burgenromantik hoch über der Isar

135 Burg Grünwald

Grünwald, Zeillerstraße 3
Tram 25, Bus 224/271

Geschichtsträchtiger Ort im Isartal: Spätmittelalterliche Höhenburg in markanter Lage am östlichen Steilufer des Flusses. Zweigmuseum der Prähistorischen Staatssammlung mit römischem Lapidarium.

Keineswegs Furcht einflößend trutzig, sondern feingliedrig vielgestaltig liegt die **Burg** über der Isar, in der Nähe eines ehemaligen Römer-Kastells; einladend zeigt das spätgotische *Torhaus* im Osten in seinem Treppengiebel gemalte Wappen von Polen bis Jerusalem. Kurz notiert die Geschichte: Gebaut, um den Isarübergang und Floßzoll zu kontrollieren, war sie im 12. Jh. Sitz der Andechser Ministerialen, vom 13. bis zum 17. Jh. Jagdschloss der Wittelsbacher, umfangreich um- und ausgebaut zur Hochzeit Herzog Albrechts mit der Kaisertochter Kunigunde 1487 – daher die Familienwappen im Giebel –, im 18. und 19. Jh. nur noch Adelsgefängnis und Pulvermagazin, ab 1879 Privatbesitz. Seit 1977 gehört sie dem Freistaat Bayern, der die durch Isarunterspülung des Burgbergs gefährdete Anlage teilweise rekonstruieren und restaurieren ließ.

In Teilen der Anlage ist heute das **Burgmuseum Grünwald** untergebracht: Im *Großen Turm* sind, Geschoss für Geschoss, kurzweilige Dokumente zur Burggeschichte ausgestellt, und zuoberst wartet ein Rundblick auf Isartal und Alpenkette. Ein Saal im Ostflügel zeigt vorgeschichtliche *Sonderausstellungen*. Der Westflügel birgt ein *Lapidarium*, das durch raffinierte Einfachheit und Großzügigkeit besticht.

Öffnungszeiten S. 172

SPATEN

München aktuell A bis Z

Vor Reiseantritt

ADAC Info Service: Tel. 0 18 05/10 11 12, Fax 30 29 28 (24 Pf./Min.)

ADAC im Internet: www.adac.de,

München im Internet: www.muenchen-tourist.de, www.muenchen.de, www.munich-info.de, www.in-muenchen.de

Fremdenverkehrsamt der Landeshauptstadt München, (Telefonzentrale) Sendlinger Str. 1, 80331 München, Tel. 0 89/2 33 03 00, Fax 23 33 02 33, Mo–Do 9–15, Fr 9–12.30 Uhr

Tourismusverband München-Oberbayern e. V. Bodenseestr. 113, 81243 München Tel. 0 89/8 29 21 80, Fax 82 92 18 28, Mo–Do 9–12 und 13–16, Fr 9–12.30 Uhr

BAYERN TOURISMUS Marketing GmbH Leopoldstr. 146, 80804 München Tel. 0 89/21 23 97 30, Fax 29 35 82, Mo–Do 8–17, Fr 8–12.30 Uhr

Allgemeine Informationen

Tourismusämter

Fremdenverkehrsamt München:

Hauptbahnhof, Bahnhofsplatz 2 (neben abr), Mo–Sa 9–20, So 10–18 Uhr

Neues Rathaus, Marienplatz 8, Mo–Fr 10–20, Sa 10–16 Uhr

Weitere Auskunftsstellen

Presse- und Informationsamt der Landeshauptstadt München, Rathaus, Marienplatz 8, Zimmer 241, Tel. 23 39 26 00, Mo–Do 8–16, Fr 8–14 Uhr

Jugendinformationszentrum, Paul-Heyse-Str. 22, Tel. 51 41 06 60, Mo–Fr 12–18, Do 12–20 Uhr

Alpine Auskunft – Deutscher Alpenverein, Praterinsel 5, Tel. 29 49 40, Mo–Fr 9–12, Mo–Mi 13–16, Do 13–18 Uhr

Touristik-Information Münchner Umland, Marktplatz 13, 85567 Grafing Tel. 0 80 92/3 32 72

◁ *Ob Lust auf Bier oder auf Surfen im Eisbach, auf Oktoberfestkarussellfahrt, Abtanzen im Kunstpark Ost oder Christkindlmarktbummel – Vergnügungsmöglichkeiten bietet München in Hülle und Fülle. Selber schuld, wer sich da langweilt!*

Informationsschriften

Erhältlich bei den Infostellen der Stadt: **Stadtplan** (0,50 DM) mit den wichtigsten Sehenswürdigkeiten, Bildprospekt **Traumstadt** (1,00 DM), **Museen in München** (kostenlos), **Hotelverzeichnis** (2,00 DM).

Der **MVV** (Münchner Verkehrs- und Tarifverbund) gibt u. a. Broschüren und Informationsblätter heraus.

München im ... [jeweiliger Monat] (3,00 DM), offizielles Monatsprogramm des Fremdenverkehrsamtes mit Programmen, Veranstaltungen, Adressen, Unterkunft usw. an Kiosken, in Buchläden, Hotels, Reisebüros.

Aktuelle Veranstaltungen entnimmt man der **Tagespresse** und den Stadtmagazinen **Münchner Stadtmagazin** und **Prinz** mit großem Programmteil und Adressen zu Kultur, Gastronomie und Nachtleben sowie dem Programm-Magazin **in-münchen** (kostenlos), in vielen Kneipen etc. aufliegend.

Für **Behinderte** kostenloser Stadtführer beim Club Behinderter und ihrer Freunde, Knorrstr. 25, Tel. 3 56 88 08, auch Vermittlung (Di–Do 18–20 Uhr) von kostenlosen **Kulturbegleitern**.

Notrufnummern und Adressen

Polizei: Tel. 110
Feuerwehr: Tel. 112
Rettungsdienst: Tel. 112

ADAC-Pannenhilfe, Tel. 0 18 02/ 22 22 22 (12 Pf./Anruf). Auch Mobilfunk in allen Netzen, ohne Vorwahl

Autobahn-Notrufsäule, ADAC-Hilfe verlangen

ADAC-Geschäftsstellen: Ridlerstr. 35, Sendlinger-Tor-Platz 9, Frankfurter Ring 30, Elsässer Str. 33

Fundbüros

Fundbüro der Stadtverwaltung München, Ötztaler Str. 17, Tel. 2 33 02 51, -6, Mo–Do 8–12, Di 8–12, 14–18.30, Fr 7–12 Uhr

Fundstelle der Deutschen Bahn AG im Münchner Hauptbahnhof (auch Fundsachen aus dem S-Bahn-Bereich), Tel. 13 08 66 64, tgl. 6.30–23.30 Uhr

Fundbüro am Flughafen München, Zentralbereich, Tel. 97 52 13 70, tgl. 0–24 Uhr

Anreise

Auto

Fünf **Autobahnen** laufen in München zusammen: Die Garmischer (A 95), Lindauer (A 96), Nürnberger (A 9), Passauer (A 92) und Salzburger (A 8) münden direkt in den Mittleren Ring, während die aus Stuttgart kommende Autobahn (A 8) über die Verdistraße auf den Ring trifft.

Umfangreiches Informations- und Kartenmaterial können Mitglieder des ADAC kostenlos unter Tel. 0 18 05 / 10 11 12 (24 Pf./Min.) anfordern. Im ADAC Verlag sind außerdem der Stadtplan *München* (1 : 20 000) und die Regionalkarte *Oberbayern* (1 : 150 000) erschienen.

Lotsenstationen an Autobahnen, Zentral-Tel. 67 16 90: BAB Salzburg, Ramersdorf, Tel. 67 27 55; BAB Stuttgart, Obermenzing, Tel. 811 2412. Service tgl. 8–18 Uhr: Info und Beratung, d. h. Prospekte, Stadtpläne, MVV-Infos und -Fahrkarten, Zimmernachweis/ Reservierung, Fremdenführer-Vermittlung, Cafeteria und Geldwechsel; Reisewegberatung und Straßenkarten. **Lotsen-Mitfahrt** für 34,00 DM/Std., Abholdienst möglich.

Bahn

Hauptbahnhof am Rande der Münchner Innenstadt mit Anschluss an alle S-Bahnen, einige Tram- und U-Bahnen. MVV-Fahrkartenverkauf. Nur wenige Züge treffen am **Ostbahnhof** ein.

Reiseservice der Deutschen Bahn AG Tel. 0 18 05 / 99 66 33

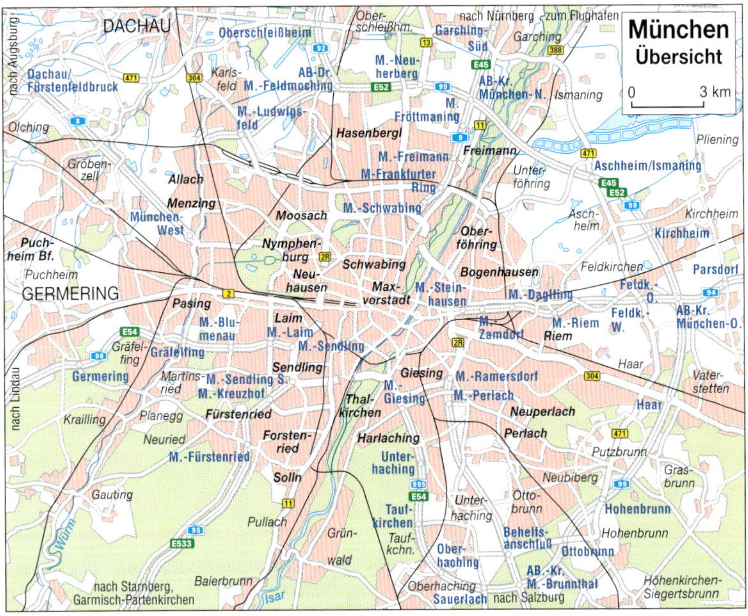

Flugzeug

Mit dem Flugzeug ist München über den **Flughafen Franz-Josef Strauß** (ca. 30 km nördlich der Stadt) erreichbar, Anfahrt mit dem Auto über **Autobahn A 92**.
Im Zentralgebäude und am Besucherpark gibt es eine **S-Bahn-Station**; die Flughafenlinien S1 und S8 fahren im 20-Minuten-Takt, Fahrtdauer zur Innenstadt ca. 40 Min. (Einzelfahrkarte zum Preis von 15,20 DM).
Der **Airport-City-Bus** bis Hauptbahnhof fährt alle 20 Minuten, Fahrtdauer ca. 45 Min. (Preis für Erwachsene einfach 16,00 DM, für Kinder 6,00 DM).
Eine **Taxifahrt** in die Innenstadt dauert ca. 30 Min. (Preis etwa 90,00 DM).

Flughafen-Zentrale, Tel. 9 75-00, **Flugauskünfte**, Tel. 9 75-2 13 13

Bank, Post, Telefon

Bank

Schalterstunden von **Banken** und **Sparkassen** im Allgemeinen Mo–Fr 8.30–12.30, 13.30–15.45, Do bis 17.30 Uhr

Hauptbahnhof tgl. 6–23 Uhr

Flughafen tgl. 6.15–22 Uhr

Wechselautomaten für die gängigsten ausländischen Währungen: Stadtsparkasse, unter den Arkaden zum Tal, und im Eingangsbereich des Ostbahnhof

Post

Schalterstunden der **Postämter** Mo–Fr 8–18, Sa 8–12 Uhr

Postfiliale 32, ehem. Telegrafenamt, Bahnhofplatz 1, gegenüber vom Hauptbahnhof, Mo–Fr 7–20, Sa 8–16, So 10–15 Uhr; hauptpostlagernde Sendungen, Postdienst

Flughafen-Postfiliale 24, im Zentralbereich, Mo–So 7.30–21 Uhr

Telefon

Die **Vorwahl** von München ist **089**.

Einkaufen

Geschäftszeiten sind im Allgemeinen Mo–Fr 9.30–18.30, in der Innenstadt Mo–Fr 9.30–20, Sa 9–16 Uhr. Im Haupt- und Ostbahnhof haben einige Läden täglich bis 23 Uhr geöffnet.

Nur kein Neid: Luxus-Charivari an der Krachledernen

Bayerisches

Keine Verlegenheit um typisch ›weiß-blaue‹ Mitbringsel! Hier einige Anregungen von sündteuer bis wohlfeil: Amulette, alte Gebetbücher, Bauernleinen, Bauernpuppen, Bierkrügerl, Gamsbarthüte, Fatschenkinder, Gewürzsträußchen, Gipslöwen, Haferlschuhe, Hinterglasbilder, Nymphenburger Porzellan, original bayerischer Met, Spanschachteln, Trachtenstoffe und -zubehör, Töpferzeug, Wachskerzen und -wappen, Zinnfiguren.

Trachten und Volkskunst

Die schöne Münchnerin, Petersplatz 10. Alpenländisches von rustikal bis edel.

TOP TIPP **Holareidulijö**, Schellingstr. 81. Bayerische Lederhosen und Tracht.

Loden-Frey, Maffeistraße 7–9. Die wohl beste Auswahl an Trachten und Accessoires, daneben Allgemeinmode von gediegenem Schick.

Resi Hammerer, Maximilianstr. 27. Loden und Sportcouture.

Sebastian Wesely Schnitzereien, Zinn, Wachskunst, Rindermarkt 1.

Trachten Haslinger, Rosental 10. Preiswertes Spezialgeschäft.

Trachten- und Landhausmoden Charivari, Sendlinger Str. 44 und 49.

Wachszieher am Dom, Thiereckstr. 2.

Wallach, Residenzstr. 3. Haus für Volkskunst und Trachten.

Zinngießerei Mory, Marienplatz 8, im Rathaus.

Erlesenstes Souvenir: Nymphenburger Porzellan

Verschiedenes

Etcetera Kunst und Humor, Wurzerstr. 12. Kuriositäten vom Weißwurstorden bis zu »einem Quadratmeter Bayern«. Auch feiner Schmuck und Gläser.

Fränkische und Westfälische Wurstwaren, Marienplatz 7, im Rathaus, Eingang Dienerstraße.

Honighäus'l Otter, Viktualienmarkt 2. Original bayerischer Met aus Hallertauer Hopfen und würzigen Kräutern.

Porzellanmanufaktur Nymphenburg, Verkaufsraum, Odeonsplatz 1.

Residenz-Bücherstube, Residenzstr. 1. Schwerpunkt Bavarica.

Buchhandlungen

Goltz, Türkenstr. 54. Das ›Bilderbuchparadies‹. Kunst und Design.

Hermetische Truhe, Kurfürstenstr. 45. Alles, was das Esoterikerherz begehrt.

Lillemors Frauenbuchladen, Barer Str. 70. Lesestoff für Frauen.

Literaturhandlung, Fürstenstr. 17. Die jüdische Buchhandlung.

Werner, Residenzstr. 18. Architektur, Kunst, Design und Fotografie.

Delikatessen

Reiche Auswahl am **Viktualienmarkt** und am kleineren Schwabinger **Elisabethmarkt,** Elisabethplatz.

Alois Dallmayr, Dienerstr. 15. Traditionsreiches Geschäft mit internationalen Delikatessen.

Feinkosthaus am Kühbogen, Salvatorstr. 2/Eingang Theatinerstr. Ausgewählte Leckereien für Gourmets.

Käfer Feinkosthaus, Prinzregentenstr. 73. Feinschmecker-Hochburg der Schicki-Mickis.

Spanisches Fruchthaus, Rindermarkt 10. Trockenfrüchte, Kandiertes, Nüsse etc. aus aller Welt.

Extras

Bernsteinladen, Marienplatz 8, im Rathaus. Schmuck und Dekoratives.

Captain's Saloon, Westenriederstr. 31/Radlsteg. Nautische, sportliche und technische Antiquitäten.

Daimer-Filze, Dienerstraße, im Rathaus. Filztuche, Dekorations- und Spezialfilze.

Erzgebirgsladen Die Spieldose, Blumenstr. 1. Erzgebirgler Schnitzwaren.

Foto-Raritäten-Center, Herzogspitalstr. 24. Alte Kameras für Sammler.

Perlenmarkt, Nordendstr. 28. Spitzenauswahl an Perlen aus Holz, Plastik, Glas, Messing, Keramik.

Pfeifen-Huber, Tal 22. Exquisite Pfeifen und Tabake.

PS: Papier, Kaiserstr. 46. Feinste Papierwaren und stilvolle Schreibutensilien.

Kunsthandel

Antiquariate

Ackermann, Ludwigstr. 7. Wertvolles für Bibliophile.

Hammerstein, Türkenstr. 37 und Augustenstr. 101. Illustrierte Bücher des 19. und 20. Jh.

Hauser, Schellingstr. 17. Bücher und Grafik.

Hugendubel am Salvatorplatz, Salvatorplatz 2. Bücher und Grafik.

Kitzinger, Schellingstr. 25. Belletristik und Fachbücher in reicher Auswahl.

Monika Schmidt, Türkenstr. 11. Grafik, Stadtansichten, Landkarten.

Wölfle, Amalienstr. 65. Erlesene Bücher und Grafik des 19. und 20. Jh.

Antiquitäten

Dicht aneinander gereiht liegen edle Antiquitätengeschäfte in der **Ottostraße** und der **Prannerstraße**. Nördlich davon in der **Fürstenstraße** findet man einige kleinere Läden mit sehr gutem Angebot an

Glas, Möbeln und Silber. Vortreffliche Antiquitätenzeilen in Schwabing und in der Maxvorstadt sind die **Kurfürsten-**, **Türken-** und **Schellingstraße**, dort gibt es vor allem Jugendstil, Art Déco und Ethnographisches. Südlich der Maximilianstraße sind an der **Hochbrücken-**, **Neuturm-** und **Falkenturmstraße** einige Geschäfte mit Barockem, Englischem und Art Déco vertreten. Volkskunst und Bäuerliches, dazu viel Kurioses bieten die kleineren Läden an und nahe der **Westenriederstraße**.

Art Déco, Neuturmstr. 3. Möbel, Lampen etc. der 20er- und 30er-Jahre.

Dr. Balogh, Theatinerstr. 35 / Residenzpassage. Gemälde des 19. und 20. Jh., vor allem Münchner Schule.

Bernheimer Fine Old Masters, Brienner Str. 7. Spezialisierung auf Spitzenobjekte.

Julius Böhler, Brienner Str. 10. Gemälde alter Meister, Skulpturen, altes Kunstgewerbe.

Roswitha von der Reck, Elisabethstr. 44. Möbel, Uhren, Objects d'art, 17.–19. Jh.

Auktionshäuser

Christie's, Residenzstr. 27

Karl & Faber, Amiraplatz 3

Ketterer, Brienner Str. 25

Neumeister, Barer Str. 37

Ruef, Gabelsbergerstr. 28

Weiner, Prinzregentenstr. 54

Galerien

Der erste Donnerstagabend im Monat ist für Münchner Kunstnarren ein geheiligter Termin: Vernissage in der **Maximilianstraße**. Rund 20 Galerien eröffnen bis 21 Uhr ihre monatlich wechselnden Ausstellungen: ein Korso für Leute, die auf anwesende Künstler, neue Kunsttrends und Leute neugierig sind. Meditativere Naturen genießen ohne Vernissage-Rummel tagsüber (außer sonn- und montags) ihre Favoriten. Ein weiteres Galerie-Zentrum gibt es in der **Isarvorstadt** rund um den Gärtnerplatz; in **Haidhausen**, **Schwabing** und in der **Maxvorstadt** sind die Galerien kunterbunt über den ganzen Stadtteil verteilt.

Von Abercron, Maximilianstr. 22. Klassiker der ersten Hälfte des 20. Jh.

Moderne Kunst hat in München aufmerksame Liebhaber

Von Alvensleben, Schellingstr. 46. Vorkriegs-Avantgarde, ostdeutsche Künstler, Fotografie, R. Schlichter

Anais, Sedanstr. 22. Zeitgenössische Künstler. Viele Münchner Maler.

Architekturgalerie, Türkenstraße 30. Architekturzeichnungen.

Arnoldi-Livie, Galeriestr. 2 b. Exquisite Einzelobjekte 16.–20. Jh. Schwerpunkt Zeichnung.

Bartsch & Chariau, Galeriestr. 2. Zeichnungen, Werbegrafik, Karikaturen, Comics und Cartoons.

Biedermann, Maximilianstr. 25. Zeichnungen und Grafik besonders des 20., aber auch früherer Jahrhunderte.

Dube-Heynig, Schumannstr. 6. Qualitätvolle Zeitgenossen.

Galerie am Haus der Kunst, Franz-Josef-Strauß-Ring 4. Japanische Holzschnitte und Malerei.

Gunzenhauser, Mauerkircherstr. 2. Klassische deutsche Moderne und Neuerer der Nachkriegskunst von Jawlensky bis Cavael.

Michael Hasenclever, Cuvilliésstr. 5. Experimentelle Kunst.

Heinz Herzer, Gabelsbergerstr. 17. Baschang, Belling, Reichert, Stoll u. a.

Heseler, Knorrstr. 87. Konstruktivismus, Zero, Tachismus, Informel.

Fred Jahn, Maximilianstr. 10. Berühmte Zeitgenossen von Nitsch bis Richter und viel versprechende Talente von Günzel bis Kaletsch. Traditionelle afrikanische Kunst.

Dany Keller, Buttermelcherstr. 11/Rückgebäude. Avantgarde, Performances und Installationen.

Bernd Klüser, Georgenstr. 15. Beuys, Chia, Cucci, Paladino, Christo u. a.

Sabine Knust – Maximilian Verlag, Maximilianstr. 14. Moderne Druckgrafik.

Loo, van de, Maximilianstr. 29. Informel, Action Painting, Abstrakter Expressionismus.

Pabst, Innere Wiener Str. 11 a. Avantgarde des 20. Jh. in interessanten Facetten.

Pfefferle, Rumfordstr. 29. Neue Expressive: Adamski, Bach, Disler, Dokoupil, Fetting, Szczesny, Zimmer u. a.

Karin Sachs, Buttermelcherstr. 16. Avantgarde, Installationen.

Schellmann Edition, Römerstr. 14. Beuys, Warhol, Merz und andere Arrivierte der Moderne.

Thomas, Maximilianstr. 25. Highlights der Moderne von Picasso bis Salome.

Kunsthandwerk

Bayerischer Kunstgewerbeverein, Pacellistr. 6–8. Anspruchsvolles bayrisches Kunsthandwerk.

First Glas Galerie, Heßstr. 58. Neues Glas in allen Variationen.

Magellan, Maximilianstr. 22 / Innenhof. Erlesenes Kunsthandwerk.

Was schick ist, diktiert in München die Modemesse: die einzige wirklich willkommene Diktatur

Radspieler, Hackenstr. 7. Traditionelles und Formschönes in Holz, Keramik, Textilien etc.

Mode

TOP TIPP Münchens eleganteste Modemeile ist die **Maximilianstraße**, wo man alle klingenden Namen der Haute Couture vertreten findet: Gucci, Jil Sander, Saint-Laurent, Guy Laroche u. a. Eine Augenweide betörender Auslagen bieten auch die **Residenz-** und **Theatinerstraße** sowie die **Brienner Straße** mit Zentrum **Luitpoldblock** und **Wittelsbacher Platz**.

Eher junge und ausgeflippte Mode findet man u. a. in Schwabing, etwa auf der **Leopold-** und **Hohenzollernstraße**. Ebenso lohnt sich ein Bummel durch die Maxvorstadtboutiquen in der **Schelling-**, **Amalien-** und **Türkenstraße**.

In der Innenstadt ist die **Sendlinger Straße** eine attraktive Einkaufsstraße mit erschwinglichem Preisniveau.

Das Dorado aller Einkaufswütigen aber ist die Fußgängerzone zwischen **Marienplatz** und **Stachus**, wo sich die großen Kaufhäuser aneinander reihen, deren riesige Modeabteilungen auch attraktive Designerboutiquen beherbergen.

Ludwig Beck am Rathauseck, Marienplatz 11. Modekaufhaus mit Qualitäts-Kollektionen und Designermode, dazu Musikabteilung, Café und Sushi-Bar.

Max Dietl, Residenzstr. 16. Münchens traditionsreicher Schneider Nummer 1!

Hallhuber-Läden, u. a. Hohenzollernstr. 6, Marienplatz 17. Witziges und Klassisches zu akzeptablen Preisen.

Holy's, Maximilianstr. 21. Schicke, etwas teurere Herrenmode.

Uli Knecht, Residenzstr. 15 und 19–20. Die klassische Adresse für modebewusste MünchnerInnen.

Krines, Residenzstr. 18–19. Edle Dessous und Bademoden.

Lacher Modehaus, Theatinerstr. 42. Damenmode mit Chic und Pep.

Maendler Modehaus, Theatinerstr. 7. Damenmode, klassisch bis extravagant.

Eduard Meier, Residenzstr. 22. Erstklassiges Schuhwerk.

Rudolf Moshammer, Maximilianstr. 14. Herrenausstatter, dessen Name in keiner Gesellschaftskolumne fehlt.

Slips & Underwear, Corneliusstr. 9. Extravagante Dessous für Sie & Ihn.

Zsa Zsa, Schellingstr. 66. Raritäten und Evergreens aus den 20er- bis 50er-Jahren aus zweiter Hand oder neu geschneidert.

Musikkonserven

TOP TIPP **Jazz is Beck**, Ludwig Beck am Rathauseck, Marienplatz 11. Schier unglaubliche Auswahl an Jazz-, Klassik- und Sprechplatten.

Müller, Tal 23–25. Rock, Pop, Jazz und Klassik im Obergeschoss.

WOM, Kaufingerstr. 15. Gut sortiert in allen Musikrichtungen.

Zauberflöte, Falkenturmstr. 8 / Passage. Klassik-Raritäten, auch aus zweiter Hand: Sprechplatten, Salonmusik, Musicals, Opern und Ballettmusik.

Musikinstrumente und Noten

Bairisches Volksmusikstüberl, Bräuhausstr. 8. Volksmusikinstrumente und Noten.

Hieber am Dom, Liebfrauenstr. 1. Instrumente, Musikalien und Musikbücher, auch Eigenverlag.

Wohnen und Design

Campanula. Das Blumenhaus, Fraunhoferstr. 4. Ausgefallene Gebinde.

Focus, Leopoldstr. 87. Gutes italienisches Design.

Go-in, Herzogspitalstr. 3. Schöne Wohnaccessoires.

TOP TIPP **Kokon**, Lenbach-Palais, Lenbachplatz 3. Schicke Naturholzmöbel im asiatischen Stil, attraktives Wohndesign inklusive Geschirr, Textilien, Pflanzen und ein Buchladen – das alles auf drei Etagen.

Kompaniet, Blumenstr. 21. Der wunderschöne Stoffladen. Skandinavische Accessoires und Sitzmöbel.

Landpartie, Kurfürstenstr. 10 und Georgenstr. 35. Gemütlicher Streifzug durch Italien, England, Frankreich und Amerika. Möbel, Wohnaccessoires und Stoffe.

Porcelaine Blanche, Schellingstr. 48. Ausschließlich weißes Porzellan.

Schöner Essen, Rindermarkt 1. Alles für den liebevoll gedeckten Tisch.

Hier glitzert's und funkelt's in allen Auslagen – Sehnsüchte werden geweckt und gestillt in der Maximilianstraße

Thimian, Müllerstr. 3. Internationales avantgardistisches Design.

Villa Max, Max-Weber-Platz 8 a. Ausgefallene Möbel und Accessoires.

Essen und Trinken

Gourmet-Tempel

Austernkeller, Stollbergstr. 11, Tel. 29 87 87. Für Liebhaber von Meeresgetier ein wahres Unterwasserparadies.

Gasthaus Glockenbach, Kapuzinerstr. 29, Tel. 53 40 43. Haute Cuisine im Schlachthofviertel.

Halali, Schönfeldstr. 22, Tel. 28 59 09. Altmünchner Speisewirtschaft mit Nouvelle Cuisine und vor allem vorzüglichen Wildgerichten.

Käfer Schänke, Prinzregentenstr. 73, Tel. 4 16 82 47. Trüffel und Kaviar in üppiger Dekoration.

Kempinski München, Hotel Vier Jahreszeiten, Maximilianstr. 17, Tel. 2 12 50. Klassische Küche mit eigener Note.

Mark's, Mandarin Oriental München, Neuturmstr. 1, Tel. 29 09 80. Stilvolles Restaurant mit kulinarischem Ehrgeiz.

TOP TIPP **Massimiliano**, Rablstr. 10, Tel. 4 48 44 77. Kellerlokal mit hochambitionierter Küche.

Tantris, Johann-Fichte-Str. 7, Tel. 361 95 90. Hohe Schule der Gourmet-Kunst.

Spezialitätenrestaurants

TOP TIPP **Asam-Schlössl**, Maria-Einsiedel-Str. 45, Tel. 7 23 63 73. Gute bayerisch akzentuierte Küche, Garten, atmosphärereiches Ambiente [Nr. 132]. Reservierung empfohlen.

Bistro Terrine, Amalienstr. 89, Tel. 28 17 80. Tantris-Ableger mit einfallsreicher Küche zu zivilen Preisen, Jugendstil-Ambiente.

TOP TIPP **Franziskaner – Fuchsenstuben**, Perusastr. 5, Tel. 2 31 81 20. Traditionsreiches und ausgesprochen kultiviertes Münchner Restaurant.

Grüne Gans, Am Einlaß 5, Tel. 26 62 28. Feinste Kulinarik in einer Schatulle von Lokal.

Der Hesseloher (Hesseloher Hof), Hesseloher Str. 13, Tel. 34 02 95 76. Kräftige Hausmannskost, unkomplizierte und familiäre Stimmung.

Italfisch, Zenettistr. 25, Tel. 77 68 49. Italienische Fischgerichte.

Makassar, Dreimühlenstr. 25, Tel. 77 69 59. Beliebtes Lokal mit französisch-orientalischer Küche und exotischem Touch.

Weinhaus Neuner, Herzogspitalstr. 8, Tel. 2 60 39 54. Gute Weine und neudeutsche Küche.

Welser Kuche, Residenzstr. 27, Tel. 29 65 65. In alten Gewölben stundenlang zelebriertes mittelalterliches Schlemmermahl.

Zum Klösterl, St.-Anna-Str. 2, Tel. 22 50 86. Köstliche bayerisch-böhmische Schmankerl locken auch Prominenz.

Gaststätten

Altes Hackerhaus, Sendlinger Str. 14, Tel. 2 60 50 26. Altmünchner Traditions-Gaststätte.

Andechser am Dom, Weinstr. 7, Tel. 29 84 81. Bewährtes Lokal.

TOP TIPP **Augustinerbräu**, Neuhauser Str. 27, Tel. 23 18 32 57. Herausragend sind Innenhof und Muschelsaal.

Augustiner Bräustuben, Landsberger Str. 19, Tel. 50 70 47. Empfehlenswerte, preisgünstige Küche.

Braunauer Hof, Frauenstr. 42, Tel. 22 36 13. Lange Speisekarte, große Portionen und schöner Biergarten.

Hofbräuhaus, Am Platzl 9, Tel. 22 16 76. Lautstarke Schwemme, im Oberstock gepflegtes Restaurant, Biergarten.

Nürnberger Bratwurstglöckl am Dom, Frauenplatz 9, Tel. 22 03 85. Urige Stimmung, serviert wird auf Zinntellern.

Ratskeller, Marienplatz 8, Tel. 21 99 89-0. Stimmungsvolle neugotische Gewölbe. Fränkische Spezialitäten.

Spatenhaus, Residenzstr. 12, Tel. 2 90 70 60. Edel-rustikal. Nach Opernende wird's voll.

TOP TIPP **Straubinger Hof**, Blumenstr. 5, Tel. 2 60 84 44. Lange Speisekarte, große Portionen.

TOP TIPP **Weißes Bräuhaus**, Tal 7, Tel. 29 98 75. Schneider-Weiße als original Flaschengärung bietet dieses beliebte Altmünchner Wirtshaus.

Wirtshaus zur weiß-blauen Rose, Marienplatz 11, Tel. 23 69 10. Deftiges in geschmäcklerisch-folkloristischer Dekoration.

Zum Brunnwart, Biedersteiner Str. 78, Tel. 3 61 40 58. Gute bayerische Küche. Schöner Biergarten.

Zum Spöckmeier, Rosenstr. 9, Tel. 26 80 88. Gediegene Küche, Altmünchner Fluidum.

Brauhäuser mit Sudkessel im Haus

Isar Bräu im Isartalbahnhof, Großhesselohe, Kreuzeckstr. 23, Tel. 79 89 61

Paulaner-Bräuhaus, Kapuzinerplatz 5, Tel. 544 61 10

Unions-Bräu, Einsteinstr. 42, Tel. 47 76 77

Biergärten

Augustinerkeller, Arnulfstr. 52. Stimmungsvoller Garten mit 5000 Sitzplätzen unter Kastanien.

TOP TIPP **Aumeister**, Sondermeierstr. 1. Beliebtes Ziel der Spaziergänger im nördlichen Englischen Garten.

Chinesischer Turm, Englischer Garten 3. Sommer-Tummelplatz für Münchner, Touristen und Ausgeflippte.

Grüntal, Grüntal 15. Frischluft und Maßkrugheben für Prominente.

Hirschgarten, Hirschgartenallee 1. 7000 Sitzplätze, kinderfreundlich.

Hofbräukeller, Innere Wiener Str. 19. Hofbräu-Ausschank in familiärer Atmosphäre.

Kreitmair, Keferloh 2. Hier trifft sich unter Kastanien die Polit-Prominenz.

Löwenbräukeller, Nymphenburger Str. 2. Traditionsreich und urig.

Kalorien zählen verboten!

Bayerische Tafelfreuden

Es gab drei bayerische Landesteilungen; die immer währende vierte bewirkt die Weißwurst, indem sie die Bayern spaltet in solche, die sie delikat, und solche, die sie fad finden. Einigkeit hingegen besteht über die Köstlichkeit anderer autochthoner Schmankerl: Leberkäs, Schweinshaxe, Surhaxe, Schweinsbraten mit Kartoffel- oder Semmelknödel(n!), Kalbslüngerl, Kutteln, Blutwurstgröstl, Leberknödlsuppe oder aufgeschmalzene Brotsuppe, Dampfnudeln, Auszogne, Zwetschgendatschi ... Derlei Bodenständiges ist in München in jeder soziologischen Form zu finden, ›gehoben bürgerlich‹, ›gutbürgerlich‹, ›volkstümlich‹, und je nachdem auf der Speisekarte ›hochdeutsch‹ ergänzt.

Max-Emanuel-Brauerei, Adalbertstr. 33. Kleiner, aber gemütlicher Biergarten mit Restaurant. Studententreff.

TOP TIPP **Menterschwaige**, Menterschwaigstr. 4. Schön schattig am Isarhochufer gelegen.

Salvatorkeller am Nockherberg, Hochstr. 77. Dunkles, starkes Fastenbier. 1999 abgebrannt, wird das Lokal etwa ab 2002 wieder eröffnet.

Sankt Emmerams-Mühle, Oberföhring, Sankt Emmeram 41. Sommer-Treff der Schickis.

TOP TIPP **Seehaus**, Kleinhesselohe 3. Münchner Köstlichkeiten inmitten des Englischen Gartens mit Blick über den See.

Taxisgarten, Taxisstr. 12, Tel. 15 68 27. Der Biergarten der Neuhausener und Nymphenburger.

Waldwirtschaft Großhesselohe, Georg-Kalb-Str. 3, Tel. 74 99 40 30. Tgl. Swing-Jazz, So ab 11 Uhr.

TOP TIPP **Zum Dürnbräu**, Dürnbräugasse 2, Tel. 22 21 95. Drinnen rennbahnlanger Wirtshaustisch und draußen zwei kleinere Biergärten.

Ausländische Spezialitäten

Asiatisch

Cô-Dô (Vietnam), Lothringer Str. 7, Tel. 4 48 57 97. Kaiserliche Küche aus Hue, leicht wie Nouvelle Cuisine.

Daitokai (Japan), Kurfürstenstr. 59, Tel. 2 71 14 21. Direkt am Tisch wird wahrhaft Köstliches zubereitet.

Fung Wah (China), Prinzregentenplatz 11, Tel. 4 70 57 05. Kantonesische Kochkunst, wenig europäisiert.

Jasmin, Ottobrunn, Rosenheimer Landstr. 91, Tel. 6 09 09 70. Schwergewicht auf indonesischen Spezialitäten. Behagliche Räume, auch Garten.

Jeeta's (Indien), Seitzstr. 13, Tel. 22 39 31. Angenehm schlichtes Ambiente für vorzügliche nordindische Küche.

Des Münchners liebste Beschäftigung: Biergarteln

Biergärten und Bierkeller

Der Münchner Heilige Kühe sind die Biergärten, die vielfach Bier-›keller‹ heißen, ›auf‹ denen man sitzt. Früher durfte im Sommer nicht gebraut werden, also lagerte man das Winterbier in tiefe Keller in oder am Rande der Stadt und pflanzte über den Kellern Schatten spendende Kastanien an. Nahe liegend, dass sich hier Ausschank und Bewirtung entwickelten; als aber die Gastwirte gegen die Bewirtung protestierten, blieb's nur noch beim Ausschank, die Brotzeit brachte man mit. So darf man's heute noch halten. Dass man's nicht muss, begünstigen herzhafte Speisekarten. Wo die Natur es zuließ, sind später Biergärten ohne Zusammenhang mit Kellern entstanden.

Mekong (Vietnam), Lachnerstr. 1, Tel. 16 90 92. Schon lange in München und beliebt wie eh und je.

Seoul (Korea), Leopoldstr. 120, Tel. 34 81 04. Erstes koreanisches Restaurant in München.

Shida (Thailand), Klenzestr. 32, Tel. 26 93 36. Vorzügliche Thai-Currys und feine Desserts.

Shiraj (Indien), Leonrodstr. 56, Tel. 1 29 39 74. Unverfälschte Gerichte, angemessen hohe Preise.

Französisch

Chez Philippe, Holzstr. 16, Tel. 26 61 99. Französische Hausmannskost.

Rue des Halles, Steinstr. 18, Tel. 48 56 75. Geschmackssichere Küche, heller Raum.

Le Gaulois, Hörwarthstr. 4, Tel. 36 74 35. Holztischgemütlichkeit mit feiner Zunge.

Werneckhof, Werneckstr. 11, Tel. 39 99 36. Vorzügliche französische Cuisine in lockerer Atmosphäre.

Griechisch

Kytaro, Innere Wiener Str. 36, Tel. 4 801176. Livemusik zu Gyros und anderer Hausmannskost.

Symposion, Ligsalzstr. 38, Tel. 50 98 54. Vorspeisenbuffet, Lammgerichte.

International

Africano, Sendlinger Str. 31 (Eingang Schmidstr.), Tel. 26 02 60 19. Ein Hauch Afrika in sympathischem Kolonialambiente. Biergarten und Livemusik (So geschl.).

Italienisch

Acquarello, Brahmsstr. 32, Tel. 4 70 48 48. Raffinierte italienische Küche.

Grissini, Helmtrudenstr. 1, Tel. 36 10 12 13. In-Trattoria.

Il Mulino, Görresstr. 1, Tel. 5 23 33 35. Preiswerte Köstlichkeiten, schöner Kastanien-Garten.

TOP TIPP **La Stella**, Hohenstaufenstr. 2, Tel. 34 17 79. Hervorragende klassische italienische Küche.

Locanda Picolit, Siegfriedstr. 11, Tel. 39 64 47. Neue italienische Küche. Perfekt und kreativ.

Kroatisch

Opatija, Rindermarkt 2, Tel. 26 83 53. Traditionell, gediegen.

Plitvicer Seegrill, Schleißheimer Str. 159, Tel. 30 5972. Gemütlich und gut.

Mexikanisch

Sausalitos, Türkenstr. 50, Tel. 28 15 94. Publikumsliebling mit rustikalem Ambiente, zahllosen Drinks und feurigem Essen.

Spanisch

Bodega Dali, Tengstr. 6, Tel. 27 77 96 96. Gute Weine, viel Knoblauch und faire Preise.

Don Quijote, Biedersteiner Str. 6, Tel. 34 23 18. Münchens ältestes spanisches Restaurant.

Türkisch

Antalya, Bergmannstr. 50, Tel. 50 19 48. Familiäre Atmosphäre, zivile Preise.

Orient Sato, Häberlstr. 1, Tel. 53 66 70. Gediegene Küche und freundliches Ambiente.

Pardi, Volkartstr. 24, Tel. 13 18 50. Beste anatolische Küche.

Vegetarische Restaurants

buxs, Frauenstr. 9, Tel. 2 91 95 50. Selbstbedienung bei Pasteten, Gemüsegerichten und hausgemachten Kuchen.

Café Ignaz, Georgenstr. 67, Tel. 271 60 93. Vegetarische Küche, schmackhafte Vollwertkuchen.

Prinz Myshkin, Hackenstr. 2, Tel. 26 55 96. Abwechslungsreiche Vollwertkost in hellem, luftigem Raum, ehemalige Brau-Halle des Alten Hackerhauses.

Weinstuben

Geisel's Vinothek, Schützenstr. 11, Tel. 55 13 71 40. Riesenauswahl an Weinen, einfallsreiche Küche.

Pfälzer Weinprobierstube, Residenzstr. 1, Tel. 22 56 28. Reine Weine und Hausmannskost unter hohen Gewölben, ausgelassene Stimmung.

Weinstube Holzbaur, Frauenstr. 10, Tel. 22 41 41. Hervorragende Württemberger Weine und schwäbische Spezialitäten.

Cafés und Café-Restaurants

Tambosi am Hofgarten, Odeonsplatz 18. Im Sommer Tische im Hofgarten und am Odeonsplatz: Münchens strahlendster Fleck.

Café Arzmiller, Salvatorstr. 2. Im Arkadenhof an der Theatinerkirche.

Café Dukatz, Salvatorplatz 1. In-Lokal im Literaturhaus München.

Schmalznudel, Prälat-Zistl-Str. 8. Für Frühaufsteher, von 5–13 Uhr.

Café Kreutzkamm, Maffeistr. 4. Spezialitäten: Baumkuchen und Dresdner Stollen.

Café Luitpold, Brienner Str. 11. Kaffeehaus und Bistro mit Gourmet-Buffet. Spezialität: Luitpoldtorte.

Café Reber, Herzogspitalstr. 9. Kaffee, Original-Mozartkugeln und anderes.

Café Rischart, Marienplatz 18. Üppige, jahreszeitenbedingte Auswahl.

Conditorei-Café Rottenhöfer, Residenzstr. 25/26. Eigene Confiserie.

Turmstüberl im Valentin-Musäum, Tal 43. Leberknödlsuppe im Plüschmobiliar.

Feste und Feiern

Feiertage

1. Jan. (Neujahr), 6. Jan. (Hl. Drei Könige), 21. April (Karfreitag), 24. April (Ostern), 1. Mai (Tag der Arbeit), 1. Juni (Himmelfahrt), 11./12. Juni (Pfingsten), 22. Juni (Fronleichnam), 15. Aug. (Mariä Himmelfahrt), 3. Okt. (Tag der deutschen Einheit), 1. Nov. (Allerheiligen), 25./26. Dez. (Weihnachten)

Januar/Februar

Neujahrsanblasen vom Alten Peter

Faschingssaison mit traditionellen Bällen: ›Damische Ritter‹, ›Weiße Feste‹, ›Schwarz-Weiß-Bälle‹. Faschingsausklang mit Gaudi und Tanz am Fschingssonntag und -dienstag in der Fußgängerzone, **Tanz der Marktfrauen** am Viktualienmarkt am Faschingsdienstag, Waschen des Stadtsäckels im Fischbrunnen am Aschermittwoch

Schäfflertanz, alle sieben Jahre (2005, 2012 usw.)

März

Starkbierzeit, einst stärkten sich die Mönche zur Fastenzeit, heute auch Nicht-Geistliche

April

Frühlingsfest auf der Theresienwiese

Internationales Dokumentarfilmfestival, Kino und heiße Diskussionen

Münchner Biennale für neues Musiktheater

Mai

Maibockzeit, Starkbier unter blühenden Kastanien

Auer Maidult rund um die Mariahilfkirche: Jahrmarkt, Trödelmarkt und Volksfest zugleich

Brauer-Festzug mit Prunkgespannen, Blasmusik, Tänzen und Freibier

Juni

Fronleichnamsprozession der Dompfarrei durch die geschmückte Innenstadt

Stadtgründungsfest rund ums Rathaus

TOP TIPP **Filmfest München**, 8-Tage-Kinomarathon mit internationalen Stars und Regisseuren live

Juli

TOP TIPP **Opern-Festspiele**, Musikalisches fürs Auge im National-, Prinzregenten- und Cuvilliéstheater

Art Open Air, Klassik unter freiem Himmel auf dem Königsplatz

Auer Dult zum Jakobifest am 25. Juli

Christopher Street Day, bunte Lesben- und Schwulenparade durch die Innenstadt

Tollwood Sommerfestival, internationales Kulturfestival mit Musik, Theater und Kabarett

August

Sommerfest im Olympiapark

Bayerisches Derby auf der Galopprennbahn Riem

September

TOP TIPP **Oktoberfest**, das am 3. September-Samstag mit ›O'zapft is!‹ beginnt und am ersten Wiesn-Sonntag mit einem Trachten- und Schützenfestzug aufwartet

Bayerisches Zentrallandwirtschaftsfest alle drei Jahre parallel zur Wiesn

Oktober

Auer Kirchweihdult, sie beschließt das Münchner Dultjahr um den Mariahilfplatz

November

Internationales 6-Tage-Rennen als nächtliches Radsport-Spektakel im Oval der Olympiahalle

Münchner Bücherschau, mit rund 20 000 Titeln präsentiert sie im Gasteig die Neuerscheinungen bayerischer Verlage

Dezember

Christkindlmarkt auf dem Marienplatz, an der Münchener Freiheit und anderen Plätzen, Adventssingen allerorten

Treffpunkt Viktualienmarkt: Am Faschingsdienstag geht's hier rund um die tanzenden Marktweiber

Kultur live

Über Theater und Musik in München berichtet speziell das Magazin **Applaus**. Informationen zu laufenden Inszenierungen gibt der **Münchner Spielplan** im Deutschen Theatermuseum → Museen

Musik

Konzertsäle

Herkulessaal / Residenz, am Hofgarten

Hochschule für Musik, Arcisstr. 12

Max-Joseph-Saal / Residenz

Philharmonie / Gasteig, Rosenheimer Str. 5

Kirchenmusik

St. Bonifaz, Karlstr. 34

St. Lukas, Mariannenplatz 3

St. Markus, Gabelsbergerstr. 6

St. Michael, Neuhauser Str. 6

Schlosskonzerte

Blutenburg, Seldweg, Tel. 8 34 49 45

Schleißheim, 85764 Oberschleißheim, Tel. 3 15 87 20

Rock, Pop und Jazz

Backstage + Aluminium, Helmholtzstr. 18, Tel. 126 61 00

Feierwerk, Hansastr. 39, Tel. 7 69 36 00

Georg Elser Halle, Rosenheimer Str. 143, Tel. 450 69 20

Jazzclub Unterfahrt, Einsteinstr. 42, Tel. 4 48 27 94

TOP TIPP **Kunstpark Ost**, Grafinger Str. 6, am Ostbahnhof, Tel. 49 00 29 28, -27 94

Muffathalle, Zellstr. 4, Tel. 45 87 50 00

Nachtwerk, Landsberger Str. 185, Tel. 5 78 38 00

Olympiahalle, Olympiapark, Spiridon-Louis-Ring 21, Tel. 3 06 70, Eintrittskarten 54 81 81 81

Zenith, Lilienthalallee 29, Tel. 49 00 27 30

Allgemeiner Kartenvorverkauf

Abendzeitung-Schalterhalle, Sendlinger Str. 10, Tel. 26 70 24

Ticket-Box Pasing, im DER, Bahnhof Pasing, Tel. 8 20 62 42

Wenn die bunten Fahnen weh'n – dann ist Festspielzeit

Kartenservice Schwabing, Leopoldstr. 19 / Ecke Franz-Joseph-Str., Tel. 33 08 88 11

Ticketshop, Kaufhof am Marienplatz, Tel. 2 60 32 49. Vorverkaufsstelle 3. Stock.

Stachus Ticket, Kaufhof am Stachus, Tel. 5 12 53 36. Karten im Erdgeschoss.

Kiosk im Marienplatz-Untergeschoss, Tel. 26 46 20

Special Concerts im Saturn Hansa, Schwanthalerstr. 115, Tel. 50 60 84

Hieber Konzertkasse, Liebfrauenstr. 1, Tel. 29 00 80 14. Konzertkarten.

München Ticket, Tel. 54 81 81 81, Fax 54 81 81 54. Vorverkaufsstellen im Rathaus (Munich-Information), im Gasteig/Glashalle (Rosenheimer Str. 5) und im Info Pavillion Olympiapark (am Eissportstadion). Karten für Veranstaltungen im Gasteig und im Olympiapark.

Residenz-Bücherstube, Residenzstr. 1, Tel. 22 08 68

Kartenverkauf der Bayer. Staatstheater

Tageskassen: Mo – Fr 10 – 18, Sa 10 – 13 Uhr:

Zentraler Kartenverkauf der Bayer. Staatstheater (Staatsoper, Prinzregententheater, Residenztheater, Staatstheater am Gärtnerplatz, Theater im Marstall u. a.), Maximilianstr. 11, Tel. 21 85 19 20

Abendkassen 1 Stunde vor Beginn

Musiktheater und Ballett

Nationaltheater – Bayerische Staatsoper, Max-Joseph-Platz 1, Tel. 21 85 19 20 u. 21 85 19 19. Führung fast tgl. 14 Uhr. Oper und Ballett.

Staatstheater am Gärtnerplatz, Tel. 2 01 67 67. Deutschsprachige Opern, Operetten, Musicals, Ballett.

Deutsches Theater, Schwanthalerstr. 13, Tel. 55 23 44 44. Musicals, Shows, Entertainment.

Sprechtheater

Staatliche Bühnen

Residenztheater – Bayerisches Staatsschauspiel, Max-Joseph-Platz 1, Tel. 21 85 19 40, Spielplanansage Tel. 21 85 20 28

Cuvilliés-Theater – Altes Residenztheater, Residenzstr. 1, in der Residenz, Tel. 21 85 19 40. Kammerbühne von Oper und Staatsschauspiel.

Theater im Marstall, Marstallplatz 4, Tel. 21 85 19 40. Experimentierbühne des Residenztheaters.

Prinzregententheater, Prinzregentenplatz 12, Tel. 21 85 28 99, Programmansage Tel. 21 85 29 59. Musik- und Sprechtheater des Staatsschauspiels, auch der Oper.

Städtische Bühnen

Münchner Kammerspiele im Schauspielhaus, Maximilianstr. 26, Tel. 2 33 37 00. Schauspielbühne mit Avantgardetradition. Wegen Renovierungsarbeiten bis Ende 2002 geschlossen. Als Interimsspielstätten dienen zwei provisorische Spielstätten, **Leonrodplatz**, Dachauer Str. 114, sowie ab 2001 das **Neue Haus**, Falkenbergstr. 1 / Ecke Hildegardstr.

Werkraum der Münchner Kammerspiele, Hildegardstr. 1, Tel. 2 33 37 00. Studio für intimere Stücke.

Münchner Volkstheater, Brienner Str. 50, Tel. 5 23 46 55. Internationale ›Volksstücke‹ von Horvath bis Lina Wertmüller.

Boulevardtheater

Kleine Komödie am Max II, Maximilianstr. 47, Tel. 22 18 59

Komödie im Bayerischen Hof, Promenadeplatz, Tel. 29 28 10

Kelly Family oder Pink Floyd? Open air auf jeden Fall

Blutenburg-Theater, Blutenburgstr. 35, Tel. 1 23 43 00. Kriminalstücke.

Münchner Ludwig-Thoma-Theater, im Karlshof, Karlstr. 43, Tel. 59 66 11

Freie Bühnen

Feierwerk Lokomotive, Hansastr. 39, Tel. 7 69 36 00. Spektakel und Flippiges.

FestSpiel Haus, Quiddestr. 17, Tel. 67 20 20. Klassisches und Modernes.

NT: Neues Theater München, Entenbachstr. 37, Tel. 65 00 00. Zeitkritische und experimentelle Stücke.

Off-Off-Theater, Potsdamer Str. 13, Tel. 39 37 29. Allerlei aus Musik, Literatur und Theater.

Pasinger Fabrik, August-Exter-Str. 1, Tel. 82 92 90 79. Vielerlei von Politkabarett bis Kroetz.

pathos transport Theater, Dachauer Str. 110 d, Tel. 18 42 43. Bewährtes Off-Theater mit interessantem Spielplan.

Teamtheater Tankstelle, Am Einlaß 2 a, Tel. 2 60 43 33. Große Literatur, modern inszeniert.

TOP TIPP **TamS (Theater am Sozialamt)**, Haimhauser Str. 13 a, Tel. 34 58 90. Beliebtestes ›Hinterhoftheater‹, bayerische Burlesken und engagierte Politstücke.

Theater 44, Hohenzollernstr. 20, Tel. 3 22 87 48. Satiren und Gesellschaftskritisches.

Theater Blaue Maus, Elvirastr. 17 a, Tel. 18 26 94. Von Musiktheater-Performances über brisantes Politkabarett bis zu Tragikomödien.

Kinder- und Jugendbühnen

Schauburg am Elisabethplatz – Theater der Jugend, Franz-Joseph-Str. 47, Vorverkauf Tel. 23 33 71 71

Münchner Theater für Kinder, Dachauer Str. 46, Tel. 59 54 54 / 59 38 58

Puppenspiel

Marionettenbühne Otto Bille, Bereiteranger 15, Tel. 1 50 21 68

Das Münchner Marionettentheater, Blumenstr. 32, Tel. 26 57 12

Volksbühnen

Iberl Bühne, Wilhelm-Leibl-Str. 22, Tel. 79 42 14

Millionendorf Theater, Zielstattstr. 6, Tel. 76 70 06 20.

Kabarett und Kleinkunst

Bel Étage, Show-Revuetheater, Feilitzschstr. 12, Tel. 33 90 13. Musical und Travestie-Shows.

Das Münchner Rationaltheater, Hesseloher Str. 18, Tel. 33 40 50 / 33 50 40. Politisches Kabarett.

Drehleier, Rosenheimer Str. 123, Tel. 48 27 42. Musik- und Revuekabarett, Politpersiflagen.

Theater bei Heppel & Ettlich, Kaiserstr. 67, Tel. 34 93 59. Kunterbuntes und Verrücktes.

Hinterhoftheater, Wirtshaus am Hart, Sudetendeutsche Str. 40, Tel. 311 60 39. Brillante Ein-Mann- und Eine-Frau-Shows.

Lustspielhaus, Occamstr. 8, Tel. 34 49 74. Polit-Kabarett, Musik- und Tanzshows, Spektakel aller Art.

Jörg Maurers Unterton, Kurfürstenstr. 8, Tel. 33 39 33. Von Musik- und Sprechkabarett bis zu Lieder-, Jazz- und Zauberabenden.

TOP TIPP **Münchner Lach- und Schießgesellschaft**, Ursulastr. 9, Tel. 39 19 97. Eigenproduktionen und Gastspiele bester deutscher Kabarett-Tradition.

Theater im Fraunhofer, Fraunhoferstr. 9 / Rgb., Tel. 26 78 50. Immer noch die Berühmten und immer wieder Newcomer.

Schlachthof, Zenettistr. 9, Tel. 76 54 48. Kabarett, Comedy und Ottfried Fischers Stammtisch.

Messen und Ausstellungen

Info: Messe München GmbH, Messegelände, 81823 München, Tel. 9 49-2 07 20 und 9 49-01

M,O,C, Lilienthalallee 40, Tel. 32 35 30

Bauzentrum Poing der Messe München GmbH, Senator-Gerauer-Str. 25, 85586 Poing, Tel. 99 02 07 60

Publikumsmessen (Auswahl)

Antika, Antiquitäten im Forum der Technik, Deutsches Museum (Jan. / Okt.)

Auto & Greger Racing Show, Internationaler Auto-Salon München (in geraden Jahren, Jan.)

C-B-R, Ausstellung Caravan – Boot – Internationaler Reisemarkt (Febr.)

I. H. M., Internationale Handwerksmesse (März)

Kunst & Antiquitäten München im Pschorrkeller (Febr. / März / Okt. / Nov.)

Zentrallandwirtschaftsfest (alle 3 Jahre – 2003, 2006 usw., Ende Sept.)

Mineralientage (Okt.)

Münchner Bücherschau im Gasteig (Nov.)

Heim und Handwerk, Fachmesse rund ums Bauen, Einrichten, Wohnen (Ende Nov.)

Fachmessen (Auswahl)

Inhorgenta, Int. Fachmesse für Uhren, Schmuck, Edelsteine, Perlen und Silberwaren (Febr.)

Ispo, Int. Fachmesse für Sportartikel und Sportmode (Febr. / Juli)

Bauma, Int. Fachmesse für Baumaschinen, -fahrzeuge und -geräte (alle 3 Jahre – 2001, 2004 usw., April)

Jagen und Fischen, Int. Ausstellung für Jäger, Fischer und Sportschützen (April)

Analytica, Int. Fachmesse für Analytik, Labortechnik, Diagnostik und Biotechnologie (in geraden Jahren, April)

Imega, Int. Fachmesse für Gastronomie, Gemeinschaftsverpflegung und Lebensmittelhandel (in geraden Jahren, Okt.)

Systems, Informations- und Telekommunikationstechnologie (Okt.)

Electronica, Int. Fachmesse für Bauelemente und Baugruppen der Elektronik (in geraden Jahren, Nov.)

Museen, Sammlungen und Bibliotheken

Alpines Museum des Deutschen Alpenvereins, Praterinsel 5, Tel. 21 12 24-0. Di, Mi, Fr 13–18, Do 13–20, Sa 10–18 Uhr

Alte Pinakothek, Barer Str. 27, Tel. 23 80 52 16. Di–So 10–17, Do 10–22 Uhr [Nr. 70]

Archäologische Staatssammlung, Lerchenfeldstr. 2, Tel. 2 11 24 02. Di–So 9–16 Uhr [Nr. 91]

Architekturmuseum der Technischen Universität, Arcisstr. 21, Tel. 2 89-2 24 93. Voraussichtl. ab 2002 in der Pinakothek der Moderne, Mo–Fr nur nach Anmeldung

Bayerische Staatssammlung für Paläontologie und Geologie, Luisenstr. 37, Tel. 21 80-65 13. Mo–Fr 8–18 Uhr, Eintritt frei. Dauerausstellungen: Erdkruste im Wandel, Bodenschätze der Erde

Bayerisches Nationalmuseum, Prinzregentenstr. 3, Tel. 2 11 24 01. Di–So 9.30– 17 Uhr. Wegen Baumaßnahmen gelten zzt. eingeschränkte Besuchszeiten für einzelne Abteilungen [Nr. 89]

BMW-Museum ›Zeithorizont‹, Petuelring 130, Tel. 38 22 33 07. Tgl. 9–17 Uhr [Nr. 121]

Burgmuseum Grünwald, Zweigmuseum der Archäologischen Staatssammlung, Grünwald, Zeillerstr. 3, Tel. 6 41 32 18. Mitte März – Nov. Mi–So 10–16.30 Uhr [Nr. 135]

Cuvilliés-Theater (Altes Residenztheater), Residenzstr. 1, Tel. 29 68 36. Tgl. 9–18, Do 9–20 Uhr, Nov.–März tgl. 10–16 Uhr [Nr. 19]

DenkStätte Weiße Rose, Geschwister-Scholl-Platz 1, Mo–Fr 10–16, Do 10–21 Uhr. Eintritt frei. Gruppenführungen und Zeitzeugengespräche nach Anmeldung Tel. 21 80 30 53

Deutsches Jagd- und Fischereimuseum, Neuhauser Str. 2, Tel. 22 05 22. Tgl. 9.30–17, Mo, Do 9.30–21 Uhr [Nr. 44]

Deutsches Museum, Museumsinsel 1, Tel. 2 17 91. Tgl. 9–17 Uhr, regelmäßig Vorführungen in allen Abteilungen, Museums-Führungen, kostenloses Infofaltblatt mit Raumplänen, Daten etc. liegt auf, Programmansage Tel. 2 17 94 33

Forum der Technik im Deutschen Museum Tgl. 9–22, Fr, Sa 9–23 Uhr, Tel. 21 12 51 80

Flugwerft Schleißheim, Effnerstr. 18, Tel. 315 7140, tgl. 9–17 Uhr [Nr. 111]

Deutsches Theatermuseum, Galeriestr. 4 a – Hofgartenarkaden, Tel. 2 10 69 10. Keine ständige Ausstellung. Bibliothek: Di, Do 10–12, 13.30–16 Uhr; *Münchner Spielplan* im Foyer, Di–Fr 10–16 Uhr: Informationen zu laufenden Inszenierungen [Nr. 22]

Glyptothek, Königsplatz 3, Tel. 28 61 00. Di, Mi, Fr–So 10–17, Do 10–20 Uhr [Nr. 65]

Haidhausen-Museum, Kirchenstr. 24, Tel. 4 48 52 92. Mo, Di, Mi 16–18, So 14–18 Uhr. Wechselausstellungen zur Geschichte des Stadtteils Haidhausen und zur Sozialgeschichte der Arbeiter und Taglöhner

Haus der Kunst, Prinzregentenstr. 1, Tel. 21 12 70. Mo–So 10–22 Uhr [Nr. 88]

Herbergenmuseum Üblacker-Häusl, Preysingstr. 58, Tel. 4 80 76 79. Di, Do, So 10–12, Mi, Fr 17–19 Uhr. Sonderausstellungen [Nr. 108]

Jüdisches Museum, Reichenbachstr. 27, Tel. 20 00 96 93. Di–Do 14–18, Mi auch 9–12 Uhr. Eintritt frei

Das Kartoffelmuseum, Grafinger Str. 2, Tel. 40 40 50. Di–Do nach Vereinbarung, Fr 9–18, Sa 11–17 Uhr

Kunsthalle der Hypo-Kulturstiftung, Theatinerstr. 8, Tel. 22 44 12. Tgl. 10–18, Do 10–21 Uhr. Wegen Umbau bis Juni 2001 geschlossen.

Kunstraum München e. V., Goethestr. 34 / Rgb., Tel. 54 37 99 00. Mi–So 15–18 Uhr. Eintritt frei. Wechselausstellungen neuester Kunst

Kunstsammlung des Herzoglichen Georgianums, Prof.-Huber-Pl. 1, Tel. 28 62 01. Nur nach Vereinbarung

Kunstverein München e.V., Galeriestr. 4, Tel. 22 11 52. Di–So 11–18 Uhr. Interessante Wechselausstellungen der neuesten Kunsttrends

KZ-Gedenkstätte Dachau, Dachau, Alte Römerstr. 75, Tel. 0 81 31/17 41. Di–So 9–17 Uhr, Eintritt frei. Dokumentation, Dokumentarfilm (deutsch) 11 und 15, (englisch) 11.30 und 15.30 Uhr

Für Auto- und Motorradfans – das BMW-Museum

Literaturhaus München, Salvatorplatz 1, Tel. 29 19 34-0. Ausstellungen, Lesungen und mehr

lothringer 13, Lothringer Str. 13, Tel. 4 48 69 61. Di–So 13–19 Uhr. Raum für aktuelle Kunst und Neue Medien

Meißener Porzellansammlung, Stiftung Ernst Schneider, Schloss Lustheim im Park von Schloss Schleißheim, Tel. 31 58 72 42. Di–So 9–18 Uhr, Okt.–März Di–So 10–16 Uhr [Nr. 124]

Michael-Ende-Museum, Internat. Jugendbibliothek, Schloss Blutenburg, München-Obermenzing, Tel. 8 91 21 10. Mo–Fr nach Voranmeldung, Sa / So 14–17 Uhr

Münchner Feuerwehrmuseum, An der Hauptfeuerwache 8, Tel. 23 53 31 86/7. Sa 9–16 Uhr, Gruppen nach Vereinbarung. Eintritt frei

Münchner Puppenmuseum – Sammlung Elisabeth von Massenbach, Gondershauser Str. 37, Tel. 3 22 89 50. Mo, Do 11–17 Uhr und nach Vereinbarung

Münchner Stadtmuseum, Sankt-Jakobs-Platz 1, Tel. 23 32 23 70. Di–So 10–18 Uhr

Filmmuseum: Tägliche Filmvorführungen, Programmansage Tel. 23 32 41 50 [Nr. 56]

Münchner Tiermuseum, Truderinger Str. 219, Tel. 43 69 07 28, Mo–Fr 10–18, Sa 10–12 Uhr. Über 1000 ausgestopfte Tiere

Museum für Abgüsse Klassischer Bildwerke, Meiserstr. 10, Tel. 28 92 76 90. Mo–Fr 10–17 Uhr, Eintritt frei

TOP TIPP **Museum Mensch und Natur**, Maria-Ward-Str. 1b, Schloss Nymphenburg Nordflügel, Tel. 17 64 94. Di–So 9–17 Uhr. Lebendige Wissensvermittlung zur Geschichte der Erde, der Biologie des Menschen und seines Verhältnisses zur Umwelt

Museum Reich der Kristalle, Theresienstr. 41 (Eingang Barer Str., gegenüber Alter Pinakothek), Tel. 23 94 43 12. Di–Fr 13–17, Sa/So 13–18 Uhr [Nr. 72]

Museum Villa Stuck, Prinzregentenstr. 60, Tel. 45 55 51 25. Di–So 10–18 Uhr [Nr. 96]

Neue Pinakothek, Barer Str. 29, Tel. 23 80 51 95. Europäische Malerei des 18. und 19. Jh. Bis 2002 auch Werke der Staatsgalerie Moderner Kunst sowie im Untergeschoss zeitweilig Sonderausstellungen der → Staatlichen Graphischen Sammlung. Mo, Mi, Fr–So 10–17, Do 10–22 Uhr [Nr. 71]

Neue Sammlung – Staatliches Museum für angewandte Kunst, Prinzregentenstr. 3, Tel. 22 78 44. Wechselausstellungen Di–So 10–17 Uhr [Nr. 90]

Nymphenburger Porzellansammlung, Sammlung Bäuml, Obergeschoss des Marstallmuseums, Schloss Nymphenburg Südflügel, Tel. 17 90 80. Tgl. 9–18 Uhr, Mitte Okt.–März tgl. 10–16 Uhr [Nr. 114]

Paläontologisches Museum – Bayerische Staatssammlung für Paläontologie und historische Geologie, Richard-Wagner-Str. 10, Tel. 21 80 66 30. Mo–Do 8–16, Fr 8–14 Uhr. Am 1. So des Monats 10–16 Uhr, stündlich Tonbildschau. Eintritt frei [Nr. 69]

Residenzmuseum und Schatzkammer, Max-Joseph-Platz 3, Tel. 29 06 71. Di–So 10–16.30 Uhr, unterschiedlicher Vormittags- und Nachmittags-Rundgang [Nr. 17, 18]

Schack-Galerie, Prinzregentenstr. 9, Tel. 23 80 52 24. Mi–Mo 10–17 Uhr [Nr. 94]

Schloss Nymphenburg mit Parkburgen, Tel. 17 90 80.

Hauptschloss mit Schönheitengalerie König Ludwigs I.: April–Sept. Di–So 9–12.30, 13.30–17 Uhr

Amalienburg: April–Sept. tgl. 9–12.30, 13.30–17 Uhr

Badenburg, *Pagodenburg* und *Magdalenenklause*: April–Sept. Di–So 10–12.30, 13.30–17 Uhr

Marstallmuseum im Südflügel des Schlosses: April–Sept. Di–So 9–12, 13–17 Uhr.

Achtung: Okt.–März ab 10, bis 16 Uhr! [Nr. 112, 113, 114]

Schloss Schleißheim mit **Staatsgalerie Europäischer Barockmalerei** im Neuen Schloss, Tel. 3 15 87 20. Di–So 10–16 Uhr. Die Galerie ist wegen Sanierungsarbeiten voraussichtlich bis Juni 2001 geschlossen

Altes Schloss: Sammlung Gertrud Weinhold und Museum Ostpreußen–Westpreußen, Tel. 315 52 72. Di–So 10–17 Uhr

Schloss Lustheim siehe Meißener Porzellansammlung [Nr. 122, 123, 124]

SiemensForum München, Oskar-von-Miller-Ring 20, Tel. 63 63 26 60. Mo–Fr 9–17, So 10–17, jeden 1. Di im Monat 9–21 Uhr, Matineeführung So 11 Uhr. Eintritt frei [Nr. 73]

Spielzeugmuseum, Sammlung Ivan Steiger im Alten Rathausturm, Tel. 29 40 01. Tgl. 10–17.30 Uhr [Nr. 4]

Staatliche Antikensammlungen, Königsplatz 1, Tel. 59 83 59. Di, Do–So 10–17, Mi 10–20 Uhr. Bis Mitte 2001 wegen Baumaßnahmen geschlossen [Nr. 66]

Staatliche Graphische Sammlung, Meiserstraße 10, Tel. 28 92 76 50, Studiensaal. Di–Do 10–13, Di, Mi 14–16.30, Do 14–18, Fr 10–12.30 Uhr. Bis Mitte 2002 werden zeitweilig Sonderausstellungen im Untergeschoss der → Neuen Pinakothek gezeigt [Nr. 63]

Museum ›Mensch und Natur‹: nicht nur bei Kindern erfolgreich

Staatliche Münzsammlung, Residenzstr. 1, Tel. 22 72 21. Di–So 10–17, Do 10–18.45 Uhr

Staatliche Sammlung Ägyptischer Kunst, Hofgartenstr. 1, Tel. 29 85 46. Di–Fr 9–16, Di auch 19–21, Sa, So 10–17 Uhr [Nr. 20]

Staatliches Museum für Völkerkunde, Maximilianstr. 42, Tel. 2 10 13 60. Di–So 9.30–16.30 Uhr [Nr. 102]

Staatsgalerie Moderner Kunst, Tel. 21 12 71 37. Derzeit ›heimatlos‹. Bis zur Eröffnung der Pinakothek der Moderne im Jahr 2002 ist ein Teil der Sammlung in der → Neuen Pinakothek zu sehen [Nr. 88]

Städtische Galerie im Lenbachhaus, Luisenstr. 33, Tel. 23 33 20 00. Di–So 10–18 Uhr.
Kunstbau im U-Bahn-Geschoss Königsplatz, Tel. 23 33 20 12. Di–So 10–18 Uhr [Nr. 68]

Valentin-Musäum mit **Volkssängermuseum** im Isartor, Tal 50, Tel. 22 32 66. Mo, Di, Fr, Sa 11.01–17.29, So 10.01–17.29 Uhr [Nr. 60]

Zähler-Museum, Stadtwerke-Elektrizitätswerke, Franzstr. 9. Mi 9–12 Uhr. Eintritt frei.

ZAM – Zentrum für außergewöhnliche Museen, Westenriederstr. 41, Tel. 2 90 41 21. Tgl. 10–18 Uhr. Sieben kulturgeschichtliche Sammlungen unter einem Dach: Museum der Düfte, Kaiserin Sisi, Tretautos, Nachttöpfe, Bourdalous, Osterhasen, Schlösser

Bibliotheken

Bayerische Staatsbibliothek, Ludwigstr. 16, Tel. 28 63 80. Keine Benutzungsgebühren, Ausleihe nur mit Benutzerausweis
Allgemeiner Lesesaal: Mo–Fr 9–19.30, Sa 9–16.30 Uhr, (Aug./Sept. Sa geschl.)
Ortsleihe: Mo–Do 10–19, Fr 10–17 Uhr.
Zeitschriftenlesesaal: Mo–Fr 9–19.30, Sa 9–16.30 Uhr (Aug./Sept. Sa geschl.)
Handschriften- und Inkunabellesesaal: Mo–Fr 9–12.30, 13.30–16.30 Uhr
Musik- und Kartenlesesaal: Mo–Fr 9–12.30, 13.30–16.30 Uhr.
Lesesaal der Osteuropa-, Orient- und Ostasienabteilung: Mo–Fr 9–17 Uhr, Achtung: im Aug. alle Spezialsammlungen nur vormittags [Nr. 80]

Bibliothek der Universität, Geschwister-Scholl-Platz 1, Tel. 21 80 24 28. Keine Benutzungsgebühren. *Ausleihe:* Mo – Do 9 – 18, Fr 9 – 17 Uhr; *Lesesäle:* Mo – Fr 8 – 20, Sa 9 – 16.30 Uhr, Auskunft: Tel. 21 80 24 29, Mo – Fr 9 – 16 Uhr

Bibliothek der Technischen Universität, Arcisstr. 21, Tel. 28 92 33 33 (Auskunft). Keine Benutzungsgebühren. *Ausleihe:* Mo – Do 9 – 16, Fr 9 – 14 Uhr, *Lesesäle:* Mo – Fr 9 – 19.30 Uhr

Bibliothek des Deutschen Museums, Museumsinsel 1, Tel. 2 17 92 24. *Lesesaal:* Mo – So 9 – 17 Uhr [Nr. 111]

Internationale Jugendbibliothek im Schloss Blutenburg, München-Obermenzing, Tel. 8 91 21 10. Wissensch. Spezialbibliothek, ca. 130 Sprachen: Mo – Fr 10 – 16 Uhr; *Ausleihe* für Kinder und Jugendliche, 15 Sprachen: Mo – Fr 14 – 18 Uhr [Nr. 116]

Monacensia und Literaturarchiv der Städt. Bibliotheken im Hildebrandhaus, Maria-Theresia-Str. 23, Tel. 4 19 47 20, *Lesesaal:* Mo – Mi 9 – 17, Do 10 – 19, Fr 9 – 15 Uhr, keine Ausleihe [Nr. 98]

Münchner Stadtbibliothek Am Gasteig, Rosenheimer Str. 5 (mit Musikbibliothek, Philatelistischer Bibliothek und Kinder- und Jugendbibliothek), Tel. 4 80 98-313. Gebührenpflichtig. Präsenzbibliothek und *Ausleihe:* Mo 10 – 20, Di – Fr 10 – 19 Uhr, *Lesesäle:* Mo – Sa 10 – 16 Uhr [Nr. 107]

Städtische Bibliotheken in allen Stadtteilen. Allg. Auskunft: Tel. 48 09 83 13

Nachtleben

Cocktailbars

Padres, Blumenstr. 43. 18 – 1 Uhr. Barkeeper sorgen für kleine Snacks und großartige Drinks.

Master's Home, Frauenstr. 11. 18 – 1 Uhr. Die Bar mit Geheimbündlerstimmung.

TOP TIPP **Nachtcafé**, Maximiliansplatz 5. 21 – 5 Uhr. Treffpunkt für Nachtschwärmer, vor allem aber Bar der Yuppies.

TOP TIPP **Schumann's**, Maximilianstr. 36. 17 – 3 Uhr, So ab 18 Uhr, Sa geschl. Legendär. Drangvolle Stehparty-Atmosphäre.

Wunderbar, Hochbrückenstr. 3, 18 – 3 Uhr. Die Bar der Intelligenzija.

Nightclubs und Piano-Bars

Amazonas, Nightclub im Sheraton, Arabellastr. 6

Madrigal, Herzog-Rudolf-Str. 1

Maximilian's Nightclub, Maximiliansplatz 16

Mister B's, Herzog-Heinrich-Str. 38

Nightclub im Bayerischen Hof, Promenadeplatz 2 – 6

Diskotheken

Atomic Café, Neuturmstr. 5. Kultdisco im 70er-Jahre-Stil.

Kunstpark Ost, Grafinger Str. 6. Riesiges Partygelände am Ostbahnhof.

Mandarin Lounge, Herzogspitalstr. 6. Vielleicht der heißeste Club-Tipp der Stadt.

Nachtwerk Club, Landsberger Str. 185. Schöne Partyadresse für Mittwoch- und Sonntagabend.

P 1, Prinzregentenstr. 1. Nobel-Diskothek.

Parkcafé, Sophienstr. 7. Schräg, bunt, heiß und lustig.

Skyline, Leopoldstr. 82, Tel. 33 31 31. Schnittige Wochenendpartys über der Stadt.

Sugar Shack, Herzogspitalstr. 6. Tummelplatz für Ausgeflippte und Hardrocker.

Titanic City, Nordendstr. 64. Die Alternativ-Disco.

Szene-Treffs

Baader-Café, Baaderstr. 47, Tel. 2 01 06 38. Alternatives Kult-Café.

Barfly, Sternstr. 21, Tel. 22 44 91. In der drangvollen Enge lernt man bestimmt jemanden kennen.

Café am Beethovenplatz, Goethestr. 51, Tel. 54 40 43 48. Ältestes Münchner Konzertcafé.

Café am Wiener Platz, Innere Wiener Str. 48, Tel. 4 48 94 94. Frühstück für Schickis.

Café Freiheit, Leonrodstr. 20, Tel. 13 46 86. Szenetreff in Neuhausen. Stilsicheres Ambiente.

Café Glockenspiel, Marienplatz 28, Tel. 26 42 56. Treffpunkt der jungen Szene.

Café Münchener Freiheit, Münchener Freiheit 20, Tel. 34 90 80. Schwabinger Café-Restaurant. Im Sommer Tische am Boulevard Leopold.

Schlaflos in München: Im P1 wird bis zum Morgengrauen getanzt

Forum, Corneliusstr. 2, Tel. 26 88 18. Anlaufstelle der Münchner Design-Szene. Schöne große Terrasse.

Roxy, Leopoldstr. 48, Tel. 34 92 92. Sehen und gesehen werden.

Sushi + Soul, Klenzestr. 71, Tel. 2 01 09 92. Moderne Sushi-Bar.

Kneipen

Innenstadt

Dreigroschenkeller, Lilienstr. 2

Faun, Hans-Sachs-Str. 17

Fraunhofer, Fraunhoferstr. 9

Klenze 17, Klenzestr. 17

Kreuzberger, Westermühlstr. 32

Rothmund, Rothmundstr. 5

Schwabing/Maxvorstadt

Alter Simpl, Türkenstr. 57

Atzinger, Schellingstr. 9

Bunter Vogel, Herzogstr. 44

Café Reitschule, Königinstr. 34

Charivari, Türkenstr. 92

Drugstore, Feilitzschstr. 12

Heppel & Ettlich, Kaiserstr. 67

Schelling-Salon, Schellingstr. 54

Türkenhof, Türkenstr. 78

Haidhausen

Haidhauser Augustiner, Wörthstr. 34

Lissabon Bar, Breisacher Str. 22

New Orleans, Orleansstr. 39

Paris Bar, Gravelottestr. 7

Neuhausen

Café Neuhausen, Blutenburgstr. 106

Frundsberg, Frundsbergstr. 46

Kurgarten, De-la-Paz-Str. 10

Ruffini, Orffstr. 22

Westend

Ça Va, Kazmairstr. 44

Ligsalz, Ligsalzstr. 23

Speise Café West, Tulbeckstr. 9

Stragula, Bergmannstr. 66

Westend, Anglerstr. 32

Musikkneipen

Jazz und Blues

Café Tankstelle, Am Einlaß 4, Tel. 2 60 61 41. Oft Livemusik von Tango bis Acid-Jazz.

Hideout, Rotkreuzplatz 2a, Tel. 16 96 68. Blues und Rock'n'Roll.

Kaffee Giesing, Bergstr. 5, Tel. 6 92 05 79. Jazz, Chansons, Liedermacher und anderes.

Schwabinger Podium, Wagnerstr. 1, Tel. 39 94 82. Dixieland-Jazz, Rock und Oldies.

Unionsbräu Haidhausen, Einsteinstr. 42, Tel. 47 76 77. Traditioneller Jazz dreimal in der Woche.

Unterfahrt Jazz-Club, Einsteinstr. 42, Tel. 4 48 27 94. Modern Jazz nicht nur für Insider der Münchner Szene.

Country- und Western-Musik

Oklahoma, Schäftlarnstr. 156, Tel. 7 23 43 27

Rattlesnake Saloon, Schneeglöckchenstr. 91, Tel. 1 50 40 35

Irische Folklore

Shamrock Irish Pub, Trautenwolfstr. 6, Tel. 33 10 81

The Dubliner, Candidplatz 9, Tel. 65 30 84 31

Südamerikanische Folklore

La Cumbia, Taubenstr. 2, Tel. 65 85 01

La Peseta Loca, Oberländerstr. 3 b, Tel. 77 28 45

Später Hunger

Adria, Leopoldstr. 19. Pizza und anderes Italienisches bis 3 Uhr früh.

Tresznjewski, Theresienstr. 72. In-Lokal mit Salaten und Nudelgerichten bis 3 Uhr früh.

In München sind schon die Nachmittage schräg – das Roxy in der Leopoldstraße

Zum Weintrödler, Brienner Str. 10. Gepflegte Weine und gute Küche in rustikalem Mobiliar bis 6 Uhr früh.

Gleich und Gleich

Club Morizz, Klenzestr. 43. Gepflegte Clubsessel-Atmosphäre.

Deutsche Eiche, Reichenbachstr. 13. Restaurant.

Fortuna, Maximiliansplatz 5, Tel. 55 40 70. Frauendisco.

New York, Sonnenstr. 25, Tel. 76 77 48 91. Partyschuppen für Schwule.

Soul City, Maximiliansplatz 5. Disco.

SUB – Zentrum schwuler Männer, Müllerstr. 43, Tel. 2 60 30 56. Café, Info und Beratung tgl. 19–22, Fr, Sa 19–23 Uhr.

Sport

Fußball

Olympiastadion im Olympiapark

Karten am **Kiosk im Marienplatz-Untergeschoss**, Tel. 26 46 20, oder im **Ticketshop,** Kaufhof am Marienplatz, 3. Stock, Tel. 2 60 32 49

Schwimmen

Freibäder

Saison von Mai bis September

Dante-Winter-Warmfreibad und Sommerbad, Postillionstr. 17, Tel. 23 61 79 81

Georgenschwaige, Belgradstr. 195, Tel. 30 99 13

Maria Einsiedel, Zentralländstr. 28, Tel. 7 23 14 01

Michaelibad (auch Hallenbad), Heinrich-Wieland-Str. 24, Tel. 23 61 79 61. Wegen Umbau bis Ende 2001 geschlossen.

Prinzregentenbad, Prinzregentenstr. 80, Tel. 47 48 08.

Schyrenbad, Claude-Lorrain-Str. 24, Tel. 65 37 15

Ungererbad, Traubestr. 3, Tel. 23 61 77 31

Hallenbäder

Cosimabad (Wellenhallenbad), Cosimastr. 5, Tel. 23 61 79 21

Bayern-Fans auf dem Vormarsch

Nordbad (mit römisch-irischem Schwitzbad), Schleißheimer Str. 142, Tel. 23 61 79 41

Müller'sches Volksbad (mit römisch-irischem Schwitzbad), Rosenheimer Str. 1, Tel. 23 61 34 34

Olympia-Schwimmhalle, Olympiazentrum, Tel. 30 67 22 90

Südbad, Valleystr. 37, Tel. 76 15 69

Westbad, Weinbergerstr. 11, Tel. 23 61 77 01

Winterliche Wonnen: Eisstockschießen auf dem Nymphenburger Kanal

Eislauf

Eisbahn West, Agnes-Bernauer-Str. 241, Tel. 89 68 90 07, nur im Winter

Olympia-Eissportzentrum, Spiridon-Louis-Ring 3, Tel. 30 67 21 50, Sept.–Juli

Prinzregentenstadion, Prinzregentenstr. 80, Tel. 47 48 08, nur im Winter

Go-Kart

Kart & More, Hufelandstr. 16/Rgb., Tel. 3 11 24 99

Rollschuh

Roll-Palast, Stockacherstr. 5, Tel. 8 34 55 55. Tgl. 14.30–18.30, 20–2 Uhr, So auch 10–13 Uhr

Kajak und Kanu

Sack & Pack Kanu- und Kajak-Tours, Tel. 22 94 00

Pferderennen

Galopprennbahn Riem, Graf-Lehndorff-Str. 36, Tel. 9 45 52 30

Trabrennbahn Daglfing, Rennbahnstr. 35, Tel. 9 30 00 10

Tennis und Squash

Tennis-Allwetteranlage Nord, Sport-Scheck, Unterföhring, Münchner Str. 15, Tel. 99 28 74 20

Tennis- und Squash-Center, Zielstattstr. 61, Tel. 78 69 70

Freizeitsport-Programm der Stadt

Tel. 2 33 87 15

Isar-Floßfahrten

Von Wolfratshausen bis München-Thalkirchen, Tel. 0 81 71/1 83 20

Stadtbesichtigung

Rundfahrten

Münchener Stadtrundfahrten OHG – Panorama Tours, Tel. 55 02 89 95. Abfahrt am Bahnhofsplatz gegenüber Hauptbahnhof

Höhepunkte Münchens, 1 Std., tgl. stdl. 10–16 Uhr

Olympiatour, 2,5 Std., Stadtrundfahrt mit Olympiagelände und Auffahrt zum

Olympiaturm, tgl. 10, 14.30 Uhr, Nov. – März nur 14.30 Uhr

Große Rundfahrt, 2,5 Std., mit Besuch Peterskirche, Glockenspiel, Alte Pinakothek; Di – So 10 Uhr

Glanzlichter Münchens, 3 Std., mit Besichtigung Schloss Nymphenburg und Olympiagelände, tgl. 10.30 Uhr

München bei Nacht, 4,5 Std., mit Besuch Hofbräuhaus, Olympiaturm und Nachtcafé, nur April – Nov., Fr und Sa 19.30 Uhr

Rundgänge und Touren

Stattreisen München, thematische Stadterkundung zu Fuß, per Rad und Tram: Ganzjährig Sa, So 11, 14 Uhr, Mai – Sept. Mi 18 Uhr; ca. 2 Std., ohne Anmeldung, Themen und Treffpunkte erfahren Sie bei Anruf. Individuelle Programme nach Vereinbarung, Tel. 54 40 42 30

Cityhopper Touren, Stadtführungen zu Fuß und per Rad (inkl. Fahrrad), Stefanie Pokorny, Hohenzollernstr. 95, tgl. nach Vereinbarung, Tel. 2 72 11 31

Radius Touristik, München per Trambahn, Fahrrad und zu Fuß, Tel. 43 66 03 83

Spurwechsel, Stadtführungen per Fahrrad, zu Fuß oder mit der Tram, tgl. nach Vereinbarung, Tel. 6 92 46 99

Kutschfahrten

Lohnkutscherei Hans Holzmann, Schwere-Reiter-Str. 22 oder Standplatz am Chinesischen Turm im Englischen Garten, Tel. 18 06 08

Aussichtspunkte

Peterskirche, 92 m, Rindermarkt 1, Aufstieg. Mo – Sa 9 –18, So ab 10 Uhr

Neues Rathaus, 85 m, Marienplatz 8, Lift, Aufstieg. Mo – Fr 9 –19, Sa, So ab 10 Uhr

Frauenkirche (Dom), 98 m, Frauenplatz 1, Südturm, April – Okt., Lift. Mo–Sa 10 –17 Uhr

Bavaria, Theresienhöhe, Aussichtsraum im Kopf des Standbilds, Aufstieg. Di – So 10 –12, 14 –16 Uhr

Paulskirche, 97 m, Sankt-Pauls-Platz 11, Vierungsturm, Aufstieg im Chor, nur während des Oktoberfests. Mo – Fr 15 –16.30, 19 – 21, Sa, So ab 12 Uhr

Olympiaturm, 290 m, Olympiagelände, Lift zu Drehrestaurant, Galerie und Freiterrasse. Tgl. 9 – 24 Uhr

Monopteros im Englischen Garten mit Blick auf die Altstadt

Maximilianeum am Isarhochufer mit Blick auf Maximilianstraße/Altstadt

Friedensengel am Isarhochufer mit Blick auf die Altstadt

Ruhmeshallen-Terrasse auf der Theresienhöhe mit Oktoberfest-Rundblick

Olympiaberg mit Stadtüberblick, bei klarem Wetter Sicht bis zu den Alpen

Sonstige Sehenswürdigkeiten

Wittelsbacher Grüfte

Frauenkirche (Dom), Frauenplatz 1. Bischofs- und Fürstengruft unter dem Presbyterium, freier Zugang. Älteste wittelsbachische Grablege in München: mit Gebeinen Kaiser Ludwigs des Bayern und der bayerischen Herzöge von Ludwig V. bis Albrecht V. sowie von König Ludwig III. [Nr. 45]

Michaelskirche, Neuhauser Str. 6. Zugang neben den vordersten Seitenaltären. Mai – Okt. Mo – Fr 10 –13, 14 – 16.30, Sa 10 –15 Uhr. Sarkophage des Herzogs Wilhelm V., Kurfürsten Maximilian, Königs Ludwig II. sowie zahlreicher bayerischer und pfälzischer Wittelsbacher. [Nr. 43]

St. Bonifaz, Karlstr. 34. Im rechten Seitenschiff Hochgrab König Ludwigs I., in der Krypta seine Gemahlin. [Nr. 67]

Theatinerkirche (St. Kajetan), Theatinerstr. 22. Zugang zu den Sarkophagen der bayerischen Kurfürsten von Ferdinand Maria bis Karl Theodor, von Kaiser Karl VII. sowie der Könige Max I. Joseph und Otto von Griechenland und des Prinzregenten Luitpold durch die westliche Gittertür im rechten Querschiff. In der 3. Kapelle des rechten Seitenschiffs Sarkophage von König Max II. und Königin Marie. Mai – Okt. Mo – Fr 10 –13, 14 –16.30, Sa 10 –15 Uhr. Die Fürstengrüfte sind derzeit geschlossen. [Nr. 25]

Alter Rathaussaal, Marienplatz. Mai – Okt. Mo – Fr 10 –13 Uhr, Eingang unter den Arkaden [Nr. 3]

Bavaria Filmtour, Bavaria Filmstadt Geiselgasteig, Bavariafilmplatz 7, Tel. 64 99 23 04. März – April tgl. 9–16, Mai – Okt. tgl. 9–17 Uhr, Führungen alle

Dreimal täglich in Bewegung: Glockenspiel-Figuren hoch über dem Marienplatz

5–10 Min., 1,5 Std. Nov.–Febr. tgl. 10–15 Uhr Führungen stündlich. Besucher-Service TV-Shows: Anmeldung und Information: Tel. 64 99 29 67 [Nr. 134]

Botanischer Garten in Nymphenburg, Menzinger Str. 65, Tel. 17 86 13 10. Tgl. Mai–Aug. 9–19, April, Sept. 9–18, Febr., März, Okt. 9–17, Nov.–Jan. 9–16.30 Uhr, Gewächshäuser 9–11.45, 13–17.30 bzw. 16 Uhr [Nr. 115]

Glockenspiel am Turm des Neuen Rathauses am Marienplatz. Ritterturnier, Schäfflertanz tgl. 11 und 12, Sommer auch 17 Uhr; Zubettgehn des Münchner Kindls Sommer 21, Winter 19 Uhr [Nr. 2]

Japanisches Teehaus im Englischen Garten, hinter dem Haus der Kunst. Japanische Teezeremonie, April–Okt. jedes 2. und 4. Wochenende, Sa 15/16/17, So 14/15/16/17 Uhr, Info Tel. 22 43 19, 69 77 33 10

Olympiapark, Olympiastadion tgl. 9–16.30 Uhr; Führungen: Besucherdienst im Info-Pavillon Olympiapark am Eissportzentrum oder Tel. 30 67 24 14 [Nr. 118]

Tierpark Hellabrunn, Tierparkstr. 30 Tel. 62 50 80. April–Sept. tgl. 8–18, Okt.–März tgl. 9–17 Uhr [Nr. 130]

Volkssternwarte mit Planetarium, Rosenheimer Str. 145 a, Tel. 40 62 39. Planetariumsvorstellung und Himmelsbeobachtung bei klarem Wetter Mo–Fr 20 Uhr

Statistik

Bedeutung: Nach Berlin und Hamburg die drittgrößte Stadt der Bundesrepublik, ist München die Hauptstadt des Freistaates Bayern, Sitz des Bayerischen Landtags und der Bayerischen Landesregierung.

Lage: 48°8'23" nördlicher Breite und 11°34'28" östlicher Länge. Die Höhe beträgt durchschnittlich 530 m über N.N. Der höchste Punkt liegt im Süden bei 579 m, der tiefste im Norden bei 482 m.

Fläche des Stadtgebiets: 31 040 ha.

Umfang der Burgfriedensgrenze: 117,4 km.

Ortszeit: 13 Minuten und 42 Sekunden zurück gegenüber der Mitteleuropäischen Zeit.

Einwohnerzahl 1999: 1,315 Millionen. Ausländeranteil: 269 650 = 20,5 %.

Kraftfahrzeuge 1999: 799 531, davon 703 231 Pkw.

Fremdenverkehr: Tourismusstadt Nr. 1 in Deutschland. 3,55 Million Gäste; 7,3 Millionen Übernachtungen jährlich.

Wirtschaft: Verwaltungshaushalt der Stadt 7186 Millionen DM, Vermögenshaushalt 1861 Millionen DM. Umsatz der Münchner Wirtschaft (1998): 390 Milliarden DM. Anzahl der Beschäftigten: 640 000, davon ca. 104 000 Gastarbeiter. Arbeitslosenquote (1999): 5,3%

Schulen: 8 Hochschulen mit 67 000 Studenten, 2 Fachhochschulen, 48 Gymnasien, 30 Realschulen, 182 Volksschulen.

Bier: 6 Brauereien mit Jahresausstoß von 5,7 Millionen Hektoliter. Lagerbier: Stammwürze 11–12 %, Alkohol 3–5 %; Starkbier: Stammwürze 18–19 %, Alkohol ca. 5,5 %.

Stadtverwaltung: Stadtrat mit 80 Mitgliedern und 3 Bürgermeistern. Einteilung des Stadtgebietes in 25 Stadtbezirke.

Stadtfarben: Schwarz und Gold (Gelb).

Stadtwappen: Mönch in Kutte mit Gebetbuch in der linken Hand. Die rechte ist zum Segensgruß geformt. Das ›Münchner Kindl‹ ist eine neuzeitliche Verniedlichung.

Stadtpatron: Hl. Benno (Nebenpatron: Hl. Kajetan).

Partnerstädte: Edinburgh, Verona, Bordeaux, Sapporo, Cincinnati, Kiew und Harare.

Unterkunft

Hotels

Luxusklasse

Bayerischer Hof, Promenadeplatz 2, Tel. 2 12 09 00-9 02, Fax 2 12 09 06. Alteingesessene erste Adresse mit erlesenem Interieur im Montgelas-Palais.

Hilton München City, Rosenheimer Str. 15, Tel. 4 80 40, Fax 48 04 48 04. Bequem für Geschäftsreisende – mit S-Bahnhof im Keller.

TOP TIPP **Kempinski Hotel Vier Jahreszeiten**, Maximilianstr. 17, Tel. 2 12 50, Fax 21 25 20 00. Traditionsreichstes Grandhotel Münchens.

Königshof, Karlsplatz 25, Tel. 55 13 60, Fax 55 13 61 13. Zentral gelegenes Luxushotel; Spitzenrestaurant mit Spitzenblick auf den Stachus.

TOP TIPP **Mandarin Oriental**, Grandhotel, Neuturmstr. 1, Tel. 29 09 80, Fax 22 25 39. Marmornoble feine Adresse. Mit Dachterrasse und Pool im 7. Stock.

Opera, St.-Anna-Str. 10, Tel. 22 55 33 36, Fax 22 55 38. Kleinod hinter Sgrafitto-Fassade, italienische Atmosphäre im Innenhof.

Palace, Trogerstr. 21, Tel. 41 97 10, Fax 41 97 18 19. Ein Hotel von Weltrang mit romantischem und außergewöhnlichen Ambiente.

Mittelklasse

Admiral, Kohlstr. 9, Tel. 21 63 50, Fax 29 36 74. Stilvoll und mit viel Liebe zum Detail.

An der Oper, Falkenturmstr. 10, Tel. 2 90 02 70, Fax 29 00 27 29. Freundlich, hell, bei Künstlern beliebt.

Eine der ersten Adressen der Stadt: das Hotel Vier Jahreszeiten in der Maximilianstraße

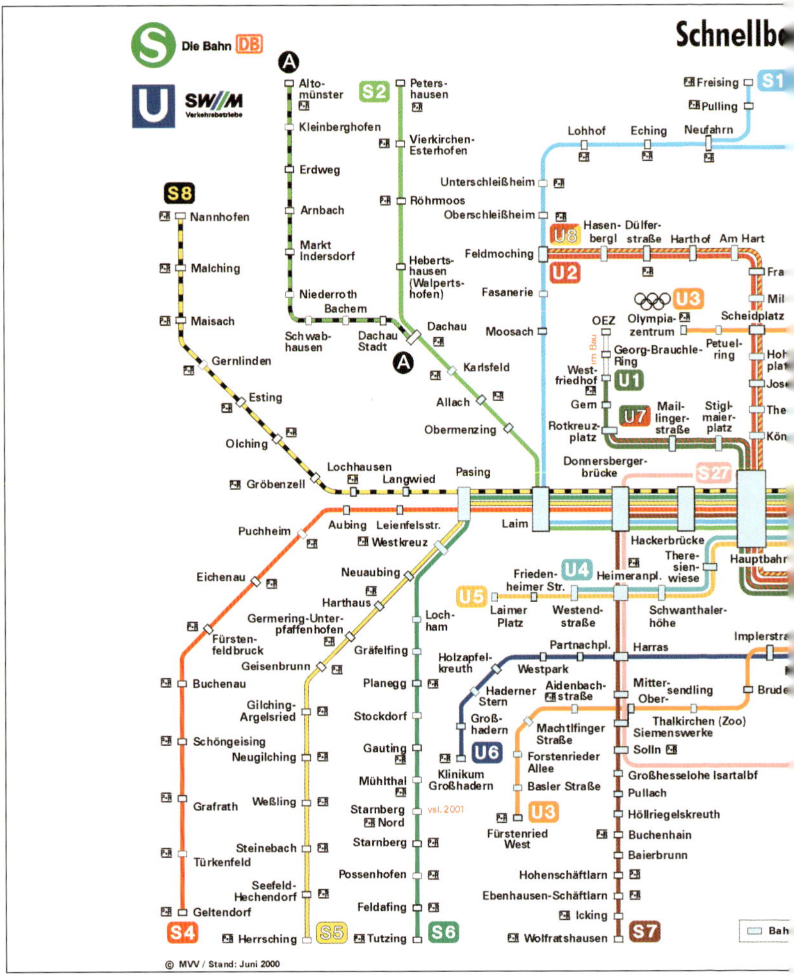

Biederstein, Keferstr. 18, Tel. 3 89 99 70, Fax 3 89 99 73 89. Gepflegtes, ruhiges Haus direkt am Englischen Garten

Carlton, Fürstenstr. 12, Tel. 28 20 61, Fax 28 43 91. Günstige Citylage, angenehmes Ambiente.

Einhorn, Paul-Heyse-Str. 10, Tel. 53 98 20, Fax 53 98 26 63. Komfort hinter Jugendstilfassade.

TOP TIPP **Gästehaus Englischer Garten**, Liebergesellstr. 8, Tel. 3 83 94 10, Fax 38 39 41 33. Wunderschöne Lage am Englischen Garten.

König Ludwig, Hohenzollernstr. 3, Tel. 33 59 95, Fax 39 46 58. Im Herzen Schwabings gelegen.

Olympic, Hans-Sachs-Str. 4, Tel. 23 18 90, Fax 2318 91 99. Künstlerherberge im Glockenbachviertel.

Preiswerte Klasse

Blauer Bock, Sebastiansplatz 9, Tel. 23 17 80, Fax 23 17 82 00. Aufmerksam geführt, zentrale Lage.

Jedermann, Bayerstr. 95, Tel. 54 32 40, Fax 54 32 41 11. Solider Familienbetrieb.

Pegasus, Solln, Wolfratshauser Str. 211, Tel. 7 49 15 30, 7 90 00 24, Fax 7 91 29 70. Moderne Zimmer, Stadtrandlage.

Villa am Schlosspark, Obermenzing, Hieberplatz 3, Tel. 81 19 07 33, Fax 8 11 02 99. Komfort-Villa mit neuem Boarding-Haus.

Pensionen

Pension Amsel, Gräfstr. 91, Tel. 88 29 32, Fax 8 20 56 21. Familiär geführte Pension nicht allzu weit entfernt vom Nymphenburger Schlosspark.

Pension Beck, Thierschstr. 36, Tel. 22 07 08, Fax 22 09 25. In-Hotel mit fairen Preisen und ruhigen Zimmern.

TOP TIPP **Pension Frank**, Schellingstr. 24, Tel. 28 14 51, Fax 2 80 09 10. Die Pension der Models, Studenten und Fotografen im Uni-Viertel.

Mitwohnzentrale

Bed & Breakfast, Mitwohnzentrale, Schulstr. 31, Tel. 1 68 87-81, Fax -91

1. Mit-Wohn-Börse, Georgenstr. 45, Tel. 194 45, Fax 271 20 19

Mitwohnzentrale an der Uni, Adalbertstr. 6, Tel. 2 86 60 60, Fax 28 66 06 24

Mr. Lodge, Barer Str. 32, Tel. 3 40 82 30, Fax 34 08 23 23

Camping

Campingplatz Nord-West, Auf den Schrederwiesen 3, Tel. 1 50 69 36

Langwieder See, Eschenrieder Str. 119, Tel. 8 64 15 66

München-Obermenzing, Lochhausener Str. 59, Tel. 8 11 22 35

München-Thalkirchen, Zentralländstr. 49, Tel. 7 23 17 07

Jugendherbergen etc.

CVJM-Jugendgästehaus, Landwehrstr. 13, Tel. 5 52 14 10

DJH-Gästehaus, Wendl-Dietrich-Str. 20, Tel. 13 11 56; Miesingstr. 4, Tel. 7 23 65 50, Fax 7 24 25 67; Pullach, Burg Schwaneck, Burgweg 4–6, Tel. 7 93 06 43

Haus International, Elisabethstr. 87, Tel. 12 00 60, Fax 12 00 62 51

Jugendlager Kapuzinerhölzl, nur Juli und August, Franz-Schrank-Straße, Tel. 1 41 43 00

Verkehrsmittel

Auto

München ist weithin bekannt für stundenlange Parkplatzsuche. Es ist ratsam, die öffentlichen Verkehrsmittel zu benutzen.

Tankstellen rund um die Uhr: Oberanger, Hochstraße, Karlstraße und am Mittleren Ring

Parkhäuser und Tiefgaragen:
Am Färbergraben, Zufahrt über Altheimer Eck, Tel. 26 61 77

Am Hauptbahnhof, Zufahrt über Marsstr., Tel. 5 50 39 29

Am Stachus, Zufahrt über Goethe-/Bayer-/Schillerstr., Tel. 59 49 61

Am Hofbräuhaus, Zufahrt über Hochbrückenstr., Tel. 23 60 60

Tiefgarage vor der Oper, Max-Joseph-Platz, Tel. 29 41 87

Fahrradverleih

Aktiv-Rad, Hans-Sachs-Str. 7, Tel. 26 65 06

Radius Fahrradverleih, Arnulfstr. 3 (im Hauptbahnhof an Gleis 31), Tel. 59 61 13

Rivoli, Albert-Roßhaupter-Str. 18, Tel. 7 43 51 50

Mietwagen

Mietglieder können über ihre **ADAC-Geschäftsstellen** oder bei der **ADAC-Autovermietung** unter Tel. 0 18 05/ 31 81 81 (24 Pf./Min.) preisgünstiger ein Auto vorbuchen.

Weltweite Reservierungszentralen von Deutschland aus sind außerdem:
Avis, Tel. 01 80/5 55 77
Europcar, Tel. 01 80/5 80 00
Hertz, Tel. 01 80/5 33 35 35
Sixt, Tel. 01 80/5 26 02 50

Öffentliche Verkehrsmittel

Im **Münchner Verkehrs- und Tarifverbund (MVV)** für die Stadt und ihr Umland sind U-Bahnen, Trambahnen und Busse der Stadt, S-Bahnen der Deutschen Bahn und Busse des Regionalverkehrs Oberbayern zusammengeschlossen. An jeder Haltestelle hängen **Tarifpläne** aus, das Tarifsystem ist jedoch für Ortsfremde schwer zu durchschauen, ein Infoblatt des MVV ist z. B. beim Fremdenverkehrsamt erhältlich. Ansonsten: Tram- und Busfahrer fragen.

Einzelfahrkarten sind teuer, schon bei wenigen Fahrten oder für Gruppen empfehlen sich die **blauen Streifenkarten**. Entwerten an Stempelautomaten entsprechend der Zonenzahl, d. h.: Kurzstrecke über vier Haltestellen, aber nur zwei mit U- und S-Bahn = 1 Streifen; blaue Innenzone (bestehend aus 4 Ringen) = 2 Streifen, jede weitere Zone = plus 2 Streifen. Für Kinder (6–15 J.) gilt im gesamten Tarifgebiet die **rote Streifenkarte**. Ein Hund darf gratis mitgenommen werden, für jeden weiteren ist die rote Streifenkarte erforderlich.

Empfehlenswert für Touristen ist die **Single-** (1 Pers.) bzw. **Partner-Tageskarte** (5 Pers.) für alle Fahrten bis 6 Uhr früh des folgenden Tages.

Kartenverkauf: MVV-Automaten, Bus- und Trambahnfahrer, Verkaufsstellen mit grünem ›K‹-Schild an der Tür.

Weitere MVV-Angebote: Welcome-Card, Kongresstickets, Grüne Monatskarte, weiß-blaue Kombikarte (mit Schifffahrt auf dem Starnberger See oder Ammersee) und viele andere Kombitickets aus den Bereichen Kultur und Touristik (z. B. Eintrittskarte oder Flugschein und zugleich MVV-Ticket), erhältlich bei MVV-Verkaufsstellen und am Infoschalter S-Bahnhof Hauptbahnhof bzw. bei Veranstaltern und Kartenvorverkaufsstellen.

Taxi

Zentrale, Tel. 2 16 10, 1 94 10; **Standplätze**, unter ›T‹ im Telefonbuch

Register

A

Akademie der Bildenden Künste 76, **96 f.**
Albrecht III. (1438–60), Herzog 61, 133
Albrecht IV. der Weise (1467–1508), Herzog 12, 61, 155
Albrecht V. der Großmütige (1550–79), Herzog 12, 34, 39 f., 43, 61, 63, 93
Albrecht, Balthasar Augustin 34
Alfons, Prinz 90
Altdorfer, Albrecht 85, 86
Alter Botanischer Garten 56
Alter Hof 25
Altes Rathaus 8, **20 f.**
Althaus, Peter Paul 68, 142
Amalienburg 129 f.
Amigoni, Jacopo 126, 130, 142
Anschütz, Hermann 91
Appiani, Pietro Francesco 57
Arco-Zinneberg, Maximilian, Graf von 60
Asam, Cosmas Damian 13, 21, 22, 53, 63 ff., 107, 142, 153
Asam, Egid Quirin 13, 21, 22 f., 63 ff., 107, 153
Asamhaus 66 f.
Asam-Schlössl 153
Augustinerbräu 57

B

Badenburg 130
Bader, Johann Georg 57
Barelli, Agostino 12, 47, 126
Bavaria 8, **68 ff.**
Bavaria Filmtour 146, **154 f.**
Bayerische Akademie der Schönen Künste 15, 59
Bayerische Akademie der Wissenschaften 12, 59
Bayerische Hypotheken- und Wechselbank 50
Bayerische Staatskanzlei 45
Bazargebäude 92
Beauharnais, Eugène 59, 91
Becker-Gundahl, Karl Johann 107
Beckmann, Max 102
Behnisch, Günther und Partner 136
Beich, Franz Joachim 57, 127, 142
Bestelmeyer, German 123
Beuys, Joseph 82, 101
Betz, Walther und Bea 145
Bibliotheken und Archive
Bayerisches Hauptstaatsarchiv 90, **92**
Bayerische Staatsbibliothek 76, 90, **92 f.**
Deutsches Museum 10, 113, **122 ff.**
Deutsches Theatermuseum 45 f.
Internationale Jugendbibliothek 134
Monacensia- und Handschriften-Abteilung 110 f.
Münchner Stadtbibliothek (Gasteig) 120, 175
Bismarck, Otto von 81, 108
Blauer Reiter 14, 81, 82, 101, 116
Blechen, Friedrich 86
Bleeker, Bernhard 45
BMW-Verwaltungsgebäude 138 f.
Bodenstedt, Friedrich von 14, 95
Böcklin, Arnold 88, 107 f.
Böttger, Johann Friedrich 145
Boos, Roman A. 47, 68, 129
Borofsky, Jonathan 94
Boucher, François 86
Branca, Alexander Freiherr von 86
Brenninger, Georg 29
Brueghel, Pieter d. Ä. 85
Brueghel, Pieter d. J. 142
Brunnen
Brunnenbuberl 56
Fischbrunnen 18
Karl-Valentin-Brunnen 72, 74
Neptun-Brunnen 56
Perseus-Brunnen 34
Rindermarktbrunnen 24
Schalenbrunnen, Universität 94
Stachus-Brunnen 55
Vater-Rhein-Brunnen 121 f.
Wittelsbacher Brunnen (Lenbachplatz) 53 f.
Wittelsbacher Brunnen (Residenz) 31 f.
Bürgersaal 56 f.
Bürklein, Friedrich 113, 115, 117, 118
Bustelli, Franz Anton 13, 68, 102, 132

C

Candid, Peter 34, 37, 59, 61, 143
Carl, Prinz 100
Cézanne, Paul 86, 89
Charlotte Augusta 34
Chinesischer Turm 99
Chirico, Giorgio de 96, 101
Christ, Lena 68
Clemens August, Kurfürst u. Erzbischof v. Köln 146 f.
Clemens Wenzeslaus von Trier, Kurfürst 34
Corinth, Lovis 82, 96, 102
Cornelius, Peter 13, 44, 78, 94
Corot, Camille 87
Cranach, Lucas d. Ä. 86
Cuvilliés, François d. Ä. 13, 24, 34, 40 ff., 47, 129, 146
Cuvilliés, François d. J. 13, 42, 47

D

Dahn, Felix 14
Dalí, Salvador 101
Damenstift, ehem. 63
Daumier, Honoré 87
David, Jacques-Louis 86
Degler, Johann Baptist 53
Delacroix, Eugène 87
Delp, Alfred 111
Delvard, Marya 68
Denkmäler
Armee-Denkmal 46
Denkmal für die Gefallenen 45
Deroy, Graf 117
Ferdinand von Bayern, Herzog 22
Fraunhofer, Joseph 117
Friedensengel 100, **108**
Julia 20
Lorrain, Claude 149
Ludwig, Kaiser 25
Ludwig I. 91
Ludwig II. 118
Luitpold, Prinzregent 104
Max I. Joseph 28
Max II.-Denkmal 116 f.
Maximilian I. 89
Rumford, Graf (Engl. Garten) 99
Rumford, Graf (Maximilianstr.) 117
Schelling, Friedrich Wilhelm Joseph von 117
Sckell, Friedrich Ludwig von 99
Tellus Bavarica 39, 44
Tilly, Graf, General 46
Werneck, Reinhard von 99
Wrede, Fürst, General 46
Desmarées, Georges 63, 142
Dietrich, Joachim 24, 35, 42, 129
Dietz, Elmar 96, 122
Dillis, Johann Georg von 86, 108
Donauer, Hans 34
Dubut, Charles Claude 126, 130
Düll, Heinrich 108
Dürer, Albrecht 76, 85, 86
Dyck, Anton van 85, 142

E

Eberle, Syrius 91, 122
Eckert, Günther 138
Effner, Joseph 13, 46, 126, 130, 140
Effner, Karl 118
Egkl, Wilhelm 26, 34
Eilles-Hof 28
Eisner, Kurt 4, 50
Englischer Garten 9, 76, **97 ff.**
Erhart, Michel 152
Erich-Kästner-Zimmer 134
Ernst, Johann Michael 61
Ernst, Max 101
Ettenhofer, Johann Georg 21, 53

F

Faistenberger, Andreas 24, 48, 53, 57, 148
Falckenberg, Otto 14, 114
Fallmerayer 67
Feichtmayer, Franz Xaver d. Ä. 126, 127
Feichtmayer, Franz Xaver d. J. 63
Feldherrnhalle 18, **46**
Ferdinand Maria (1651–79), Kurfürst 12, 36, 48, 93, 125
Feuchtwanger, Lion 14
Feuerbach, Anselm 88, 107
Fink, Werner 68
Fischer, Johann Michael 13, 106, 146, 149
Fischer, Karl von 28, 67, 76, 100
Fischer, Theodor 60, 71, 108
Flughafen »Franz-Josef Strauß« 15
Fragonard, Jean-Honoré 86
Fraunhofer, Joseph von 13, 95
Friedensengel 100, **108**
Friedhöfe
Allerheiligenkirche am Kreuz 63
Alter Israelitischer Friedhof 68
Alter Südlicher Friedhof 18, **67 f.**
Neuhausen 68
Nordfriedhof 68
Perlacher Forst 68
St. Georg 111
Waldfriedhof 68
Westfriedhof 68
Friedrich, Caspar David 86
Fuchs, Johann Nepomuk 89
Fuetrer, Ulrich 20

G

Gainsborough, Thomas 86
Ganghofer *siehe* Jörg von Halsbach
Ganghofer, Ludwig 111
Gärtner, Andreas 26
Gärtner, Friedrich von 13, 46, 67, 90, 93 ff., 96
Gaspari, Giovanni Paolo 42
Gasteig 15, 113, **119f.**
Gasteiger, Matthias 56
Gedon, Lorenz 54
George, Stefan 14
Georgianum 95
Gerhard, Hubert 12, 20, 33 f., 39, 44, 58, 61, 102
Geschwister-Scholl-Preis 96
Giovanni da Bologna 34
Girard, Dominique 126, 129
Gobert, Pierre 127
Goethe, Johann Wolfgang von 39, 56, 87
Gogh, Vincent van 89
Görres, Joseph von 95
Goya, Francisco José de 86
Graf, Oskar Maria 14, 111
Grasser, Erasmus 12, 20, 24, 61, 72, 102, 134, 148
Greiff, Johann Georg 22, 24
Gris, Juan 101
Groff, Wilhelm de 126, 129
Grünanlagen
  Botanischer Garten, Alter 56
  Botanischer Garten, Neuer 125, **132 f.**
  Englischer Garten 9, 76, **97 ff.**
  Hofgarten 44 f.
  Maximiliansanlage 118
  Nymphenburg, Schlosspark mit Parkburgen 128 ff.
  Olympiapark 136 ff.
  Schleißheim, Schlosspark 143 ff.
  Tierpark Hellabrunn 146, **150 ff.**
Grünewald, Matthias 86
Guardini Romano 94, 95
Gumpp, Johann Anton 37, 57, 131, 145
Gunetzrhainer, Ignaz Anton 24, 27, 63
Gunetzrhainer, Johann Baptist 27, 52, 63
Gunetzrhainerhaus 52
Günther, Ignaz 13, 22 ff., 47, 52, 57, 61, 64, 73, 102, 111, 147, 152 f.

H

Haiger, Ernst 99
Hahn, Otto 124
Halbe, Max 14
Hals, Frans 86
Haßler 147
Hauberrisser, Georg von 20, 70
Hauptmünzamt, ehem. 26 f.
Hauptstaatsarchiv, bayer. (ehem. Kriegsministerium) 90, **92**
Hauschild, Wilhelm 36
Hausenstein, Wilhelm 111
Heck, Heinz 150, 152
Heilmaier, Max 108
Heinrich der Löwe, Herzog 12, 121
Helbig, Henry 99
Hellabrunn, Tierpark 146, **150 ff.**
Henriette Adelaide von Savoyen 36, 47, 125
Henselmann, Josef 18, 24, 97
Herigoyen, Joseph Emanuel von 52, 56
Heß, Peter von 87
Heyse, Paul 14, 68
Hildebrand, Adolf von 54, 104, 108, 110, 122
Hildebrandhaus 110 f.
Hitler, Adolf 14, 15, 46, 96, 101
Hocheder, Karl 121
Hochschule für Musik 77
Hochschule, Technische 14
Hofbräuhaus 25 f.
Hofgarten 44 f.
Holnstein, Graf 50
Horemans, Peter Jakob 129
Höroldt, Johann Gregor 145
HypoVereinsbank-Verwaltungszentrum 145

I

Ignaz-Günther-Haus 73
Innenhöfe
  Alter Hof 25 f.
  Apothekenhof (Residenz) 33
  Brunnenhof (Residenz) 31
  Eilles-Hof 28
  Foyer-Hof (Residenz) 33
  Fünf Höfe 50
  Grottenhof (Residenz) 34
  Kaiserhof (Residenz) 31
  Kapellenhof (Residenz) 31
  Laubenhof (Weinstadl) 24
  Münzhof 27
  Prunkhof (Neues Rathaus) 20
Isartor 18, 74, **75**

J

Jawlensky, Alexej von 81 f., 96
Jesuitenkolleg (Alte Akademie) 59
Jörg von Halsbach (gen. Ganghofer) 12, 20, 61, 63, 119, 135
Jugendstil-Wohnhaus 99
Justizgebäude, Neues 55
Justizpalast 55

K

Kainz, Josef 30
Kandinsky, Wassily 14, 81 f., 96, 102, 116
Kändler, Johann Joachim 145
Kästner, Erich 111
Karl Albrecht (1726–45), Kurfürst, ab 1742 Kaiser Karl VII. 13, 34, 50, 129, 131
Karl Theodor (1777–99), Kurfürst 13, 40, 45, 48, 55, 76, 85, 99
Karlsplatz (Stachus) 55
Karlstadt, Liesl 74, 111
Karlstor mit -rondellbauten 18, **55,** 56
Karolinenplatz 76
Kaulbach, Friedrich von 118
Kaulbach, Wilhelm von 39, 91, 118
Kirchen und Kapellen
  Allerheiligen-Hofkirche 33
  Allerheiligenkirche am Kreuz 63
  Altöttinger Kapelle 119
  Asamkirche (St. Johann Nepomuk) 63 f.
  Augustinerkirche, ehem. 59 f.
  Bürgersaal 57 f.
  Damenstiftskirche (St. Anna und ehem. Damenstift) 63
  Domkirche zu Unserer Lieben Frau 8, 55, **61 ff.**
  Dreifaltigkeitskirche 53
  Frauenkirche *siehe* Domkirche
  Heiliggeistkirche 21 f., 74
  Heiligkreuz in Forstenried 153 f.
  Heiligste Dreifaltigkeit (Blutenburg) 134
  Salvatorkirche 50
  St. Anna, Klosterkirche 106 f.
  St. Anna, Pfarrkirche 107
  St. Anna, Wallfahrtskirche in Harlaching 149
  St. Bonifaz 80 f.
  St. Georg 111
  St. Ludwig 90, **93 f.,** 95
  St. Lukas 118 f.
  St. Maria in Ramersdorf 148
  St. Maria in Thalkirchen 152 f.
  St. Michael 8, **58 ff.**
  St. Michael in Berg am Laim 146 f.
  St. Michael in Perlach 149
  St. Nikolai am Gasteig 119
  St. Paul 18, **70 f.**
  St. Peter 8, **22 ff.,** 74
  Theatinerkirche (St. Kajetan) 8, 44, **47 f.,** 90, 94
St. Wolfgang in Pipping 135 f.
Kirchner, Ernst Ludwig 101
Klee, Paul 14, 81, 97, 116
Kleinhesseloher See 99
Klenze, Leo von 13, 27 f., 31ff, 36 ff., 44, 59, 67, 70, 76 ff., 84, 90 ff., 99, 108, 130, 140
Klimt, Gustav 89
Knappertsbusch, Hans 111
Knoll, Konrad 18
Knoller, Martin 56
Kobell, Franz von 89, 95
Kobell, Wilhelm von 67, 82, 86, 96
Kobus, Kathi 14, 68, 97
Kögelsberger, Philipp Jakob 50, 146
Königsplatz 76, **77 f.**
Kokoschka, Oskar 101
Kolb, Annette 111
Kortner, Fritz 6, 68
Krauss, Clemens 30
Kreittmayr, X. A. Wiguläus von 24
Kriechbaum, Martin 148
Kriechbaumhof 120 f.
Krumper, Hans 12, 22, 24, 31, 34, 36, 37, 44, 61, 63
Krusenstern, Adam Johann von 115
Kückelmann, Gertrud 68
Künstlerhaus 54 f.
Kunstbau 83, 174

L

Lasso, Orlando di 50
Lautensack, Heinrich 14
Leibl, Wilhelm 82, 88, 96
Leinberger, Hans 102
Leitenstorfer, Hermann 71
Lenbach, Franz von 54, 68, 81 f., 96, 102, 107
Lenbachplatz 53 f.
Leonardo da Vinci 76, 86
Lespilliez, Karl Albert von 42, 51
Liebermann, Max 102
Liebig, Justus von 14, 67, 95
Lindmayr, Anna Maria 53
Literaturhaus 48 f.
Littmann, Max 26, 107, 110, 113
Lochner, Stefan 85
Lorrain, Claude 149
Löwel, Friedrich 21
Löwenturm 24
Ludwig I. (1825–48), König 10, 14,

31 ff., 39, 43, 45, 75, 76, 77, 78 ff., 80, 86, 90 ff., 100, 127
Ludwig II. (1864–86), König 14, 30, 59, 75, 108, 110, 118
Ludwig III. (1913–18), König 14
Ludwig IV. der Bayer (1294–1347), ab 1314 Herzog, ab 1328 Kaiser 12, 25, 63, 67, 75, 148
Ludwig V. (1349–61), Herzog 63
Ludwig Ferdinand, Prinz 90
Ludwig-Maximilians-Universität 14, 76, **94 f.**
Ludwigsbrücke 121 f.
Ludwigstraße 8, 46, **90 ff.**, 94, 95
Luitpold, Prinzregent 14, 48, 56, 91, 100, 103, 108
Luitpoldbrücke 108

M

Macke, August 81 f., 101
Magdalenenklause 131
Mann, Klaus 111
Mann, Thomas 14, 100
Manninger, Karl 22, 107
Marc, Franz 14, 81 f., 96, 101, 116
Marées, Hans von 87, 107
Maria Antonia, Kurfürstin 143
Marienplatz 7, **18 f.**
Marstall (Nymphenburg) 131 f.
Marstall (Residenz) 33
Marstall (Sankt-Jakobs-Platz) 72
Max I. Joseph (1806–25), König 13, 28, 43, 48, 76, 85, 131
Max II. (1848–64), König 14, 102, 107, 113, 116 f.
Max II. Emanuel (1679–1726), Kurfürst 13, 47, 48, 85, 125 ff., 131, 136, 139, 142, 143
Max III. Joseph (1745–77), Kurfürst 13, 34, 40, 48, 106
Max IV. Joseph (1799–1806), Kurfürst *siehe* Max I. Joseph
Max-Joseph-Platz 8, **28 f.**, 31
Max-Joseph-Stift, ehem. 95
Maximilian I. (1597–1651), Herzog, ab 1623 Kurfürst 12, 18, 31 ff., 34 ff., 44, 59, 85, 89, 132, 143
Maximilianeum 113, **117 f.**
Maximiliansanlage 118
Maximiliansbrücke 118
Maximiliansplatz 53
Maximilianstraße 8, 113 ff.
Maxvorstadt 10, 76 ff.
Mayer, Martin 137
Mayer, Rupert 56
Mayr, Johann 149
Menzel, Adolph von 87
Métivier, Jean-Baptiste 52, 100
Mielich, Hans 24, 50, 61
Miller, Ferdinand von 13, 46, 68, 70, 107, 116
Miller, Oskar von 123
Millet, Jean François 87
Miroffsky, Wenzeslaus 35
Möhl, Jakob 108
Monopteros 99
Montez, Lola 14, 91, 128
Montgelas, Maximilian, Graf 13, 52
Morgenstern, Christian 108
Mozart, Wolfgang Amadeus 14, 24, 30, 42, 71
Müllersches Volksbad 121
Münchner Kindl 20, 63
Münchner Opern-Festspiele 14, 30, 110
Münter, Gabriele 81 f.
Münzhof 27
Museen und Sammlungen
  Alte Pinakothek 10, **84 ff.**
  Archäologische Staatssammlung 105 f.
  Armeemuseum, ehem. 45
  Bayerisches Nationalmuseum 9, 100, **102 ff.**, 115
  BMW-Museum 10, 136, **138 f.**
  Burgmuseum Grünwald 155
  Deutsches Jagd- und Fischereimuseum (ehem. Augustinerkirche) 59 f.
  Deutsches Museum 10, 113, **122 ff.**
  Deutsches Theatermuseum 45 f.
  Flugwerft Schleißheim (Deutsches Museum) 143
  Glyptothek 10, 43, 77, **78 ff.**
  Haus der Kunst 101
  Herbergenmuseum im Üblacker-Häusl 120
  Marstallmuseum (Nymphenburg) 131 f.
  Meißener Porzellansammlung Ernst Schneider 145
  Münchner Stadtmuseum 9, **71 f.**
  Museum Mensch und Natur 11, 173
  Museum Ostpreußen-Westpreußen 143
  Museum Reich der Kristalle 89
  Museum Villa Stuck 108 ff.
  Neue Pinakothek 10, 15, 76, **86 ff.**
  Neue Sammlung 104 f.
  Nymphenburger Porzellansammlung 132
  Paläontologisches Museum 83
  Pinakothek der Moderne 10, 15, 86
  Residenzmuseum 33 ff.
  Sammlung Gertrud Weinhold 143
  Schack-Galerie 107 f.
  Schatzkammer der Residenz 39 f.
  SiemensForum 9, **89**
  Spielzeugmuseum 20
  Staatliche Antikensammlungen 80
  Staatliche Graphische Sammlung 76 f.
  Staatliche Sammlung Ägyptischer Kunst 33, **43**
  Staatliches Museum für Völkerkunde 102, **115 f.**
  Staatsgalerie europäischer Barockmalerei 142
  Staatsgalerie Moderner Kunst 101 f.
  Städtische Galerie im Lenbachhaus 8, 81 ff.
  Valentin-Musäum 8, **75**
  Volkssängermuseum 75

N

Neher, Bernhard 75
Neuer Botanischer Garten 125, **132 f.**
Neues Rathaus 8, **20**
Neumann, Balthasar 146
Neureuther, Eugen Napoleon 75, 96

O

Odeon (Bayerisches Staatsministerium des Inneren) 91
Odeonsplatz 90
Oktoberfest 8, 11, **68 ff.**, 168
Olivier, Friedrich von 36
Olympiapark 136 ff.
Olympiaturm 138
Olympisches Dorf 138
Orff, Carl 110
Otto von Griechenland, König 78, 108
Otto von Wittelsbach, Pfalzgraf 33, 37
Overbeck, Johann Friedrich 13, 87

P

Pacher, Michael 86
Pader, Isaak 24
Pagodenburg 129, **130**
Palais
  Arco-Zinneberg 90
  Giese 51
  Holnstein (Erzbischöfliches Palais) 50
  Lerchenfeld 63
  Leuchtenberg 91
  Ludwig Ferdinand 90
  Montgelas 52
  Neuhaus-Preysing 50
  Portia 50
  Preysing 8, **46 f.**
  Prinz Carl 100
  Seinsheim 51
  Törring (ehem. Hauptpost) 27
Pallago, Carlo 31, 61
Patentamt, Europäisches 15
Pettenkofer, Max von 95
Pezold, Georg 108
Philharmonie 119 f.
Picasso, Pablo 101, 104
Pichler, Johann Adam 35, 83, 126
Pocci, Franz Graf von 71
Polack, Jan 12, 61, 135, 148
Possart, Ernst von 30, 67, 110
Postfiliale München 1 (ehem. Hauptpost) 27
Prem, Heimrad 68
Preysing-Hohenaschau, Maximilian Graf von 46, 50
Prinzregentenstraße 100 ff.
Prinzregententerrasse 108
Propyläen 77 ff.
Prötzner, Joseph d. Ä. 24

R

Raffael (Raffaelo Santi) 86
Regierung von Oberbayern 115
Reichenbach, Georg von 13
Reichle, Hans 12, 20, 58
Reifenstuel, Franz Michael 75
Rembrandt, Harmensz van Rijn 76, 85, 86
Renata von Lothringen 20
Residenz 8, **31 ff.**, 90
Riehl, Wilhelm Heinrich 14
Riemenschneider, Tilman 102
Riemerschmid, Reinhard 113
Riemerschmid, Richard 82, 113
Rosa, Francesco 37, 145
Rottaler, Lukas 50, 61, 72
Rottmann, Karl 13, 34, 67, 82, 86
Rubens, Peter Paul 85, 86
Ruffiniblock 24 f.
Ruhmeshalle 68 ff.
Rumford, Benjamin Thompson, Graf 98 f.
Rumfordhaus 99
Rupprecht, Kronprinz 48, 91

S

Sandrart, Joachim 61
Sankt-Jakobs-Platz 71 ff.

Reisen mit Lust und Laune.

Schäfflertanz 20
Schack, Adolf Friedrich Graf von 107 f.
Schelling, Friedrich Wilhelm Joseph von 13, 95, 96
Schleich, Eduard d. Ä. 108
Schleich, Erwin 20, 57, 60, 64
Schlösser
Blutenburg 125, **133 ff.**
Grünwald (Burg) 146, **155**
Lustheim 143 ff.
Nymphenburg 9, 83, **125 ff.**,139
Residenz 8, **31 ff.**, 90
Schleißheim, Neues 9, **139 ff.**
Schleißheim, Altes 143
Schmidt, Albert 118
Schmidt, Emil 50
Schnorr von Carolsfeld, Julius 36, 39
Schön, Heinrich d. Ä. 24, 37, 143
Schönheitsgalerie Ludwigs I. 127, 128
Scholl, Hans und Sophie 96
Schongauer, Martin 70
Schrannenhalle 74
Schuch, Carl 88
Schumacher, Ida 68, 74
Schütze, Rolf 137
Schwabing 97
Schwanthaler, Franz Jakob 24, 26, 131
Schwanthaler, Ludwig 30, 33, 39, 45, 46, 67, 70, 78, 80, 91, 93, 99
Schwarz, Christoph 58
Schwind, Moritz von 87, 107
Sckell, Friedrich Ludwig von 56, 67, 99, 129
Sedlmayr, Helene 127 f.
Seehaus 99
Seewald, Richard 45
Seidl, Emanuel von 57, 150
Seidl, Gabriel von 24, 54 f., 67, 82, 102, 107, 123, 152
Seitz, Rudolf von 54, 102, 107, 131
Semper, Gottfried 110
Sendlinger Tor 18, **67**
Sezession 14, 55
Siegestor 90, **95 f.**
Sigismund (1460–67), Herzog 25, 61, 125, 133 f., 135
Sobieska, Therese Kunigunde 143
Sommer, Sigi 68
Spinelli, Antonio 47
Spitzweg, Karl 67, 87, 107
Städtisches Hochhaus 71
Stadtmauer 18, 31, 75
Sternheim, Carl 14
Stieler, Joseph 67, 87, 127
Stiglmaier, Johann Baptist 13, 28, 70, 90
Straub, Johann Baptist 13, 22, 24, 27, 42, 59, 63, 68, 107, 111, 129, 131, 147, 148
Strauss, Richard 30
Stuber, Nikolaus Gottfried 24, 131, 149
Stuck, Franz von 8, 54, 82, 88, 96, 109 f.
Sustris, Friedrich 34, 40, 58, 59

T

Theater
Cuvilliés-Theater (Altes Residenztheater) 9, 33, **40 ff.**
Theater am Gärtnerplatz 75
Theater im Marstall 33
Münchner Kammerspiele im Schauspielhaus 14, **113 f.**
Münchner Marionettentheater 71
Nationaltheater 28 ff., 75
Prinzregententheater 100, **110**
Therese von Sachsen-Hildburghausen 13, 68, 81, 115
Theresienwiese, Ruhmeshalle, Bavaria 15, 18, **68 ff.**
Thiersch, Friedrich von 55, 118
Thoma, Ludwig 42, 70, 111, 113
Thorak, Josef 97
Thorwaldsen, Bertel 13, 59, 90
Tiepolo, Giovanni Battista 86
Tierpark Hellabrunn 146, **150**
Tintoretto, Jacopo 86
Tizian (Tiziano Vecellio) 86
Triva, Antonio 127
Troost, Paul Ludwig 56, 77, 101
Trubillio, Johann Andreas 37, 145

U

Üblacker-Häusl 120 f.
Utzschneider, Joseph von 13

V

Valentin, Karl 75
Velazquez, Diego Rodriguez de Silva y V. 86
Viktualienmarkt 8, **73 f.**
Viscardi, Giovanni Antonio 13, 53
Volpini, Giuseppe 129, 131

W

Wackerle, Josef 56, 132
Wagner, Johann Martin von 28, 33, 78, 96
Wagner, Richard 14, 30, 46, 110
Waldau, Gustl 111
Waldmüller, Ferdinand Georg 87
Weber, Max 95
Wedekind, Frank 14, 68, 110, 111, 113
Weinstadl 24
Weiß, Ferdl 74
Weiße Rose 15, 68, 95, 96
Werle, Hans 34
Weyden, Rogier van der 85
Widnmann, Max 91
Wilhelm I., Kaiser 108
Wilhelm II., Kaiser 81, 107, 108
Wilhelm IV. (1508–50), Herzog 85
Wilhelm V. der Fromme (1579–97), Herzog 12, 20, 25, 58, 59, 61, 93, 103, 143
Wimmer, Hans 25
Wirsing, Werner 138
Wittelsbacher Platz 89 f.
Wolff, Johann Andreas 53, 147, 152
Wolfskehl, Karl 14
Wolzogen, Ernst von 14

Z

Zenetti, Arnold 118
Zeughaus, ehem. 72
Ziebland, Georg Friedrich 80
Ziegler, Adolf 97
Ziegler, Clara 30, 46
Zimmermann, Johann Baptist 13, 24, 35, 36, 42, 126, 129, 142, 146, 147
Zucalli, Enrico 12, 47, 50, 53, 126, 140, 145
Zumbusch, Kaspar 116 f.

Bildnachweis

Angermayer: 151 oben – *Artotkek*: 84 unten (2, Blauel/Gnamm) – *Bavaria Bildagentur*: 65 (Hardt) – *Bayerische Staatsbibliothek*: 92 unten, 93 oben – *Bayerische Staatsgemäldesammlungen*: 88 (3), 107 unten, 108, 142 – *Bayerische Verwaltung d. staatl. Schlösser, Gärten und Seen*: 14 links, 35 (2), 37, 40, 41, 128, 131 unten, 139, 140, 141, 143 oben – *Bayerisches Nationalmuseum*: 103 unten (2), 143 unten – *Biller, Josef H.*: 131 oben – *Birker, Willi*: 12 unten – *BMW-Museum*: 173 – *Braunmüller, Robert*: 160 – *Bunz, Achim*: 21, 32/33, 36, 39 – *Deutsches Museum*: 123, 124 – *Gronau, Emanuel*: 9 unten, 127 unten, 129 unten, 133, 135 – *Hetz, Robert*: 25 unten, 75, 87 (2), 117 oben, 121, 169 – *Huber*: 19, 23, 60 (Schmid), 6/7, 16/17 – *Jung, Gerold*: 145 – *Koenig, Bernhard*: 27 oben, 56, 67, 71, 93 unten, 95, 109 oben, 110, 111 unten, 129 oben – *Kürzinger, Georg*: 10 unten, 22, 32, 54 oben, 55, 57, 117 unten, 122, 147, 180 – *Laif*: 28, 112 unten, 113, 134, 156 Mitte, 163 (Hedda Eid) – *Langemann, Peter*: 99 – *Look*: 1, 3 oben, 6, 7, 10 oben, 11, 26 Mitte, 27 unten, 30, 46/47, 69 oben, 94 unten, 96 unten, 98 (3), 152, 156 rechts oben, 159, 165, 166, 168, 170, 177 (Franz Marc Frei), 15 unten, 26 oben, 31, 42, 62 unten, 69 unten, 72/73, 114, 115 unten, 156 links oben und unten, 170, 176, 178 oben, 181 (Jan Greune), 118 unten, 120 (2, Richter), 100/101, 156 rechts unten, 178 unten (Seer), 126/127 (Wothe) – *Mayer, Richard F. J.*: 149 unten – *Middendorf, Kai*: 161 – *Moses, Stefan*: 12 unten, 25 oben – *Münchner Stadtmuseum*: 72 – *Münchner Tierpark Hellabrunn AG*: 151 unten – *Museum Mensch und Natur*: 174 – *Museum Villa Stuck*: 109 unten – *Neue Sammlung*: 104 unten – *Neumeister, Werner*: 29, 44, 44/45, 54 unten, 70, 78/79, 79 unten, 103 oben, 119, 138(2) – *Ott, Klaus*: 144 – *Prähistorische Staatssammlung*: 105 (2) – *Riedmiller, Andreas*: 68, 154 unten, 162 – *Schilgen, Jost*: 84 oben, 136/137 – *Schmid, Gregor M.*: 112 oben – *Staatliche Antikensammlungen*: 80 oben – *Staatliche Sammlung Ägyptischer Kunst*: 43 – *Staatliches Museum für Völkerkunde*: 115 oben, 116 (2) – *Städtische Galerie im Lenbachhaus*: 9, 80 unten, 82, 83 (2) – *Stepan, Peter*: 77 – *Süddeutscher Verlag, Bilderdienst*: 15 oben – *Thomas, Martin*: 53 – *Verlag Schnell & Steiner GmbH & Co.*: 149 oben – *Visum*: 8 oben (Gerd Ludwig) – *Weber, Jens*: 86 – *Wagner, Hanna*: 18, 48, 51, 52, 62 oben, 64, 106, 130, 146 – *Widmann, Thomas Peter*: 5 oben links, 38, 49, 58/59, 66, 74, 81, 85, 89, 90/91, 92 oben, 94, 97, 107 oben, 111 oben, 118, 148, 153 unten, 155

In der ADAC-Reiseführer-Reihe sind erschienen:

Ägypten
Algarve
Amsterdam
Andalusien
Australien
Bali und Lombok
Barcelona
Berlin
Bodensee
Brandenburg
Brasilien
Bretagne
Budapest
Burgund
Costa Brava und Costa Daurada
Côte d'Azur
Dalmatien
Dominikanische Republik
Dresden
Elsaß
Emilia Romagna
Florenz
Florida
Französische Atlantikküste
Fuerteventura
Gardasee
Golf von Neapel
Gran Canaria
Hamburg
Ibiza und Formentera
Irland
Israel
Istrien und Kvarner Golf
Italienische Adria
Italienische Riviera
Jamaika
Kalifornien
Kanada – Der Osten
Kanada – Der Westen
Karibik
Kenia
Kreta
Kuba
Kykladen
Lanzarote
London
Madeira
Mallorca
Malta
Marokko
Mecklenburg-Vorpommern
Mexiko
München
Neuengland
Neuseeland
New York
Norwegen
Oberbayern
Paris
Peloponnes
Portugal
Prag
Provence
Rhodos
Rom
Salzburg
Sardinien
Schleswig-Holstein
Schottland
Sizilien
St. Petersburg
Südafrika
Südengland
Südtirol
Teneriffa
Tessin
Thailand
Toskana
Türkei-Südküste
Türkei-Westküste
Tunesien
Umbrien
Ungarn
USA-Südstaaten
USA-Südwest
Venedig
Venetien und Friaul
Wien
Zypern

Weitere Titel in Vorbereitung

Impressum

Umschlag-Vorderseite: Münchner Reigen – Marienplatz mit Neuem Rathaus und Domkirche zu Unserer Lieben Frau
Foto: Bildagentur Huber, Garmisch-Partenkirchen

Titelseite: Aufgehorcht: Münchner Glockenspiel mit den beiden Szenen ›Turnier bei der Fürstenhochzeit 1568‹ und ›Schäfflertanz‹
Foto: Look (Franz Marc Frei), München

Abbildungen: siehe Bildnachweis S. 190

Lektorat und Bildredaktion: Cornelia Greiner, München
Aktualisierung: Karin Dietl
Gestaltungskonzept, Satz und Layout: Norbert Dinkel, München
Karten: Huber Kartographie, München (Umschlagkarten, S. 125, S. 158); Astrid Fischer-Leitl, München
Reproduktion: PHG Lithos GmbH, Martinsried
Druck, Bindung: Bosch-Druck, Landshut
Printed in Germany

ISBN 3-87003-615-X

Gedruckt auf chlorfrei gebleichtem Papier

8., neu bearbeitete Auflage 2001

Redaktion ADAC-Reiseführer:
ADAC Verlag GmbH, 81365 München

1 Tag in München

Zuerst natürlich die Altstadt erkunden: Am Vormittag zwanglos bummeln und Atmosphäre schnuppern, in zwei, drei Kirchen hineinschauen (**Dom, St. Michael, Asamkirche**), sich an Schaufenstern in **Theatiner-** und **Maximilianstraße** weiden, Mittagessen in einem der Urmünchner Lokale (Franziskaner, Augustiner, Zum Spöckmeier).

Für den Nachmittag hat sich der Kunstfreund die **Alte Pinakothek** bzw. die **Neue Pinakothek** vorgenommen (und für den Abend Karten im **Cuvilliés-Theater** vorbestellt), der Technikfreak eilt ins **Deutsche Museum**. Wer kein Ziel hat, guckt vom **Turm** des Doms oder der Peterskirche ins Gebirge, amüsiert sich im **Valentin-Musäum**, lernt im Lenbachhaus den ›Blauen Reiter‹ kennen, spaziert auf der **Ludwigstraße** nach Schwabing und im **Englischen Garten** umher, hockt dort sommers im Biergarten, winters bei einem guten Italiener beim Abendessen, und vergnügt sich dann in Kabarett, Kleinkunstbühne oder Disco.

1 Wochenende in München

Den Freitag machen wir zum Altmünchner Tag, das heißt: ausgiebig die Altstadt kennen lernen und dabei eine **Residenzbesichtigung** durch einen Vormittags- oder Nachmittagsrundgang mit Führung oder auch allein von etwa zweieinhalb Stunden einplanen. Beim Altstadtbummel sollte man sich einen **Turmblick** (s. oben), den **Viktualienmarkt**, einen Kurzbesuch im vielseitigen **Stadtmuseum**, Versteckteres wie die **Kardinal-Faulhaber-Straße** mit ihren Palais oder den **Alten Hof** nicht entgehen lassen, sich Zeit für die eleganten **Einkaufsstraßen** nehmen, Kaffee-Verschnaufpausen im Hofgarten oder in einer der feinen Konditoreien einlegen. Genauso dicht beieinander liegen hier die Theater für den Abend von **Oper** bis **Boulevardbühne** und die gediegenen Restaurants oder Gourmet-Lokale.

Am Samstag ist Museumstag angesagt. Den Kunstfreund wird es zu **Glyptothek**, **Lenbachhaus** und **Pinakothek**, auch zum **Bayerischen Nationalmuseum** ziehen, und so wird er seinen Tag zwischen Königsplatz-Umgebung und Prinzregentenstraße teilen. Auch der weniger an Kunst Interessierte sollte dieselben Wege gehen, um diese noblen Partien der Stadt kennen zu lernen, dann aber einen Besuch im **Deutschen Museum** anschließen. Auf dem Nachmittagsprogramm könnte der **Olympiapark** stehen, dessen besondere Attraktion der Fernsehturm ist, nicht zu vergessen das rasante **BMW-Museum**! Abends Kabarett oder Kleinkunstbühne in Schwabing oder Konzert im Gasteig.

Der Sonntag wird zum Schloss- und Parktag ernannt. Es geht hinaus nach **Nymphenburg**! Die Schlossbesichtigung ist außerordentlich lohnend, aber wer nicht nochmal Feudalkultur sehen will, tauscht sie mit dem Besuch des hochinteressanten **Museums Mensch und Natur** (zumal mit Kindern). Beim Spaziergang durch den **Schlosspark** wird man auch in dem einen oder anderen der Parkbauten verweilen. An den Schlosspark schließt sich nördlich der reiche **Botanische Garten** als ideale Ergänzung des Spaziergangs an. Für den Imbiss unter der Sonne ist da wie dort gesorgt. Wer dann noch immer nicht müde ist, spaziert an der Würm entlang zur Idylle von **Blutenburg**, um einen Hauch des einstigen dörflichen Umlands der früheren Residenzstadt wahrzunehmen. Und warum nicht am Abend zur Abwechslung eine Oper im **Marionettentheater**?